国家社会科学基金重大项目"唯物辩证法的重大基础理论与现实问题研究"(编号:16ZDA242)的阶段性成果

吉林大学哲学社会学院一流学科建设丛书

辩证法的政治空间

THE POLITICAL SPACE OF DIALECTICS

白刚 著

中国社会科学出版社

图书在版编目（CIP）数据

辩证法的政治空间/白刚著 . —北京：中国社会科学出版社，2022.9

（吉林大学哲学社会学院一流学科建设丛书）

ISBN 978 - 7 - 5227 - 0677 - 1

Ⅰ.①辩… Ⅱ.①白… Ⅲ.①辩证法—研究 Ⅳ.①B015

中国版本图书馆 CIP 数据核字（2022）第 144551 号

出 版 人	赵剑英	
责任编辑	朱华彬	
责任校对	谢　静	
责任印制	张雪娇	
出　　版	中国社会科学出版社	
社　　址	北京鼓楼西大街甲 158 号	
邮　　编	100720	
网　　址	http：//www.csspw.cn	
发 行 部	010 - 84083685	
门 市 部	010 - 84029450	
经　　销	新华书店及其他书店	
印　　刷	北京明恒达印务有限公司	
装　　订	廊坊市广阳区广增装订厂	
版　　次	2022 年 9 月第 1 版	
印　　次	2022 年 9 月第 1 次印刷	
开　　本	710×1000　1/16	
印　　张	18.25	
插　　页	2	
字　　数	297 千字	
定　　价	108.00 元	

凡购买中国社会科学出版社图书，如有质量问题请与本社营销中心联系调换
电话：010 - 84083683
版权所有　侵权必究

目 录

自 序 1

上篇：辩证法与政治哲学

辩证法的政治空间 3
辩证法的批判本性与马克思辩证法所开辟的批判道路 20
实践辩证法的革命
　　——从"批判的武器"到"武器的批判" 31
辩证法的革命与革命的辩证法
　　——马克思资本批判的辩证法 44
从"劳动现象学"到"劳动辩证法"
　　——马克思对黑格尔劳动观的扬弃 52
从"政治革命"到"革命政治"：马克思辩证法的政治转向 65
自由的辩证法：马克思的"自由三部曲" 79

中篇：辩证法与《资本论》

辩证法的历险：从"德国观念论"到《资本论》 93
《资本论》："应用"还是"构建"了辩证法？ 106
《资本论》的辩证法"新"在哪里？ 125
《资本论》：马克思的"空间辩证法" 138

抽象力：《资本论》的"认识论" …………………………… 149
《资本论》：马克思的"批判理论" …………………………… 164
《资本论》："政治经济学批判"的逻辑转换 ………………… 176

下篇：辩证法与历史唯物主义

马克思的"生产辩证法" ………………………………………… 195
劳动的张力：从斯密、黑格尔到马克思 ……………………… 206
启蒙的"政治经济学转向"：从康德到马克思 ……………… 219
历史唯物主义的建构
　　——从《德意志意识形态》到《资本论》 ………………… 230
资本现象学：作为辩证法的历史唯物主义 …………………… 242
马克思的新唯物主义"新"在哪里？ ………………………… 259
历史唯物主义在什么意义上是政治哲学 ……………………… 267

参考文献 …………………………………………………… 278
后　　记 …………………………………………………… 284

自 序

重视和长于辩证法研究，一直是吉林大学哲学学科的一大理论特色和理论传统。我关注和研究辩证法问题，自是深受这一传统的影响。2006 年，我曾以"瓦解资本的逻辑：马克思辩证法的批判本质"（2009 年由中国社会科学出版社同名正式出版）为题，通过了博士学位论文答辩。自此之后，虽未再就辩证法问题进行专门研究，但也一直在关注和断断续续进行辩证法问题的相关探讨。本书就是我博士毕业后十余年来，对辩证法问题关注和研究的集中呈现。

辩证法是马克思哲学的灵魂。如何理解和对待马克思的辩证法，按马克思自己对待黑格尔辩证法时的说法，这不是"形式的"问题，而是"实质的"问题。正是在"实质的"问题的意义上，本书不同于我博士论文侧重于从"瓦解资本的逻辑"的视角——经济叙事，来揭示和论证马克思辩证法的"批判本质"，而是侧重于从马克思辩证法的批判本质所追求和构建的人之自由解放的社会新秩序（新的"政治空间"）这一政治叙事，来拓展和深化对马克思辩证法的理论问题、经典文本和历史意义的阐释。如果说黑格尔的辩证法飘在云端，那么马克思的辩证法则落在人间。作为"首先是一个革命家"的马克思，其"落在人间"的辩证法，在本质而重要的意义上就是一种"政治叙事"——最高级自由的革命，它为人的自由解放开辟了一条不同于"资本文明"的现代文明新道路。

作为政治叙事的马克思的辩证法，其最内在的本质依然是"在批判旧世界中发现新世界"。对"旧世界"的批判和"新世界"的发现所开辟的现代文明新道路，说到底是通过对资本主义社会进行彻底的"政治经济学批判"，为现实的人及其自由和全面发展构建了一个最为广阔、最为美好和最为现实的社会新秩序——"自由王国"。而这一"自由王国"

的开拓和构建，并不是马克思把辩证法作为"语录词汇"和"搪塞工具"去外在地任意"套用"，而是积极发挥了辩证法自古希腊以来就内含的一种深厚的"政治"意蕴——完美城邦秩序的追寻和建构。在此意义上，辩证法从古希腊到德国古典哲学再到当代政治哲学，以有所变化的形式一直延续和坚守着这一"政治理想"。因此，我们必须从苏格拉底、柏拉图到洛克、卢梭，再到康德、黑格尔以及列宁、罗尔斯的延长线上，才能真正理解马克思的辩证法所实现的"政治哲学转向"以及所开拓的新"政治空间"。这也正应了阿伦特自己在进行"小小的马克思研究"时所言："一解读马克思，就发现不把政治哲学的所有传统放入自己的视野，就不能探讨他。"

正是在充分挖掘和发挥辩证法本有的"政治"意蕴的基础上，马克思一方面通过汲取和借鉴黑格尔概念辩证法作为"推动原则和创造原则"的否定性——其徒有批判的外表，本质上仍然是"非批判的唯心主义"，在具体解剖和分析"资本主义生产方式以及和它相适应的生产关系和交换关系"中，合理地"应用"了黑格尔的辩证法；另一方面又在不同于古典经济学家的"显微镜"和"化学试剂"——"非批判的实证主义"的意义上，运用"抽象力"揭示了经济学范畴的本质和内在联系，破除了"普遍永恒资本"的幻象，合理地"构建"了自己的辩证法。在"政治经济学批判"这里，马克思既超越了黑格尔的辩证法，又变革了全部政治经济学，还完成了历史唯物主义的构建，最终实现了辩证法的"革命"——以"自由王国"超越"必然王国"的形式为人的自由和全面发展开辟了最为广阔的"政治空间"。

马克思一生最痛恨的是"所有的神"，最关注的是"地上的事物"。所以，作为与辩证法大师黑格尔齐名且自谦为黑格尔"学生"的马克思，是以辩证法的人间化身的伟大形象巍然耸立的。正是由于辩证法，马克思成了思想巨人，《资本论》成了不朽著作，历史唯物主义成了科学证明了的原理。在根本而重要的政治哲学意义上，马克思确实是"一位不知疲倦的社会政治剧变的守夜人"，而批判的和革命的辩证法就是马克思的"守夜明灯"，它依然照亮我们前行的方向——创造中国式现代化新道路和开辟人类文明新形态，它仍然值得拥有人们对它的所有期待——人类走向自由解放的"圣经"和未来共产主义的"助产婆"。

本书作为"小小的"马克思辩证法研究，希望也能够引起人们对马克思辩证法的关注和期待。

白 刚

2021 年 10 月 25 日

上篇　辩证法与政治哲学

辩证法的政治空间

作为与哲学一样古老的思想传统，辩证法自古希腊诞生以来之所以争论不断、历久不衰，主要因为它不仅是一种关于"知识"的"认知概念框架"，还是一种关于"生活"的"价值态度框架"。[①] 也就是说，辩证法最为充分地体现了人的理论态度和生活态度的张力和统一。在此意义上，可以说辩证法自诞生以来，就不仅具有其存在的思辨理论空间，更具有其存在的政治实践空间。也就是说，辩证法本身是以"双重空间"存在的。令人遗憾的是，在辩证法理论的相关研究中，人们往往重视其理论空间而忽视其政治空间。但在实质而重要的意义上，正是人们相对忽视的这一政治实践空间，使辩证法一直葆有持久的生命力。

一 古希腊辩证法：城邦秩序的"对话"追寻

法国学者韦尔南曾指出："城市一旦以公众集会广场为中心，它就成为严格意义上的城邦。"[②] 在人类思想史上，古希腊"严格意义上"城邦的出现是一个具有决定性意义的"事件"，这一事件在"思想"和"制度"两方面——二者合为"秩序"——对后世都产生了重大影响，而这两个方面都与"政治"和"辩证法"密切相关。西方的"政治"（politics）一词与"城邦"（polis）一词是同根同源的，城邦的诞生就意味着政治的诞生，而政治的诞生又意味着"辩证法"（dialectics）——讨论城邦秩序和事务的"论辩的艺术"——的诞生。也就是说，正是城邦的诞

[①] 孙利天：《论辩证法的思维方式》，吉林人民出版社2006年版，第148页。
[②] ［法］韦尔南：《希腊思想的起源》，秦海鹰译，生活·读书·新知三联书店1996年版，第34页。

生，意味着建立了一个以公众集会广场为中心的关于城邦秩序和事务的新的论辩场所，意味着讨论城邦秩序和事务的地点由神庙转向了广场，讨论的主体由神转向了人，从而打开了一片新的思想视野，为辩证法提供了必不可少的对话和论辩的"政治空间"。如果说，广场是讨论城邦事务的物质性政治空间，那么，辩证法就是其精神性政治空间。

在古希腊，就辩证法作为对城邦秩序和事务的"论辩的艺术"本意来说就是关乎政治的，而"政治就其特征而言乃是一种在彼此对抗的利益之间达成非强制性协调的艺术"[①] 来说，也是辩证法的。在此意义上，古希腊的"辩证法"与"政治"在作为关于城邦秩序和事务的讨论、辩论和协调的意义上是根本一致的。政治问题是辩证法关注和讨论的内容，辩证法是讨论和解决政治问题的方法。所以在古希腊城邦，"政治生活"成了参加演说和辩论的公众——被定义为平等人的公民——集会广场上公开论辩的内容，他们把城邦（国家）看成是他们的"共同事务"。[②] 为此，亚里士多德强调生活在城邦里的人天生是"政治的动物"，也就是说人天生是通过对话来讨论和辩论城邦秩序和事务的动物。亚里士多德充分认识到，作为政治的动物，"人类所不同于其他动物的特性就在他对善恶和是否合乎正义以及其他类似观念的辨认"，而且正是人类在这方面异于其他动物的特性和合作关系造就了城邦。这既意味着人能聚合为大于个人和家庭的城邦——政治组织和秩序，也意味着在各种动物中只有人懂辩证法——运用语言和逻各斯（logos）的艺术。正是由于会运用语言和逻各斯，又意味着人天生是"辩证法的动物"。所以，按照亚里士多德的解释，"至于一事物的是否有利或有害，以及事物的是否合乎正义或不合正义"，就得借助语言和逻各斯，亦即辩证法来说明。[③] 只不过这里的语言，已不再是祭祀或宗教仪式中巫师嘴里的格言警句和神秘咒语，而是人与人之间面对面的、针锋相对的对话、讨论、争论和辩论。因此，所有那些属于最高领导权范围的、原来由巫师或国王解决的涉及全体公民利益的城邦秩序和事务，现在都提交给作为"论辩的艺术"的辩证法——通过对话甚至激烈的论战来解决。同时，所有这些城邦秩序和事

---

① ［美］萨拜因：《政治学说史》下卷，邓正来译，上海人民出版社2010年版，第440页。
② ［法］韦尔南：《希腊思想的起源》，秦海鹰译，生活·读书·新知三联书店1996年版，第3页。
③ ［古希腊］亚里士多德：《政治学》，吴寿彭译，商务印书馆2007年版，第8页。

务的解决，又必须由城邦公民平等参与，用自由演说、讨论和论辩的形式，即辩证法来表述，并符合城邦公民的共同利益以达到和实现"政治正义"。

由此可见，在古希腊城邦，政治正义离不开辩证法，辩证法离不开语言和逻各斯，正是语言和逻各斯使政治与辩证法合一了——"政治"也是运用语言和逻各斯的艺术："政治艺术主要就是操纵语言的艺术，而逻各斯最初也是通过它的政治功能认识了自己，认识了自己的规则和效应。"[1] 因此，不仅是辩证法与逻各斯，政治也与逻各斯形成了密切的相互"拱卫"关系——政治不仅是操纵语言的艺术，也是运用逻各斯的艺术，逻各斯为政治提供了相应的规则和效应的应用空间。对逻各斯的使用构成了希腊政治公共领域最重要的精神条件，它使得在意见、信息和论辩都公开的情况下公民愿意并且能够自由使用理性，而且还以理性作为成功论证的标准，因此形成了一个理性化的、以理服人的公共领域。[2] 在此基础上，古希腊的城邦中公民社会生活的最重要的活动都被赋予了完全的理性和公开性。由此，古希腊城邦的公共领域第一次成了公民自由运用语言和逻各斯的辩证法的真正政治平台和政治空间。

在古希腊，特别是雅典人都热衷于政治辩论。雅典人生活在一种盛行口头辩论和对话的浓厚氛围之中，而这样一种氛围确实是现代人无法想象的。公众关注的诸多城邦问题以及公共事务的具体运作，都是雅典人极感兴趣和热衷讨论的重要话题。确定无疑的是，那些充满好奇心并具有追问精神的雅典公民都以积极的态度，详尽而热烈地探讨了各种令人极为关心的政治问题。在此意义上，可以说雅典公民都自觉地践行着人是"政治的动物"之论断。按照雅典人的观念，城邦就是一个除奴隶之外的自由民组成的公民共同体，在这个共同体中，它的成员过着一种自由平等和谐的共同生活，尽可能多的公民被允许积极参与和维护城邦的公共活动和公共秩序，而不因为地位、职业或财富的不同受到歧视和不平等对待；在这个城邦共同体中，每个公民的才能和欲求都能够找到一种自发的、自然的和公平的、愉快的展示空间；而在这个展示空间，

---

[1] [法]韦尔南：《希腊思想的起源》，秦海鹰译，生活·读书·新知三联书店1996年版，第38页。

[2] 赵汀阳：《城邦、民众和广场》，《世界哲学》2007年第2期。

又最为充分地展示了雅典公民探讨城邦秩序和事务的"论辩技艺",亦即作为交谈和对话的辩证法。在此意义上,古希腊城邦的辩证法是同其城邦民主制的政治实践直接相关的。而古希腊的城邦民主政治,则意味着"辩证法"具有压倒其他一切权力——神权和王权——手段的独特效能和优势,亦即作为交谈和"对话"的辩证法成为重要的"政治工具"——解决城邦一切权力问题和事务的原则和关键,因而成为管理和指挥他人及治理城邦秩序的最佳方式。所以在城邦中,辩证法作为"论辩的艺术"对城邦秩序和事务的讨论,致使"话语的地位提高了,它以自由的论辩和对立论证的形式被运用到世俗事物中,成为最有效的政治武器和国家的最高权力工具"①。由此可见,古希腊城邦各种活动的展开所依凭的是公民的自愿合作,而实现这种合作的主要手段则在于辩证法——对城邦秩序的各个方面进行自由且充分的演说、讨论和论辩。从此,演说、讨论和论辩的辩证法就成了古希腊城邦中具支配和统治地位的思想论辩和政治活动所共同遵循的"游戏规则"。正是这种认为"辩论"是形成公共措施和实施这些措施的最佳手段和方式的信念,亦即这种认为一项明智的措施或一种良好的秩序应当能够经得起众多有识之士辩论审查的信念——使得雅典人成了政治哲学的创始者②,也使辩证法成了城邦政治生活的基本方式,而城邦生活又为辩证法提供了对话和论辩的广阔政治空间和政治舞台。

古希腊辩证法作为谈话和论辩的艺术,与智者学派的诡辩论有外在的和形式的相似之处,但二者的内在精神和目的却根本不同。表面看,智者学派的诡辩论——"修辞术"与苏格拉底开创的辩证法——"精神接生术"都是通过辩论来说服对方,在辩难活动中获取成功,因而与之密切相关的辩论术是重要的手段和途径。但实际上,表象相似的背后,是深刻的实质性差异:诡辩论传授的是技艺而非真理,而辩证法追求的是真理而非技艺。"辩证法与智术师的诡辩在形式上差别并不大,它们的差别在于实质内容和论证目的。智术师的目的在于制造困惑,苏格拉底的目的是通过困惑达到更真实、更合理的确定性;智术师试图留下真理

---

① [法]韦尔南:《希腊思想的起源》,秦海鹰译,生活·读书·新知三联书店1996年版,第4页。

② [美]萨拜因:《政治学说史》上卷,邓正来译,上海人民出版社2010年版,第46页。

不存在的印象,苏格拉底则希望引导人们确信,我们所见所闻的背后还存在着更深层的真理。"① 也就是说,与辩证法竭力追求公认的普遍的和确定的客观真理相反,诡辩论通常会变成毫无成效的"话语推论"和主观任性的"口头艺术"。由此可见,辩证法是反驳的艺术,诡辩论则是推销的艺术;辩证法是对逻各斯好的应用,诡辩论则是对逻各斯坏的应用;辩证法叩问的是人的灵魂,诡辩论争辩的只是话语。当然,作为辩证法萌芽形态的诡辩论,也推动了真正的辩证法的发展及其对真理的追求和论证。诚如韦尔南所言:正是修辞学和论辩术,通过对演说形式这种在公民大会和法庭斗争中克敌制胜武器的分析,为辩证法的研究开辟了可能性道路。沿着这一道路,"亚里士多德不仅确立了说理的技巧,还确立了论证的规则,提出了一种关于真的逻辑,它是理论认知所特有的,与指导实际活动中随机性争论的可能性逻辑和或然性逻辑相对立"②。因此说,区别和超越诡辩论的古希腊对话辩证法的政治空间,本质上不是"修辞术",而是"精神接生术"——超越意见去寻求真理。作为"精神接生术"的"对话"辩证法,其真正要做的就是"试图通过接生每一个公民所拥有的真理而使整个城邦更接近真理"③。对此,柏拉图转述其师苏格拉底的话指出,雅典公民论辩的目的是期望"在语词中创造一个完美的城邦"④。可谓既深爱其师,又深谙其理。所以说,辩证法自古希腊始,就不仅仅是外在论辩的"政治工具",更是内在对城邦"政治正义"的追寻。也正因如此,源自古希腊的辩证法方能穿透历史,不断延展其政治空间。

二 德国古典哲学辩证法:市民社会的"自由"表达

作为"论辩的艺术"通过"对话"和"辩论"来维护和治理城邦秩

---

① [英]约翰·马歇尔:《希腊哲学简史》,陆炎译,世界图书出版公司2017年版,第77页。
② [法]韦尔南:《希腊思想的起源》,秦海鹰译,生活·读书·新知三联书店1996年版,第38页。
③ [美]汉娜·阿伦特:《哲学与政治》,载贺照田编《西方现代性的曲折与展开》,吉林人民出版社2002年版,第348页。
④ 《柏拉图全集》第2卷,王晓朝译,人民出版社2014年版,第326页。

序和事务，进而寻求和构建真理——政治正义的古希腊辩证法，经过漫长的中世纪神学一统天下，变成了"神学的婢女"，进而沦落为神学政治的工具，带有积极意义的古希腊对话辩证法演变成了完全消极的、独断性的随意性假象的经院辩证法。随着近代哲学的认识论反省和转向，辩证法的意义得以被重新审视。对此，作为"近代第一大哲"的德国古典哲学的奠基者康德，在其《纯粹理性批判》之"先验辩证论"的第一句话就强调：我们曾把一般的辩证论（辩证法）称为"幻相的逻辑"①。在后来的《逻辑学讲义》中，康德又明确指出："在希腊人那里，辩护士和演说家都是辩证法家，后者能够将民众引向他们所希求的地方，因为民众是听任假象欺骗的。所以，辩证法在当时是假象的技艺。"而康德的批判哲学所要做的，就是必须完全抛弃这种消极意义上的作为"假象的技艺"的辩证法，而"代替它被导入逻辑的毋宁是对这种假象的批判"②。因此可以说，以康德为代表的德国古典哲学的最重要和最突出的任务和成就，就是通过理性批判——对认识对象（现象和物自体）和认识能力（感性、知性和理性）的"划界"，恢复了辩证法失去的应有的理性权威和积极的创造性价值。在此意义上，康德为近代理性自由辩证法奠基的纯粹理性批判，其目的就是"揭露出它们的无根据的僭妄的虚假幻相，并将理性以为单凭先验原理就能做到有所发现和扩展的要求降低到只是批判和保护纯粹知性以防止诡辩的假象而已"③。在康德之前，辩证法被当作纯粹理性越界的理论应用所造成的随意性的假象——二律背反。正是康德划界的理性批判哲学把这种随意性的假象去掉了，并把辩证法表述为纯粹理性的实践应用所导致的必然的自由行动。而这种理性的必然的自由行动，导向的正是作为实践理性的"自由"："如果什么地方有纯粹理性的一种正确运用，并在这种情况下也必定有理性的一种法规的话，则这种法规将不涉及思辨的运用，而是关系到理性的实践的运用。"④ 在康德这里，所谓"理性的实践的运用"，实际上就是实践理性所追求的符合道德法则的意志自由，它既把纯粹理性从陷入其中的二律背反中挽救了出来，也为人类道德生活的自由和幸福的和谐统一、从而达到最高的政治

---

① ［德］康德：《纯粹理性批判》，邓晓芒译，人民出版社2017年版，第197页。
② ［德］康德：《逻辑学讲义》，许景行译，商务印书馆1991年版，第7页。
③ ［德］康德：《纯粹理性批判》，邓晓芒译，人民出版社2017年版，第47页。
④ ［德］康德：《纯粹理性批判》，邓晓芒译，人民出版社2017年版，第463页。

善——永久和平的正义秩序确立了理论前提。可以说，对于秩序观念的注重和对于共同体生活的强调，自康德始就一直是德国古典哲学的传统——这一传统也深刻影响了马克思。所以，古希腊的对话辩证法与近代理性批判（启蒙）辩证法的根本差异和推进就在于：关于城邦秩序的或然知识变成了关于市民社会的必然知识。随之，这种必然知识又伴随着另一种自由精神，而这种自由精神正是开启实践道德原理和自由秩序的"钥匙"。

实际上，西方哲学进入近代之后，"自由"及其实现就成了哲学家们最为关注和追求的核心主题，康德甚至把自由看作其批判哲学大厦的"拱心石"。康德的批判哲学出场时，摆在人们面前的是自由、必然、认识、道德、法和幸福等政治哲学概念。但在康德之前，想要把这个链条上的两端，即自由和幸福联结起来的一切尝试几乎都失败了。在近代的政治哲学家这里，无一不在通过不同的方式关注、追求和努力实现"自由"：自由即必然（霍布斯）、自由即认识（斯宾诺莎）、自由即道德（沃尔夫）、自由即法（卢梭）——这些论调在形式上实现的自由，在逻辑上却意味着自由的丧失，意味着把自由要么消溶在自然的必然性中，要么消溶在道德的或政治的主权者的专断中。康德想要解开这个极其复杂的悖论和纽结，他把政治活动本身作为法的活动来分析，并从这里出发来解决自由问题。[①] 这实际上正是康德实践理性自由的辩证法所追求和主张的——和平依靠法制，法制依靠理性。也就是说，实践理性自由的辩证法在康德这里首先表现为"合法行动的自由"，康德以合法行动的自由取代盲目必然来恢复辩证法在实践领域中的积极意义，变自然必然性（经验世界的幸福）为自由必然性（本体世界的美德）。由此，康德实践理性自由的辩证法发挥和凸显人之主体性自由的社会政治含义就完全展现出来了——人为自然和社会立法。康德确信，对于人类理性而言，只有那些基于其自身之立法所产生的规范才具有绝对的强制性和实践必要性，我们只服从理性的法则——康德使我们从神学专制主义的统治和目的论自然法的桎梏中解脱出来了。对此，德国著名诗人海涅曾一针见血

[①] [苏] 奥伊则尔曼主编：《辩证法史——德国古典哲学》，徐若木、冯文光译，人民出版社1982年版，第84页。

地指出，康德的自由辩证法是"砍掉了自然神论头颅的大刀"①。而与康德所发动的思想的"哥白尼式革命"的巨大意义相比，法国大革命只不过是"一首天真无邪的牧歌"（海涅语）。正因如此，马克思才深刻地称康德的自由辩证法为"法国革命的德国理论"。在此意义上，我们说康德实践理性的自由辩证法，也为正在兴起的资产阶级市民社会的合法性和必然性作了略带消极意义而又自觉的理论论证——"18世纪末德国的状况完全反映在康德的'实践理性批判'中"——"康德是他们的利益的粉饰者"②。而黑格尔的辩证法正是在康德基础上，又对此作了积极意义的深入推进和充分论证。

虽然黑格尔对康德有诸多批评，但在辩证法问题上，还是给予了康德揭示和批判理性"二律背反"的辩证法充分的肯定，称其"是近代哲学界一个最重要的和最深刻的一种进步"③。这种进步，一方面是康德恢复了辩证法应有的追求真理和自由的积极意义，另一方面，辩证法的积极意义又体现为为处于上升时期的资产阶级市民社会之自由追求和政治主张开辟了空间。在实质性意义上，康德和黑格尔都不满于法国大革命后的德国政治现实，力求从思想上弥补其不健全的政治。但"自由并不是象康德的自由哲学所主张的那样，修筑高墙壁垒把自己同别人隔离开来"④就万事大吉了。在黑格尔看来，康德的批判"假象的技艺"的辩证法，其追求实践理性自由的积极意义并不够彻底和积极。所以，关心自由且如何使自由落到实处依然是黑格尔辩证法的最高旨趣："我们不象希腊人那样把哲学当作私人艺术来研究，哲学具有公众的即与公众有关的存在，它主要是或者纯粹是为国家服务的。"⑤作为德国古典哲学中真正研究过英国古典经济学的哲学家，黑格尔早在《精神现象学》中，就从劳动"陶冶事物"的视角将"主人"和"奴隶"的关系发展成为异化和自由的辩证法，前者是后者的局部的也是最紧张的社会表现，后者则是前者的扬弃和升华。在黑格尔这里，辩证法的积极意义就在于克服奴

---

① ［德］海涅：《论德国宗教和哲学的历史》，海安译，商务印书馆2000年版，第101页。
② 《马克思恩格斯全集》第3卷，人民出版社1960年版，第211、213页。
③ ［德］黑格尔：《小逻辑》，贺麟译，商务印书馆1980年版，第131页。
④ ［美］M. 马奈利：《康德、黑格尔和马克思的自由概念》，敬石译，《哲学译丛》1981年第3期。
⑤ ［德］黑格尔：《法哲学原理》，范扬、张企泰译，商务印书馆2007年版，第8页。

隶的苦恼意识的异化并上升到它的对立面——自由意识。可以说，黑格尔的辩证法就是主人和奴隶之间意识和地位的相互转换，亦即奴隶摆脱主人控制的自由自主意识的觉醒。而在黑格尔辩证法的"自由意识"中，"自由"已不再是纯粹实践意志的自由，而是与那些有意或无意的反对力量进行激烈斗争，亦即永远"为自由（承认）而斗争（劳动）"——谋求自身发展的历史过程。因此对黑格尔来说，"自由乃是一种生活方式、斗争方式；它是人类可能性和力量的发扬光大。它是一种旨在最大限度地利用个人才能技艺的工作方法"[1]。在此意义上，黑格尔的积极意义的辩证法与其追求的自由意识是内在一致的，都是谋求人自身发展的同一个过程。在这里，黑格尔的辩证法已经在关注"市民社会"之物与其政治生活之间的关系，亦即开始从思辨而又具有历史性和现实性的维度来阐释私有财产和政治秩序之间的关系。所以，黑格尔只不过是在更高程度上把康德的先验自由"经验化"了，康德抽象的先验实践理性自由在黑格尔"为自由而斗争"这里变得生动具体了。黑格尔"把辩证法称为最高的理性运动，把思维过程变成客观的独立的主体而完成，这就是黑格尔所理解的自由"[2]。也就是说，在黑格尔这里，"为自由而斗争"的辩证法就是主体性自由的彻底发挥和完成，辩证法已成了现实市民社会中一切事物的创造原则和推动力。实际上，黑格尔的辩证法既把自然必然性、逻辑必然性和道德必然性结合起来了，又把政治、经济和文化结合起来了。因此，自由的实现绝不是抽象的思想认知、理论演绎和道德意志，而是与具体社会的经济、政治和文化等方面紧密相关。也就是说，黑格尔的辩证法和资产阶级反抗封建主义斗争的市民社会紧密相关，其实质就是"过着物质生活的经院哲学"（马克思语）。在《法哲学原理》中，辩证法之自由和逻辑具体表现为从家庭到市民社会再到国家等不同环节的联系和发展。所以说，黑格尔对自由的追求及其市民社会的实现，已经超越了康德的纯粹道德实践领域，意识到自由的实现必须借助外在的对象，要到家庭、市民社会和国家的相互关系中去寻求。因此，家庭、市民社会和国家都成为黑格尔"为自由而斗争"的辩证法所必不可少的

---

[1] ［美］M. 马奈利：《康德、黑格尔和马克思的自由概念》，敬石译，《哲学译丛》1981年第3期。
[2] 刘小枫：《辩证法与平等的思想自由习性》，载［英］吉尔比《经院辩证法》，王路译，上海三联书店2000年版，第35页。

内在具体环节，这正是黑格尔"市民社会辩证法"的真实意义。在实质而重要的意义上，黑格尔辩证法所寻求的自由的解决办法之使命，就是既要"扬弃"19世纪初本国的半封建的现实的社会矛盾，又要"扬弃"18世纪末法国的封建现实具体政治方法所带来的、而后又为全欧洲的复辟制度加深了的那些矛盾。黑格尔的辩证法的主要活动范围——始终是社会现实和社会意识以及它们的异化和自由、现存和应当、知性和理性、主观和客观之间的冲突。[①] 而这正是黑格尔市民社会辩证法所具有的巨大的现实意义和历史意义，它直接架起了马克思革命辩证法通向人类社会自由解放的桥梁。

在《法哲学原理》中，黑格尔正是借助阐述市民社会之结构和进展的辩证法——"市民社会辩证法"，继康德对自由的先验重构之后，论述了市民社会之自由的条件，实现了对自由的政治哲学重构。黑格尔《法哲学原理》的主题就是自由理念在社会现实中的发展和实现，它阐明了人类自由的自我意识如何可以把法、道德、家庭、市民社会和国家等制度理解为人之自由实现的外在条件。在此意义上，《法哲学原理》的国家与市民社会的辩证法，也是一种"自由意识的现象学"[②]——自由意识的国家本质及其实现。在黑格尔这里，自由不仅是信仰领域的意志自由，更是走向现实领域的国家和市民社会的自由。"国家是绝对自在自为的理性东西"，"是具体自由的现实"[③]。也就是说，在黑格尔的"法哲学"这里，自由只有借助于国家和市民社会才能最终实现自身。由此，黑格尔实现了从《精神现象学》的"自由意识"到《法哲学原理》的"自由实现"的"政治哲学转向"。但由于黑格尔过分看重绝对理性的自我实现能力——"逻辑学是精神的货币"（马克思语），导致他的自由辩证法仍然在玩弄关于最高实在的抽象概念游戏，本质上仍是一种泛逻辑的和泛神论的"神秘主义"——泛神论是德国的"隐蔽的宗教"："黑格尔把资产阶级社会、它的生存形式及其自由提高为绝对的东西。这种提高作为唯

---

① [苏] 奥伊则尔曼主编：《辩证法史——德国古典哲学》，徐若木、冯文光译，人民出版社1982年版，第226页。
② 吴彦编：《观念论法哲学及其批判》，姚远等译，知识产权出版社2015年版，第145页。
③ [德] 黑格尔：《法哲学原理》，范扬、张企泰译，商务印书馆2007年版，第253、260页。

心主义的思想产物，必然是一种幻想。"① 为此，解释学大师伽达默尔指出，黑格尔积极的思辨辩证法虽然在一定程度上克服了自古希腊以来的实体本体论及其思维困境，但充其量只是达到了"精神和自由的概念"，它仍然保留着"本体论上的自我驯服"②——其维护和代言的市民社会也依然是一种非自由的虚假的共同体。而为了反对德国古典哲学思辨辩证法所特有的"本体论上的自我驯服"而指出一条真正"通向自由之路"，我们既不能像伽达默尔那样，走一条"从辩证法回到对话"——"在活生生的会话中重新唤起已失落的意义"的"解释学"之路，也不能像德里达那样走一条"根本上消除意义的统一性"的"解构"之路，而要走一条像马克思那样"在批判旧世界中发现新世界"——从"市民社会"走向"人类社会"——德国工人运动是德国辩证法的继承者的追求人类解放的"革命"之路。

三 马克思辩证法：人类社会的"革命"诉求

辩证法是连接马克思与德国古典哲学的直接桥梁，因此在辩证法问题上，马克思公开承认自己是黑格尔这位大师的"门人"。但这也只是在黑格尔辩证法作为"一般运动形式"和马克思写作《资本论》时"整理材料"的意义上说的。实际上，马克思更强调自己的辩证法与黑格尔的不同甚至截然相反，主张把黑格尔的辩证法倒过来，揭示出隐藏在其神秘外壳中的合理内核。对此，马克思特别指出黑格尔辩证法的立足点是"市民社会"，而自己辩证法的立足点是"人类社会"③。在马克思看来，作为"神秘形式"的黑格尔理性自由辩证法因使现存的事物显得光彩而成了德国时髦的东西。而辩证法真正的"合理形态"，却由于其对现存事物的肯定的理解中同时包含着否定的理解，即只是从不断的运动中、从其暂时性方面去理解，所以辩证法从不崇拜任何东西，它在本质上是批判的和革命的，但由此却引起了资产阶级及其夸夸其谈的辩护士的恼怒

---

① ［德］施蒂勒：《黑格尔辩证法与马克思辩证法的差别》，燕宏远译，《哲学译丛》1982年第3期。
② ［德］伽达默尔：《摧毁与解构》，孙周兴译，《哲学译丛》1991年第5期。
③ 《马克思恩格斯选集》第1卷，人民出版社2012年版，第136页。

和恐怖。① 这实际上正是马克思充分汲取了黑格尔辩证法的作为创造原则和推动原则的"否定性"和"批判性",并对资产阶级市民社会现存的一切进行无情的批判的结果。在此意义上,马克思的对资产阶级市民社会现存的一切进行"无情的批判"的辩证法,就是其追求人类社会之自由解放的大无畏的革命和斗争精神的最充分体现。为此,列宁才强调马克思主义中"有决定意义的东西",就是它的"革命辩证法"。因为在实质性意义上,无产阶级反对资产阶级争取自由解放的伟大革命,只有借助于辩证法才成为可能。

辩证法确实是马克思与德国古典哲学特别是黑格尔哲学之间的桥梁和联结点。以康德和黑格尔为代表的德国古典哲学的理性自由辩证法,委婉而又遮遮掩掩、羞羞答答地对资产阶级市民社会政治经济内容的关注,却使我们深入了解到为什么科学社会主义像恩格斯所说的那样,"不仅继承了圣西门、傅立叶和欧文,而且继承了康德、费希特和黑格尔"②。德国古典哲学的辩证法,实际上是在为资产阶级的统治和利益辩护和代言。但是,由于德国人作为"地道的诗人和哲人"的自负和保守,他们只是哲学的同时代人而不是历史的同时代人,所以"在德国,当原则和利益发生冲突的时候,原则几乎总是压倒利益。对抽象原则的偏好,对现实和私利的轻视,使德国人在政治上毫无建树"③。也就是说,德国古典哲学的理性自由辩证法,虽然在黑格尔绝对理念的自我运动这里达到了登峰造极的地步,但它在面对现实时的保守性和自满性,最终导致其解释世界有余而改变世界不足:"黑格尔在任何地方都把观念当作主体,而把本来意义上的现实的主体,例如,'政治信念'变成谓语。"④ 在此意义上,辩证法自古希腊以来本有的政治空间反而在黑格尔这里相对萎缩甚至是部分丧失了。这正如海涅深刻指出的:"在德国只要革命的原理不是从一种更为民族的更为宗教的和更为德国的哲学中引导出来,并且受到这种哲学的权力所支配,那就不可能有任何一种普遍性的革命。"⑤ 而保守且自负的德国哲学所不能完成的这一普遍性的人类社会的革命任

---

① 马克思:《资本论》第 1 卷,人民出版社 2004 年版,第 22 页。
② 《马克思恩格斯选集》第 3 卷,人民出版社 2012 年版,第 747 页。
③ 《马克思恩格斯全集》第 1 卷,人民出版社 1956 年版,第 592 页。
④ 《马克思恩格斯全集》第 3 卷,人民出版社 2002 年版,第 14 页。
⑤ [德]海涅:《论德国宗教和哲学的历史》,海安译,商务印书馆 2000 年版,第 60 页。

务，马克思批判的和革命的辩证法承担起了这一使命。从康德所谓"揭露假象的艺术"的辩证法，经过费希特的"自我"与"非我"的同一，再到黑格尔"绝对理念"的自我运动，发展到马克思的"政治经济学批判"时，辩证法的批判空间已经慢慢发生了根本性转变——马克思把揭露和否定思想假象的理性思辨转换成了批判和改变现实的革命实践。也就是说，在马克思的"政治经济学批判"这里，辩证法已从思想自身的思辨和圆满转变为社会现实的批判和变革。正是通过这一批判和变革，马克思真正实现了对黑格尔神秘形式的辩证法的革命性"颠倒"："马克思对黑格尔辩证法的颠倒，在历史社会学的用法上推进了作为实质理性的辩证法，使之成为历史社会的运动法则，成为自由的现实批判的革命精神，使费希特和黑格尔已具革命性的启蒙精神成为现实政治的革命行动。"① 而辩证法的这一"现实政治的革命行动"，正是其应有的合理形态和真实的革命空间。由此，德国古典哲学带有泛神论的，甚至是涂抹了"宗教香油"的、神秘形式的理性自由辩证法，就转变为马克思现实的、批判的，但也是神圣而伟大的革命辩证法。所以说，马克思的革命辩证法正是在德国古典哲学理性自由辩证法的基础上，推进了辩证法从古希腊的平等对话和德国古典哲学理性思辨的思想自由转向了人类社会革命的和批判的实践与现实的自由。

为人类社会的自由和解放而进行不懈的革命和斗争，是马克思始终如一的奋斗目标。马克思在回答女儿们提问的"自白"中对"什么是幸福"的回答，就是"斗争"！而到了晚年，当《太阳报》的记者与马克思在夕阳的余晖中一起漫步英国海边，追问马克思"什么是存在"时，马克思略加沉思的回答依然是"斗争"！斗争是马克思一生的真实写照。为此，《太阳报》记者感叹：斗争是马克思生活的规律。② 而作为"另一个马克思"的恩格斯，则盖棺定论地指出：马克思首先是一个革命家，斗争是马克思"生命的要素"。可以说，马克思的一生就是在批判和斗争中度过的。这也可以从其主要作品的批判精神看出来——黑格尔法哲学批判、神圣家族批判、德意志意识形态批判、政治经济学批判、哥达纲

---

① 刘小枫：《辩证法与平等的思想自由习性》，载 [英] 吉尔比《经院辩证法》，王路译，上海三联书店 2000 年版，第 37 页。
② 《马克思恩格斯全集》第 25 卷，人民出版社 2001 年版，第 687 页。

领批判,等等。而这些"批判",也正是马克思为争取人类社会的自由解放之批判的和革命的辩证法的本质和精神所在。

对于马克思的革命辩证法来说,它所直接面对的社会现实是人们生活在以自私自利为生活原则的市民社会中,亦即市民社会是霍布斯所谓人对人像狼一样,每个人都宣称自己拥有不可转让和不可侵犯的权利。所以仅仅追求平等自由的对话或理性自由的思辨,而"不上升到利益分析和制度层面高度上的批判,辩证法就还不能从形而上落到形而下的实践与生活"①。然而在黑格尔的辩证法中,所有的概念和范畴都终止和退缩于存在着的市民社会的现存秩序中,亦即停留在思想的半空中。因此,既然黑格尔辩证法给一个在根本上有缺陷的和被扭曲的市民社会的现实盖上了同意的印章,那么,黑格尔辩证法就不可能无须改造现实本身而得到改造。②也就是说,马克思要想根本改造黑格尔的理性思辨辩证法,就必须首先改造资产阶级市民社会的现实本身,因为黑格尔及其辩证法正是以这一现实为基础并为之代言的。实际上,黑格尔的辩证法与康德的辩证法一致之处在于:当市民社会的现实有矛盾和冲突时,辩证法就退回到了思辨的概念领域,去追求思想和意志的自由。所以,与康德和黑格尔相反,马克思的革命辩证法却敢于承认和直面市民社会现实中的矛盾和冲突,其所有的概念和范畴则是对触及这些存在着的现存秩序的批判和否定。但这一对立并未否定马克思的革命辩证法是在黑格尔概念辩证法的地基上继续前进的。因此,青年马克思走出书斋、走向批判市民社会现实的第一部著作就是批判其曾经的"导师"——黑格尔为市民社会代言的《法哲学原理》的《黑格尔法哲学批判》。在该"批判"中,马克思颠倒和澄清了黑格尔国家理念与家庭和市民社会的关系,批评黑格尔只是把家庭、市民社会和国家看作自由实现自身的各个内在环节,而把国家理念本身看作自由的最高表现。在马克思看来,观念的东西实际上不过是移入人的头脑并改造过的物质的东西而已,所以马克思要对黑格尔神秘的辩证法所颠倒的观念与现实的关系再"颠倒"过来。但马克思在对现存的一切进行无情的批判的革命辩证法中,并未像当时的一

---

① 刘森林:《辩证法的社会空间》,吉林人民出版社2005年版,第8页。
② [以]阿维纳瑞:《马克思的社会与政治思想》,张东辉译,知识产权出版社2016年版,第18页。

些吹牛的德国后生小子那样，把黑格尔当作"死狗"简单抛掉，而是接受和使用了黑格尔"劳动""异化""市民社会"和"所有权"等这样的政治经济概念，并把它们置于一种与现存国家的革命关系之中。正是对黑格尔的劳动、所有权、市民社会、国家等概念的批判性分析和扬弃，使马克思走向了对黑格尔辩证法理论前提的一种根本性的解剖和批判。在马克思这里，辩证法的真正革命性根基不在于抽象的和自负的理论思辨中，而在于形成"一个并非市民社会阶级的市民社会阶级"——无产阶级，这一阶级"不是同德国国家制度的后果处于片面的对立，而是同这种制度的前提处于全面的对立"①。

在实质而重要的意义上，马克思对作为市民社会的"自由"表达的黑格尔"法哲学"批判的最终完成，并不是在《黑格尔法哲学批判》中，而是在倾其一生并为之牺牲了健康、幸福和家庭的巨著《资本论》中。在《资本论》中，通过"政治经济学批判"对资产阶级市民社会的具体解剖，马克思深入分析和揭示了"资本"的生产、流通和分配的整个过程，并通过劳动力、劳动二重性、工资、剩余价值等概念的提出，揭示出了资本增殖的实质及其剥削奴役劳动者的秘密，既破解了剩余价值之谜，又破解了历史之谜，从而彻底摧毁和解构了黑格尔理性自由辩证法得以存在的现实基础——资本主义私有制，主张在自由合作的基础上共同占有生产资料而扬弃资本主义私有制——"重建个人所有制"——为每个人的自由而全面发展创造条件和开辟空间。以往的所有制"革命"，仅仅是把所有权从一个阶级转移到另一个阶级手里，而没有也无法根本改变这种所有权的性质本身。只有马克思《资本论》批判的和革命的辩证法，才通过重建新型的"个人所有制"而彻底改变了所有权本身，从而使作为"自由人联合体"的人类社会之真实共同体取代了作为"原子式个人"的市民社会之虚假共同体。所以说，正是通过批判的和革命的辩证法，马克思看到和揭示了破译古典经济学和黑格尔思想中"隐藏的真理的暗码"②，从而既破解了黑格尔辩证法概念永恒的神话，又破解了资产阶级市民社会非历史的神话。在此意义上，《资本论》的副标题——

---

① 《马克思恩格斯选集》第1卷，人民出版社2012年版，第15页。
② [以] 阿维纳瑞：《马克思的社会与政治思想》，张东辉译，知识产权出版社2016年版，第15页。

政治经济学批判，完全可以更换为——黑格尔法哲学批判、市民社会批判、德意志意识形态批判或纯粹理性批判等。实际上，马克思的革命辩证法所进行的批判工作，就是要揭示和表明黑格尔把国家与市民社会之间关系的分裂、颠倒和对立是片面的和错误的。如果能够通过分析和批判证明黑格尔关于国家的客观任务不过是如此之多的特殊利益打着共同和普遍的幌子在行事，那么黑格尔辩证法的整个巍峨大厦就将轰然倒塌。诚如恩格斯所言：我们必须证明德意志民族在哲学上——从康德到黑格尔所做的一切努力，要么毫无裨益——其实比毫无裨益更坏，要么一切努力的结果应该是共产主义。① 作为政治经济学批判的马克思《资本论》的革命辩证法证明了结果是后者——共产主义——人类社会——"社会从私有财产等等解放出来、从奴役制解放出来，是通过工人解放这种政治形式来表现的"②。为此，美国学者奥尔曼在辩证法关于无产阶级革命和自由解放及其实现的意义上，形象地称马克思的革命辩证法为关于"两座城"——资本主义（市民社会）和共产主义（人类社会）——的故事，是既深刻又形象的。在此基础上，我们确实可以说马克思的主要著作《共产党宣言》和《资本论》都内在于《黑格尔法哲学批判》——人类自由解放的革命辩证法的政治叙事。

在一定意义上，黑格尔的辩证法只适用于作为想象的主体、想象的活动的精神现象领域，而马克思则把辩证法转移到了具体的活生生的现实社会历史领域。按照阿尔都塞的看法，马克思没有独立的辩证法，《资本论》就是马克思的辩证法。而《资本论》作为马克思辩证法的集中代表和独特体现，恰恰使其写作的行为变成了瓦解资产阶级市民社会的一个行动和指标，这样一部著作没有写成关于政治经济学的一种假设，而是写成关于资本主义体制运作的一种描述，意味着历史和现实已经超越资本主义模式，正在靠近新的岸边。③ 但是近代以来的霍布斯、洛克以及古典经济学和德国古典哲学，都没能超越市民社会而寻求到人类自由和解放的根本改善。在此意义上，马克思的革命辩证法将政治经济学分析转换成了对历史发展与现代资产阶级市民社会组织和生产方式的批判，

---

① 《马克思恩格斯全集》第3卷，人民出版社2002年版，第493页。
② 《马克思恩格斯全集》第3卷，人民出版社2002年版，第278页。
③ ［以］阿维纳瑞：《马克思的社会与政治思想》，张东辉译，知识产权出版社2016年版，第181页。

它所致力阐明的，不是如何建立起完美的共产主义，而是详尽说明资本主义制度的自我矛盾性、暂时性和过渡性。这实际上也正是马克思自己强调对市民社会的解剖要到政治经济学中去寻求的根本原因。可以说，正是由于辩证法，《资本论》才既不同于《国富论》，也不同于《纯粹理性批判》，更不同于《精神现象学》和《法哲学原理》，但又内在和关联于这些著作。在《资本论》这里，马克思批判的合理形态的辩证法可以被看作一种特殊的"溶剂"："它可以溶解人们以为的一切绝对真理和超然价值，因为它可以证明它们都是相对的，都是社会生活在其即时演化和历史演化的过程中形成的各种社会产物。"① 通过批判的和革命的辩证法，《资本论》的"政治经济学批判"打破了古典政治经济学和德国古典哲学共同认为资本主义制度及其生产方式是普遍必然永恒的历史神话。由此可见，正是马克思"批判的和革命的"辩证法，而不是黑格尔"实体即主体"的理性自由的辩证法，才真正打破和瓦解了古希腊以来的实体本体论及其思维方式。在解剖和批判资产阶级市民社会和追求人类社会自由解放的历程中，马克思真正实现了对辩证法胜利的和富有内容的革命。

所以说，马克思的革命辩证法绝不是独断和专制，而是打破独断和专制，辩证法的批判性和革命性本质上是开放的和自由的。马克思的革命辩证法"不与专制为友，而与民主、平等和自由为友；辩证法不以唯一的神明自居并从而不以眼睛向下的蔑视态度傲视一切，而以平等谦和和自由的态度、以合理规范地遵循规则为规则，向所有的参与者和可能性敞开自己的心扉"②。正是通过辩证法，马克思的人类社会——共产主义革命才既避免了法国大革命所导致的破坏性和虚无主义，又继承和推进了德国古典哲学自由辩证法的创造原则和推动原则，并将其具体运用于分析和解剖资产阶级市民社会的现实——在批判旧世界中发现新世界。正因如此，马克思批判的辩证法才真正成为追求人类解放的"最高级自由革命"（塔克语），并为辩证法在资本主义时代恢复和开辟了最为广阔和真实的革命舞台和政治空间。

---

① ［美］萨拜因：《政治学说史》下卷，邓正来译，上海人民出版社2010年版，第449页。
② 刘森林：《辩证法的社会空间》，吉林人民出版社2005年版，第291页。

辩证法的批判本性与马克思辩证法所开辟的批判道路

辩证法诞生于古希腊哲学，它的本意是"对话"，意指一种"论辩的艺术"①，它被理解为一种理性的讨论和相互矛盾的命题的辩驳来对真理的探索过程。而这一探索过程却是通过怀疑和否定所谓已知"真理"来实现的："仅仅在有讨论或对话，即否定一个正题的反题的地方，才有本义上的真理。"② 所以在根本上，辩证法的"对话"是一种"批判性对话"。但这种"批判性对话"在后来却逐渐衰落了，以至于到了近代，形而上学的思维方式在西方哲学中占据了统治地位，辩证法被看作一种不属于事情本身的外在的东西，一种随意性的"虚妄假象"。但近代哲学到了康德，他通过揭示和论证理性的"二律背反"，把辩证法表述为理性思维的内在矛盾必然性，才重新恢复了辩证法的合法地位，也才有了黑格尔解决主客体矛盾的"否定性的辩证法"。而正是在继承黑格尔辩证法的"否定性"的基础上，马克思形成了自己的"资本批判的辩证法"。在这一意义上，辩证法本有的批判精神和批判本性，是被马克思进一步发扬光大的。

一 辩证法的内在批判本性

在古希腊哲学形成的初期，辩证法也相应地产生了。但由于认识和科学水平所限，"在希腊人那里——正因为他们还没有进步到对自然界进行解剖、分析——自然界还被当做整体、从总体上来进行观察。自然现

---

① ［德］策勒尔：《古希腊哲学史纲》，翁绍军译，山东人民出版社1996年版，第139页。
② ［法］科耶夫：《黑格尔导读》，姜志辉译，译林出版社2005年版，第544页。

象的总联系还没有在细节上得到证明,这种联系在希腊人那里是直接观察的结果"①。所以,整个古代辩证法,基本上是一种经验描述的、直观猜测的对事物运动、发展、变化的外在直观。它是经验的而非超验的,感性的而非理性的,自发的而非自觉的,外在的而非内省的。正如恩格斯在《自然辩证法》中所指出的,"在这种哲学中,辩证思维还以原始的朴素的形式出现"②,还只是一种朴素直观的经验辩证法。它虽然总体上要比形而上学正确,但在细节上却比形而上学有更多的缺陷。正因如此,古代朴素的辩证法都带有不可避免的直观性、片面性、粗糙性,还不可能自觉地与形而上学划清界限,这也最终导致了后来辩证法的衰落和近代形而上学的"猖獗"。所以说,古代朴素辩证法是在实质内容而不是理论形式方面,表述了辩证法的基本思想。但古代的辩证法虽然是朴素的,却也是丰富的、充满生机的。不管是赫拉克利特对"逻各斯"的寻求,巴门尼德对"存在"的思考,苏格拉底对"美德"的盘问,德谟克利特对"原子"的沉思,还是芝诺对"运动"的诘难,柏拉图对"理念"的困惑,亚里士多德对"实体"的探寻,"处处、到处都是辩证法的活的胚芽和探索","在每一步上所提出的正是关于辩证法的问题"。③ 所以,在古希腊哲学那里,辩证法本有的批判、怀疑和否定精神,得到了初步的积淀和展示。下面,我们主要以赫拉克利特、芝诺和苏格拉底所理解的辩证法为例来说明这一点。

　　赫拉克利特是古代朴素辩证法的最杰出代表。在赫拉克利特看来,世界上一切皆流,无物常驻,任何事物都在流动之中,不存在永久的东西。"人不能两次踏进同一条河流","太阳每天都是新的,永远不断地更新"。④ 赫拉克利特在万物流变的自然观基础上,提出了"逻各斯"的概念,用以说明世界运动变化的根源。赫拉克利特描述了逻各斯的基本内容:事物都是由对立的东西构成的,相反者相成;对立的东西是可以相互转化的,事物可以变成相反的东西。"相反的东西结合在一起,……一切都是通过斗争而产生的","战争是普遍的,正义就是斗争","战争是

---

① 《马克思恩格斯选集》第3卷,人民出版社2012年版,第876页。
② 《马克思恩格斯选集》第3卷,人民出版社2012年版,第876页。
③ 《列宁全集》第55卷,人民出版社2017年版,第313页。
④ 《西方哲学原著选读》上卷,商务印书馆1993年版,第23页。

万物之父，也是万物之王"。① 在这一意义上，赫拉克利特的辩证法思想，与老子"反者道之动"的观点可谓不谋而合。这样，赫拉克利特通过逻各斯的具体内容，猜测到了对立的东西通过转化而同一的辩证法的基本观点。所以列宁说："在赫拉克利特看来，世界的基本规律（逻各斯，有时是必然性）是'向对立面转化的规律'。"② 赫拉克利特的辩证法思想，虽然是一种建立在自然观基础上的直观的、朴素的、自发的理论，只是对于经验事实的直观描述和朴素理解，但其仍然体现了辩证法最初所具有的怀疑、批判和否定精神。

古代辩证法的另一代表人物是爱利亚学派的芝诺。芝诺通过他关于运动的四个悖论，特别是通过论证"飞矢不动"和"阿基里斯追不上乌龟"，否认了以概念形式存在的运动，证明了人们用概念把握运动时必然陷入矛盾，已使辩证法由外在的经验描述领域涉及内在的思维领域，开始在思维领域理解和描述辩证法。正如列宁所指出的："问题不在于有没有运动，而在于如何用概念的逻辑来表达它。"③ 芝诺的辩证法已不同于赫拉克利特那种经验描述的辩证法，但它也不同于德国古典哲学的理性概念辩证法，它是这二者之间的一个过渡，可以说是概念辩证法的最初萌芽。芝诺的辩证法，实际上正是人的理性思维自觉地对经验现象进行怀疑、反思和批判的进一步具体展现。在芝诺这里，辩证法就是人类运用理性思维把握感性现实时出现了矛盾而对感性现实的怀疑、否定和批判。这其实正是辩证法批判本性的应有之义，它推进而不是阻碍了辩证法的进一步完善和发展。所以，芝诺"对辩证法的发展，……起了一种持久推动的作用"④。正是在这一意义上，黑格尔称芝诺是"辩证法的创始者"⑤。

苏格拉底是古希腊哲学中最著名的辩证法大师。苏格拉底注意到，"辩证法"这个词导源于人们的一种活动，就是聚在一起讨论问题，按对象的种属加以辨析。在苏格拉底这里，辩证法实质上就是一种"对话和

---

① 《西方哲学原著选读》上卷，商务印书馆 1993 年版，第 27 页。
② 《列宁全集》第 55 卷，人民出版社 2017 年版，第 296 页。
③ 《列宁全集》第 55 卷，人民出版社 2017 年版，第 216 页。
④ ［德］策勒尔：《古希腊哲学史纲》，翁绍军译，山东人民出版社 1996 年版，第 56 页。
⑤ ［德］黑格尔：《哲学史讲演录》第 1 卷，贺麟、王太庆译，商务印书馆 1996 年版，第 272 页。

辩论的艺术"，成为"以问答方式发展科学知识的艺术"，"成了从概念上把握那存在者的艺术"。① 因此，辩证法被苏格拉底形象地称为"精神助产术"。"这种艺术最伟大的地方在于它能够以各种方式考察年轻人的心灵所产生的是幻想错觉还是真知灼见"。② 但这种"助产术"得以实施的前提，却是对自己已知的知识进行不断的怀疑、批判和否定。苏格拉底辩证法的目的"在于摧毁一切现成的、传统的观念，揭露其虚假性"③。也就是说，作为"精神助产术"，辩证法在苏格拉底这里，实质上就是一种对已知事物的怀疑、批判和否定精神。所以黑格尔强调：苏格拉底的辩证法"正是从具体的非反思的意识中揭发出具体事物的普遍性，或从普遍认定的东西中揭发出其中所包含的对立物"，从而"使一般的东西，通常被认定的、已固定的、在意识中直接接受了的观念或思想的规定瓦解"④。在这一意义上，苏格拉底的辩证法就是通过否定而追求肯定的理性思维方法。而苏格拉底本人，也就成了怀疑、批判和否定的辩证法精神的化身。正是这种"辩证法"，既给苏格拉底带来了过多的荣誉——他成了青年人的精神导师，也给他带来了巨大灾难——他最后为辩证法的自由批判精神饮鸩而死。这从当局处死苏格拉底的两条理由——不敬神、败坏青年——就可以明确体现出来。可以说，苏格拉底是为辩证法自由批判精神献身的第一人。

正是由于古希腊辩证法的这种否定、批判本性，使亚里士多德认为"哲学在切求真知时，辩证法专务批评"⑤。但古希腊时期辩证法本有的批判本性，经过希腊晚期哲学的过渡，在"上帝"一统天下的漫长的中世纪被彻底扼杀了。⑥ 而辩证法的这一批判本性，只是到了近代，特别通过是康德的批判哲学，才逐步得以恢复。

---

① [德] 策勒尔：《古希腊哲学史纲》，翁绍军译，山东人民出版社1996年版，第139页。
② 苗力田主编：《古希腊哲学》，中国人民大学出版社1995年版，第211页。
③ 叶秀山：《苏格拉底及其哲学思想》，人民出版社1997年版，第174页。
④ [德] 黑格尔：《哲学史讲演录》第2卷，贺麟、王太庆译，商务印书馆1996年版，第57、53页。
⑤ [古希腊] 亚里士多德：《形而上学》，吴寿彭译，商务印书馆1997年版，第62页。
⑥ 实际上，古希腊辩证法发展到柏拉图，其批判精神就开始被弱化了。赫勒认为，在柏拉图之前，辩证法的工作是"破坏性的"——批判性的；到了柏拉图，辩证法实现了一个逆转，转变成了"形而上学"，其工作成了"确定性的"——同一性的。在此意义上，她认可"黑格尔指控柏拉图在确定性的祭坛上牺牲了自由人格（自由本身）"。参阅 [匈] 阿格尼丝·赫勒《现代性理论》，李瑞华译，商务印书馆2005年版，第66页。

二 辩证法批判本性的近代回归

近代西方哲学是以近代西方社会发展以及工业和实验科学的发展为前提的,它确实受近代机器大工业生产的影响,深深地带有机械形而上学的烙印,反映在思维方式上就是"是就是,不是就不是;除此以外,都是鬼话"[1] 的绝对不相容的两极对立思维,而缺少了反省、思辨的性质。正因如此,近代哲学在康德之前,对辩证法没有什么大的发展,仅把辩证法当作对客体对象自身本质的抽象揭示。近代经验论的哲学家,大都是利用自然科学和社会科学的研究成果来认识世界,构造符合于经验的客体的辩证法。运用经验主义的方法,这些哲学家坚持了辩证法的客观性,突出了辩证法的本体论解释功能。但这种辩证法没有深入思考认识过程中人类主观意识的因素,而径直把注意力放在客观对象上,是一种直接的、非反思的辩证法。近代唯理论的哲学家,他们大都把整个世界概括为"实体"范畴,然后逐步地揭示出实体的各种辩证规定。也就是说,他们把整个世界看作一个有着内在联系的实体系统,把一切运动发展规律都看作这个统一系统的自身规定,与人的思维、认识无关,"世界的全部丰富性都被抛入了不变实体的深渊"[2]。由此可见,近代经验论与唯理论又有共同之处:即都是从对象世界出发来建立哲学体系,从客体出发来看待人、看待人的思维,而不是相反。哲学家们都相信,对象天然就是现成地存在的,人的认识能力是对象发展赋予的,人的认识与对象也是天然符合的,"哲学家的任务只是运用感性或者理性去揭示对象的本质"。所以说,近代经验论与唯理论都"抽掉或忽视了复杂的主客观矛盾,脱离了认识论、思维的辩证法来研究客体辩证法"[3]。

由于近代哲学的形而上学性,不管是经验论还是唯理论,它总是从对立的两极(自然或理性)去认识世界,由此便造成了整个近代西方哲学在"本体"问题上的自然本体与理性本体的抽象对立,以及在思维方

---

[1] 《马克思恩格斯选集》第3卷,人民出版社2012年版,第396页。
[2] [捷克]科西克:《具体的辩证法》,傅小平译,社会科学文献出版社1989年版,第16页。
[3] 孟宪忠:《实践辩证法导论》,吉林大学出版社1989年版,第21页。

式上客体性思维与主体性思维的互不相容，导致了对立的双方都把自己所承诺的"本体"视为不容置疑的人类安身立命之本。这样，"近代哲学的认识论反省就以非批判的本体论信仰而终结，自觉形态的辩证法理论也最终地陷入了非批判的形而上学"①。其结果正如黑格尔所言："形式的哲学思维只能把辩证法看作一个使表象、甚至使概念混乱并表明其为虚无的艺术，以致辩证法的结果仅只是消极的。"② 而对这一问题进行扭转的，正是德国古典哲学的奠基者康德。

近代西方哲学发展到康德，在认识论上发生了"哥白尼革命"，从根本上改变了近代哲学的提问方式，即：不是追究认识对象，而是反过来考察人的认识能力；不是向外发问，而是向内反省。康德把人的认识能力划分为三种：感性、知性和理性。康德认为，人类对世界的认识必有自己的工具，感性有先验的时空形式，知性有先验的判断范畴，而理性什么也没有。但这些先验的认识工具只能认识"现象界"，而无法认识现象背后的"物自体"，物自体是理性认识的对象。传统形而上学却超出现象界，使理性运用知性范畴去说明物自体，就是把知性范畴作了超经验的使用，这样就发生了我们无论如何都不能避免的冲突，必然产生"二律背反"，即辩证矛盾。康德的辩证法思想集中体现在关于"二律背反"的论述中。康德认为，二律背反就是理性运用知性范畴去把握世界时所产生的两种截然相反的命题的相互矛盾。由于理性没有自己的认识工具，当它运用知性范畴去把握世界时，就必然形成二律背反，就必然造成理性的自相矛盾，即产生作为"幻想之逻辑"的辩证法。③ 但康德认为，所有这些二律背反，归根到底都是可以归类为一个可认识的"现象界"和一个不可认识的"物自体"来了结的。这无疑是说，世界本身是不应当有矛盾的，现在理性有了矛盾，足见是我们的认识有问题。这样，"康德通过他对认识的必然矛盾的揭示，最先自觉到先前各派哲学所共有的形而上学思维方式的局限性（'二律背反'正反双方实际上涵盖了理性派和经验派的主张），这对于'破除知性形而上学的僵硬独断，指引到思维的

---

① 孙正聿：《理论思维的前提批判》，中国人民大学出版社2010年版，第132页。
② ［德］黑格尔：《哲学史讲演录》第2卷，贺麟、王太庆译，商务印书馆1996年版，第199页。
③ ［德］康德：《纯粹理性批判》，蓝公武译，商务印书馆1997年版，第244页。

辩证运动的方向'来说，是个关键性的进展"①。所以，康德通过二律背反，揭示出矛盾是人类思维规定的内在本性，思维的矛盾性是必然的、不可避免的，辩证法是"理性的内在必然行动"。这样，康德就把近代形而上学所"拒斥"的辩证法重新提了出来，并取消了对其"随意性的假象"的理解："此种意义上的辩证法必须完全抛弃，代替它被导入逻辑的毋宁是对这种假象的批判"。②这样，康德重新恢复了辩证法的合法地位，"推动了辩证法在考察'自在自为的思维规定'这种意义下的重建"③。也就是说，康德以理性思辨的形式而恢复了古希腊哲学的探索、怀疑和批判精神："先验辩证论以能显露超验的判断之幻相即已足，而同时又注意不为其所欺"。④这也就不难理解，为什么康德的三大主要著作，都是以"批判"命名的。实际上，正如康德自己所言，他一生所从事的，都是为哲学清理地基的工作。而这正是辩证法本有的怀疑、批判和否定精神在相对沉寂之后的再次运用和凸显。

康德这种将辩证法从外在经验直观向内在思维反省的转化，曾被黑格尔称为近代哲学界一个最重要、最深刻的进步。正是康德，作为"对形而上学思维方式的片面性有所自觉的第一位近代哲学家"，成了"思维辩证法的奠基人"⑤。康德通过"认识论反省"，对人类精神活动进行批判反思，特别是通过反思思维自身的逻辑运动，从思维运动的规律性上来探索认识问题，"限定"形而上学，来摆脱形而上学的直观性、片面性、机械性，重新恢复了辩证法的合法地位。"正是在康德哲学那里，古老的超越和救赎思想被转译进了生活于现代世俗社会之市民的理性自由当中"。⑥但是，康德的辩证法思想仍然局限在他的消极意义上，没有看到其真正的、积极的意义，而是停留在否定的结果上，认为矛盾非对象本身所固有，属于认识这一对象的"理性"，由此引出"物自体"不可知的结论。但是他开辟了德国唯心主义辩证法的前景，为后来黑格尔建立其积极的辩证法奠定了基础。正是为了解决康德的矛盾，黑格尔借鉴康

---

① 高清海主编：《欧洲哲学史纲新编》，吉林人民出版社1990年版，第453页。
② [德]康德：《逻辑学讲义》，许景行译，商务印书馆1991年版，第7页。
③ 高清海主编：《欧洲哲学史纲新编》，吉林人民出版社1990年版，第508页。
④ [德]康德：《纯粹理性批判》，蓝公武译，商务印书馆1997年版，第246页。
⑤ 高清海主编：《欧洲哲学史纲新编》，吉林人民出版社1990年版，第471页。
⑥ [英]伯尔基：《马克思主义的起源》，伍庆、王文扬译，华东师范大学出版社2007年版，第46页。

德的辩证法思想，扬弃其消极的方面，发挥了其积极的方面，通过使概念"流动"起来的"否定性"的思辨辩证法，发挥了辩证法本有的批判本性，最终建立了其能动的、严密的、系统的、否定的和批判的概念辩证法体系。而黑格尔的这一"否定性的辩证法"，被马克思形象地称为黑格尔哲学的"推动原则"和"创造原则"。

康德把辩证法由外在的直观经验描述转化为内在的理性思维规定，无疑是辩证法发展的一大进步。但正如海德格尔所言：把一个形而上学命题倒转过来，仍然还是一个形而上学命题。康德仅是就形式而非内容方面发展了辩证法。而黑格尔的"否定性的辩证法"虽然在康德的基础上，实现了对形而上学的"富有内容的复辟"，但由于其潜在的概念统一性，其辩证法仍然只是徒有批判的外表，本质上还是一种"非批判的实证主义和同样非批判的唯心主义"①。而真正使辩证法批判本质发生革命性变革并落到实处的，是马克思创立的"资本批判的辩证法"。资本批判的辩证法才是真正思维与存在、主体与客体、主观与客观、内容与形式的统一。不过，康德、黑格尔的辩证法也为辩证法从"外在内容"（直观经验）经"内在形式"（理性思维）到"资本批判"（瓦解资本逻辑与形而上学的"共谋"）架起了桥梁。在这一意义上，没有康德的内在思维辩证法，就没有黑格尔的概念辩证法，更不会有马克思的资本批判的辩证法。也正因如此，法国当代著名思想家德里达才强调：康德的头颅生成了黑格尔，黑格尔生成了马克思。②

三 马克思辩证法所开辟的批判道路

马克思辩证法作为一种"建立在通晓思维历史及其成就的基础上的理论思维形式"③，是有其存在的深刻理论渊源的。在美国当代著名学者奥尔曼看来，马克思的辩证法既得自于他在哲学舞台上与伊壁鸠鲁、亚里士多德、斯宾诺莎、莱布尼兹，特别是黑格尔这样的巨人同台演出的

---

① 马克思：《1844年经济学哲学手稿》，人民出版社2014年版，第97页。
② ［法］德里达：《马克思的幽灵》，何一译，中国人民大学出版社1999年版，第10页。
③ 《马克思恩格斯选集》第3卷，人民出版社2012年版，第899页。

经历，也得自于他在刚刚趋于成熟的资本主义中的生活经历。① 在这一意义上，科西克认为：马克思采用了"辩证法"这一概念，但清除了它的意识形态的"神秘化"，赋予它新的"批判形式"，将它纳入唯物辩证法，成为其中心概念之一。② 所以说，辩证法就是马克思的内在生命，马克思与辩证法是密不可分的。

应该说，在黑格尔之后马克思是最伟大的辩证法大家。但这绝不仅仅是"理论传承"意义上的，而是"实践超越"意义上的。作为马克思哲学的活的灵魂的批判的和革命的辩证法，其批判的对象从理论层面说就是传统形而上学的同一性思维方式，而现实方面就是非正义的资产阶级社会本身。这正如国内一学者所言：康德所谓揭露"虚假的幻象"的辩证法，经过费希特、黑格尔和马克思，已经发生了质变，揭露已从思想批判变为社会革命的批判。于是，黑格尔的基督教神秘主义的启蒙辩证法就转化为世俗化的但也是神圣的革命辩证法。③ 其实，当马克思面对黑格尔的辩证法时，他面对的首先是一个悠久形而上学传统的集结。马克思宣称，辩证法在黑格尔那里是"倒立着的"，"必须把它倒过来，以便发现神秘外壳中的合理内核"。④ 在这里，马克思其实已经踏上了在颠覆整个西方形而上学传统的意义上拯救辩证法的道路。因此，我们必须把马克思对辩证法的合理形态的探索看作马克思哲学的革命性变革的核心组成部分。这意味着，在马克思的论题域中，将辩证法从形而上学的桎梏中解放出来并使之重获生机，其肯定形式是"拯救"辩证法，其否定形式是"克服"形而上学。这样一来，就需要"马克思在两个战场上作战：既反对陷入黑格尔主义（反对站在唯心主义立场上玩弄辩证法术语），又反对陷入把范畴变成僵死的不灵活的愚蠢的形而上学"⑤。而这又决定了马克思颠覆形而上学不能仅停留在理论领域中绕圈子，而是必须将对形而上学本身的批判诉诸其现实根基——"资本逻辑"的批判。按

---

① ［美］奥尔曼：《辩证法的舞蹈——马克思方法的步骤》，田世锭、何霜梅译，高等教育出版社2006年版，第4页。
② ［捷克］科西克：《具体的辩证法》，傅小平译，社会科学文献出版社1989年版，第21页。
③ 刘小枫：《辩证法与平等的思想自由习性》，载［英］吉尔比《经院辩证法》，王路译，上海三联书店2000年版，第38页。
④ 马克思：《资本论》第1卷，人民出版社2004年版，第22页。
⑤ ［苏］凯德洛夫：《论辩证法的叙述方法》，贾泽林等译，中国社会科学出版社1986年版，第22页。

照马克思辩证法的批判精神，传统形而上学的颠覆并不是通过将形而上学放到社会历史生活中就可以解决，而是要通过对社会生活本身的颠覆才能实现。也就是说，马克思最终反对和批判的还是他所生活于其中的不人道的和非正义的资产阶级社会。对于理论本身，马克思强调只是为了"自己弄清问题"①，而对于理论问题的解决，马克思则认为必须诉诸实践。这样就需要马克思辩证法的批判在两个层面展开：一是揭示现实生活与形而上学的内在关联，实现对任何形而上学思潮的现实定位；二是揭示社会历史生活本身，主要是资本主义社会生活的内在瓦解和颠覆的可能性。因为只有以对社会生活本身的颠覆为基础时，对形而上学的颠覆才是彻底的，才不至于反形而上学而又变成另一种形而上学。② 所以，只有在实践领域中瓦解和摧毁了形而上学思维方式的现实根源，其在理论领域中才无法立足。对马克思来说，批判资本主义、彰显辩证法的批判本质与颠覆传统形而上学走的是同一条道路。马克思辩证法的批判本质"所提示的不是以一种形而上学与另一种形而上学相对立，而是解除一切形而上学的魔法"③，并在这样的前提下重新开启辩证法的合理发展路向。因此说，马克思辩证法的批判性和革命性，绝不是对传统形而上学的一种纯粹理论拒斥，而是彻底瓦解和摧毁一切形而上学得以立足的现实根基。而这一根基，在马克思生活的时代，就是与理性形而上学"联姻"和"共谋"的"资本逻辑"。这也就意味着马克思的辩证法对资产阶级社会的批判绝不是一种简单的外在否定，而是揭示出传统形而上学的同一性力量与资本主义社会占统治地位的资本逻辑的"姻亲"关系和"同构性"，通过对资本逻辑的内在"自反性"矛盾的揭示和显现，在资本逻辑的自我否定过程中彻底瓦解和颠覆传统形而上学，从而实现对"个人现在受抽象统治"的批判和超越。而这一过程主要体现为两个递升的逻辑：首先将传统的形而上学置于社会生活过程的基础上，从而瓦解西方传统形而上学的理论自足性幻想；然后是深刻批判现存的资本主义社会生活本身，这是颠覆传统形而上学的根本途径。④ 也就是说，只有马克思的资本批判的辩证法，才真正实现了对资本主义社会的

---

① 《马克思恩格斯选集》第 2 卷，人民出版社 2012 年版，第 1 页。
② 仰海峰：《形而上学批判》，江苏人民出版社 2006 年版，第 148 页。
③ 吴晓明：《马克思的哲学革命与全部形而上学的终结》，《江苏社会科学》2000 年第 6 期。
④ 孙伯鍨、刘怀玉：《"存在论转向"与方法论革命》，《中国社会科学》2002 年第 5 期。

"资本增殖"及其所需的"逻辑架构"的双重批判。

因此在根本上,马克思辩证法的批判本性是建立在对作为资产阶级社会的支配性基点的资本逻辑的内在自反性矛盾及其自我否定、自我瓦解的发展趋向的透视和揭示的基础上的,是关于资本主义内在矛盾的科学。所以,马克思超越和替代资本主义的共产主义设想,也绝不是凭空产生的,而是作为资本主义"自我毁灭的种子",从资本逻辑的内在裂隙中生发出来的。在此意义上,我们说资本主义是共产主义的"母体",共产主义是资本主义的"自我否定",马克思的共产主义实现了对资本主义的"内在超越",亦即实现了对传统形而上学的社会历史批判。正是这一批判和超越,才既瓦解了资本逻辑,又颠覆了形而上学,真正为人的自由和解放开创了新的"可能性空间"。这才是马克思在康德和黑格尔之后所开辟的伟大的辩证法的批判道路。而这条道路,在今天资本全球化的时代,仍具有强大生命力,仍然在指引着我们继续前进。"对于那些没有拜倒在西方神灵脚下的知识分子来说",马克思资本批判的"辩证法仍然是一颗方法论上的定时炸弹","仍然可以迸发出新的思想火花,展示出新的思想前景"。① 资本全球化将历史性地表明:马克思批判的辩证法仍然是 21 世纪世界社会主义的"助产婆"。

---

① [美]詹明信:《晚期资本主义的文化逻辑》,陈清侨等译,生活·读书·新知三联书店 1997 年版,第 268 页。

实践辩证法的革命

——从"批判的武器"到"武器的批判"

辩证法自古希腊诞生之初，就是一种寻求事物存在意义的生存逻辑。实践辩证法是马克思关于现实人类存在意义探索的重要理论成果。实践辩证法之所以能够成为马克思哲学革命的标志和灵魂，不仅在于其反思现实的思维结构，更在于其有独特的生存结构。通过对传统形而上学思维范式理论渊源和现实表现的双重批判，马克思创造性地开启了内蕴"人的解放"、富有生命本性和实践品格的辩证法革命。随着全球化时代资本主义政治、经济危机的进一步凸显，重新把目光转向马克思实现的哲学革命，探讨实践辩证法的解释原则，有助于将"合理形态"的辩证法所具有的批判精神和价值追求充分地向人们敞开，从而展现和实现其丰富的当代意义。

一 阐释原则的更新：从"实践理性"到"历史理性"

——对康德先验辩证法的批判

在对马克思辩证法思想的研究上，人们往往将注意力集中在马克思哲学与黑格尔思辨哲学的对话上，相对忽视了马克思哲学与康德先验辩证法的关系。为了使马克思哲学及其辩证法得到合理的阐释，从审视和批判作为"法国革命的德国理论"的康德哲学入手是合乎逻辑的。

在康德那里，理性乃是人作为"特殊存在者"的内在根据。"纯粹理性有一种自然的和不可避免的辩证论"[1]，其逻辑规则总是驱使我们持续

---

[1] [德]康德：《纯粹理性批判》，邓晓芒译，人民出版社2017年版，第261页。

地向更大的知识统一性趋近。然而问题是，理论理性并不能完全显现人的理性本性。因为理论理性无法获得对物自体的认识，假如理论理性强行认识物自体，势必由于理性的独断和僭妄导致先验幻相的产生。形而上学应该从获得对超验对象的理论认识转换为思考超验对象对于我们具有的实践意义和价值的实践哲学，为人类行为构建普遍而可靠的行为原则和标准。也就是说，理性只有运用于实践领域才能使有理性的存在者得以实现自身的本性。"实践理性"作为离开自然界的必然性而指导人的道德行为的主观思维能力，其目的是探求和实现人的意志自由所需要的东西。在实践领域，"意志"、"灵魂"和"上帝"等这样一些无法在经验层面得到证明的概念，对行为就具有了指导性意义。因为在超验的实践领域是"只要我欲求，我就能够"，即作为理性存在者可以现实地悬设或者制造实践对象和实践客体。康德认为，"意志"、"灵魂"和"上帝"等作为形而上学的根本问题，并不是我们感性和知性的对象。但是"实践理性"可以不依赖于任何外在规定根据，而只凭内在的绝对命令将这些形而上学概念证明出来，即"实践理性"可以在只服从理性的实践规律的前提下将物自体构造出来。在实践领域之内，"意志"、"灵魂"和"上帝"等作为悬设之物，就获得了对于实现至善这一终极目的的积极的范导意义。康德由此通过将理性划分为理论和实践两种运用，对传统形而上学滥用理性加以限制，使物自体被划拨到实践哲学的领域中。然而，这种实践领域的活动并非人的现实的感性活动，而是意志使其行动准则与理性的实践规律相契合的活动。这种实践是关于应然事物的，即不依赖自然必然性而通过意志的自由决定才可能发生的事情。这种"实践"是意志完全依照理性的先天原理而进行的意识活动。理性的实践运用只是通过意识活动去认识、揭示和推断有关"意志"、"灵魂"和"上帝"等"应有"的事物，去"认识"它们的存在、性质和规律，最终只是获得一种内心的良知和信念。它们所涉及的只是"应有"而非"实有"，是"应当如此"而非"事实如此"或"必然如此"。"应有"事物不能像感性事物那样实际地表现出来，所以不能获得相关的客观知识，只能在意识活动中加以把握。

为了证明为何理性的实践规律在现实经验世界中具有有效性，康德将目光转向历史。因为在他看来，人类理性的发展和历史的演进具有一致性。历史是人类理性将自身实现于现实世界的过程。这表现在人和历史都具有二重性，一方面，人由自己的意志支配，因而是自由的。同时，历史作为人类自由意志下行为的产物而获得了自由性；另一方面，无论人们的行动原因如何隐秘、繁复，都由于是意志的表现而属于现象界。同时作为事情之发生的历史也始终表现为纯粹自然因果的必然。那么如何使人类的自我构造和历史生成获得统一呢？康德在历史领域提出了一个"自然意图"的公设。自然赋予人以理性和建立在理性之上的意志自由，它的最高意图就是把它赋予人类的全部禀赋完全地发挥出来。历史的生成实质上就表现为一个理性的自我引导、自为变化的过程。历史的发展和进步证明了"自然意图"的实在性和有效性。"自然意图"作为人类自我构造和历史生成统一的基础，证明了理性的实践规律在现实中具有有效性和实在性。从这里可以看出从"实践理性"向"历史理性"过渡的征兆。同时我们也要看到，固然康德以人为基础去阐明人的认识的真理性问题，但是因其诉之于先验的原则，导致其论证没有能够避免两个根本性的缺陷。第一，他忽略了历史发展的现实物质基础。在他看来，人类理性并不是有意识地在历史中自我驱动，而是无意识地进行的，由此才需要悬设一个"自然意图"作为历史合目的性的根据。第二，他不理解人的实践活动的双重建构功能。他不能正确认识人通过实践活动把自然界所提供的质料改造成为"人的无机身体"的同时也使自己得到了重塑，于是他把历史的发展单纯归结为理性原则自我实现的过程。由此，他自然也就无法解决行动的准则何以必须与理性的实践规律保持一致的问题。

  马克思看到康德由于囿于二元对立的思维框架，所以不可能真正触及现实的历史进程。历史在他那里最终只能表现为一种脱离物质实践的"概念的逻辑"。马克思则通过将理性理解为是对人之存在的实践活动过程的把握，超越了康德先验辩证法的建制。其理论的建构并不以思维与存在的二分为前提，而是二者的统一。马克思力图在主客二分之前为哲学寻找一个统一的根基。在他看来，康德之所以认为物自体不可知，原因在于康德始终没有触及对象本身。先天综合判断从表象中建构出来的只是对象的表象，由此形成的认识只能是对表象的认识。康德虽然是从理性出发去理解人的本质，但是康德将人的理性的生存视为内在的自然目的性。康德认为，人类的理性实现过程归根到底是由"自然意图"决定的，"根据这种自然的目标被创造出来的人，虽则其行程并没有自己的计划，但却可能有一部服从某种确定的自然计划的历史"①。与此相反，在马克思看来，人先行存在于世界之中。正是在人的实践活动中，现实的属人世界才得以生成，并不存在思维与存在孰为第一性的问题，关注的重心应该放在二者相互确证并通过人的实践活动现实地生成上。由此马克思为思维与存在的统一提供了一个坚实的根基——人的现实的实践活动。马克思认为，思维与存在在现实的人类实践活动过程中的生成就构成了人类的历史。在历史的进程中通过人自身的实践活动现实地生成的人的理性即"历史理性"。

人的现实的实践活动体现了历史与理性的统一。"历史理性"既以现实的社会生活为基础，又是这种现实的社会生活为表征，人与历史统一的基础就是人的实践。马克思理解的作为人的本质的存在方式的"实践"既不是纯主观的脱离自然的思维活动，也不是纯客观的没有选择的直观活动，而是主客观统一的能动的感性活动。正是在人与历史的相互生成过程中，人通过自身的实践活动实现了合目的性与合规律性的统一。一方面，人是一种生物性的存在，人是自然的一部分，需要遵循自然必然性的因果律去行动；另一方面，人作为特殊的存在者，既能够通过实践活动开展和证明自身存在的真实性，又可以通过实践活动领悟自身的存在，进行自我超越和自我创造，使历史成为"追求着自己目的的人的活动"②。正是在历史发展的过程中，通过实践活动使人生存之中无法突破的藩篱转变为人之丰富性、创造性和超越性的源泉和根柢，人类才能进行"消灭现存状况的现实的运动"③。

可以看出，马克思实践辩证法中的"实践"并非仅限于道德实践的抽象含义，而是一个包含着人的自我理解、自我确证、自我生成的感性范畴。人的存在既是人向自然生成的过程，也是自然向人生成的过程。马克思由此使辩证法成为依托于现实存在的"历史理性"克服了用"有限的知性规定"去认识"无条件的总体"造成的幻相，将康德的"实践"从彼岸世界拉回到此岸的大地之上。相比于彼岸世界的物自体，现实的"人的存在"才是"无条件的总体"。由此可见，在马克思这里正是

---

① [德]康德：《历史理性批判文集》，何兆武译，商务印书馆1990年版，第2页。
② 《马克思恩格斯文集》第1卷，人民出版社2009年版，第295页。
③ 《马克思恩格斯选集》第1卷，人民出版社2012年版，第166页。

"实践"使人与世界否定性地联结为一体，正是在实践活动过程中人和世界才能同时在场和形成丰富、流动的现实生活世界。只有通过人的现实的实践活动，方能使存在扬弃潜在性而确证自身的实存。概括而言，马克思通过把实践概念理解为一个涵盖人类全部社会生活的作为人与历史统一基础的概念，而赋予了康德的"实践理性"以历史性，从而真正地把握了人的实践本质，为确立辩证法的"历史理性"向度奠定了坚实的基础。

尽管康德对世界统一性的证明是在其先验唯心论思维模式中构建起来的，脱离了人的最现实和最具体的经验活动。但是康德的"实践理性优先"思想为马克思从根本上确立以"实践"为出发点来理解和改造世界的科学思维范式提供了最初的直接的理论渊源。遗憾的是，康德开启德国哲学革命的钥匙——在自由基础上确立以"实践"为主导的主体能动性概念——并没有被其后的哲学家马上意识到。尽管黑格尔哲学具有深刻的历史感，但是黑格尔把人视为听凭"绝对精神"摆布的工具，将历史本身看作"绝对精神"自我运动的过程。尤其是随着作为辩证法最高成就的概念辩证法的形成，康德把理性的目光从单纯地向外追逐世界的本质拉回到人本身的努力被彻底淹埋。只有打破黑格尔的思辨哲学体系，才能使其辩证法的合理内核展示出来，而完成这一任务的正是马克思。

二 理论地基的转换：从"绝对精神"到"物质实践"

——对黑格尔概念辩证法的颠倒

黑格尔企图通过将康德作为主观信仰的"自然意图"改造为"理性支配世界"这一客观的"普遍理性"，以解决康德遇到的行动的准则与理性的实践规律如何统一的问题。在黑格尔看来，历史和自然一样，是"绝对精神"自我发展和自我认识的一个阶段。在历史中，"绝对精神""表现了它自身最具体的现实"[①]。马克思指出，黑格尔的这种思想内涵逻

---

① ［德］黑格尔：《历史哲学》，王造时译，上海书店出版社2001年版，第16页。

辑的辩证法，即思想的自我批判和自我超越的辩证法也并未与传统形而上学力图建立"绝对真理"体系的理论传统和思维范式相脱离，仍执着于对"绝对实体"的追寻。马克思以"物质实践"作为辩证法的理论地基，最终实现了从"概念逻辑"向"实践逻辑"范式的重大转换。从这个意义上说，马克思实现了对黑格尔概念辩证法胜利的和富有内涵的颠倒。

黑格尔指出，"理性矛盾的真正积极的意义，在于认识一切现实之物都包含有相反的规定于自身"①，也就是说，矛盾和辩证法应该被理解为积极的东西。依据黑格尔的观点，要想"达到自觉的理性与存在于事物中的理性的和解，亦即达到理性与现实的和解"②，只能通过概念自我运动的逻辑学来完成。在他看来，概念是思想的规定性，而思想的规定是关于事物的规定。因此，概念是思想关于事物的规定。也就是说，概念由抽象的同一到具体的同一的过程使思维与存在实现了统一。在黑格尔看来，差别和矛盾属于思维与存在的内在发生，概念作为主体和实体服从自身的法则，脱离外在法则的干预和限制，并且不断地超越自身的有限性规定，向无限敞开，最终实现自我肯定的根据就在于概念自身的内在否定性。因此，伴随着概念由抽象的同一性逐次升华到具体的同一性，就解决了康德无法证明理性的实践规律何以具有客观实在性的问题。然而，黑格尔看似无懈可击首尾相连的圆圈式论证蕴含着一个根本限度，即把现实发展看作"绝对精神"自我发展的唯心主义思维范式。

黑格尔以概念自身的生成、外化和复归去实现思维与存在的统一，这种概念发展就是马克思所批评的"无人身的理性"的自我运动。在黑格尔这里，当自我意识得到了最终的发展，历史也就终结了。黑格尔把概念神圣化，用进行概念思维的人的抽象的意识活动取代了现实世界真实的实践活动，从而也就把人与世界的现实的辩证关系神秘化为范畴的逻辑运动。以"无人身的理性"的自我运动的方式来展现人类思维运动的逻辑，表明黑格尔辩证法是一种彻底的唯心主义思维范式。这就使能动的辩证法难逃被禁锢在概念抽象框架之中的命运。黑格尔概念辩证法只不过是思想的历史与逻辑相统一的运动，而并不是现实的历史过程。

---

① [德] 黑格尔：《小逻辑》，贺麟译，商务印书馆1996年版，第133页。
② [德] 黑格尔：《小逻辑》，贺麟译，商务印书馆1996年版，第43页。

以逻辑的必然性去实现思维把握和解释世界的"全体的自由性",就是黑格尔以"绝对精神"作为统一性原理的辩证法的实质内容。但它同时又是列宁所说的"聪明的唯心主义",即辩证的唯心主义,它"比愚蠢的唯物主义更接近于聪明的唯物主义"①,它内在孕育着马克思的新唯物主义——聪明的唯物主义——实践辩证法理论。

马克思实践辩证法的形成离不开与黑格尔概念辩证法的对话,马克思虽然没有从中获得感性世界的真实内容,却从中获得了进入感性世界、表达感性世界的作为"推动原则"和"创造原则"的否定性的辩证方法。正是在与黑格尔概念辩证法的对话和汲取中,马克思阐发了实践辩证法的思维结构。马克思对黑格尔概念辩证法中合理成分的吸收主要体现在三个方面:首先,黑格尔的辩证法本身是能动的、革命的。它的本质就是不承认有任何僵死不变的规定性,而主张一切都处于无限生命的运动和发展之中,可以说,概念辩证法突出了概念和精神的活动性。其次,黑格尔的辩证法提供了一种从"自我产生过程"把握人的观点。它洞察了"劳动"的本性,将人类进行的实践活动作为思维产生存在、主体创造客体的媒介。最后,黑格尔的辩证法第一个将历史运动的原因从"神意"中解放出来,使其概念辩证法包含着巨大的历史感。黑格尔创造性地把"历史当作是调和'一'和'多'、无限和有限的中介"②。如此来看,黑格尔在这三方面取得的成果以最抽象的形式反映了最现实的社会内容。然而,由于黑格尔的整个哲学都属于传统形而上学的哲学传统,他是在思辨哲学的框架中谈论社会的思维形式和内容,所以其辩证法的这三个方面无法避免地具有抽象性和片面性。黑格尔所理解的世界仍然是一个先验的概念世界,将概念作为现实生活的本质和基础,真实的世界反被概念世界所统治而丧失了真实的意义。就他来看,"真正辩证法的概念在于揭示纯概念的必然运动"③。黑格尔的思维是与人相剥离的抽象理念的自我运动,存在是思维而非实践的外化。因此,对立也只是在思想之内的对立,统一也只是思维克服存在、使存在被思维所并吞和占据

---

① 《列宁全集》第55卷,人民出版社2017年版,第235页。
② [德]哈贝马斯:《后形而上学思想》,曹卫东、付德根译,译林出版社2012年版,第151页。
③ [德]黑格尔:《哲学史讲演录》第2卷,贺麟、王太庆等译,商务印书馆1996年版,第200页。

的过程。这不过是一种在意识内、在抽象性里面实现的同化和统一,因而这种统一是一种失去真实基础的虚幻统一。虽然黑格尔辩证法把"否定性"视为辩证法的本性,然而,以同一性的概念世界来说明人的现实世界,必然会把现实世界多元丰富、矛盾具体的内容蒸发掉。在他那里,历史不过是通向永恒的具有普遍性的概念世界的手段和工具,是"绝对精神"的自我发展。概念辩证法在反复证明精神运动历史性的同时,又因为不愿意放弃形而上学的超感性实体,而把概念辩证法本身作为一个"逻辑先在原则","概念才是真正的在先的。事物之所以是事物,全凭内在于事物并显示它自身于事物内的概念活动"[1],概念成为世界存在的理据,被视为自在自因的、永恒在场的。最终只能使能动的实践和创造被局限在纯粹精神和思维本身的领域,与感性的人类现实生活绝缘,黑格尔辩证法终究远离了现实的"人的存在"。所以,在黑格尔那里,辩证法本质上是非历史的、非现实的,他的"绝对精神"不过是抽象的形式,根本不能说明社会的现实运动。为了使黑格尔的辩证法能够成为说明社会现实运动的有用的思维形式,马克思在"物质实践"的地基上对黑格尔的辩证思维结构和否定性原则进行了重新阐释。

在马克思这里,颠倒不是简单的位置互换。如果理论结构形态没有发生变化,那么问题就仍旧存在。从问题构成本身走出来,需要将先前设定的"实在"取消,揭示出它们的起源,质疑追求的前提,才能彻底克服传统形而上学的知性逻辑。黑格尔的全部哲学体系都根植于抽象的、先验的精神,展现的只是"绝对精神"在历史中的自我外化及返回的过程。所谓形而上学的改装就是把全部的存在以思维规定感性的方式改装成概念的自我运动,其实质只能是一种超历史的、非历史的"存在"。但问题在于如何达到思维和现实的"人的存在"的统一,"人的存在"才是思维和存在、主体和客体同一的真实基础。黑格尔的"绝对精神"毋宁说是人的存在或存在本质的异化,而不是相反。正如马克思所深刻指出的:"整个现存的感性世界的基础"不是观念,而是"生产",亦即"连续不断的感性劳动和创造"[2]。所以辩证法的革命"不是从观念出发来解

---

[1] [德]黑格尔:《小逻辑》,贺麟译,商务印书馆1996年版,第334页。
[2] 《马克思恩格斯选集》第1卷,人民出版社2012年版,第157页。

释实践，而是从物质实践出发来解释各种观念形态。"[1] 这就要求我们必须为被黑格尔哲学神秘化了的概念辩证法奠定坚实的实践基础，不是用概念的辩证运动去说明人类的实践活动，而是立足于人类实践活动的内在矛盾及其历史发展去解释概念的辩证发展。正是从批判黑格尔哲学出发，马克思以自己所确认的"实践"，展开了对概念辩证法的具有"终结"意义的批判。离开人的现实的生活过程，就会把人的"存在"抽象化，把人与世界的现实关系抽象化。人们现实生活的根基，就是人们的物质生活资料的生产——"实践"，"实践"是现实的"人的存在"。马克思立足于"实践"形成的实践辩证法理解的"人的存在"不是由一个先验的本质所规定好的"现成存在者"，而始终是"生存活动"展开的过程。人在不断开放流动的过程中成其为所是，"人的存在"是通过实践活动"显现"和"生成"的，这是一个克服矛盾的否定生成过程。在"生存活动"中，"人的存在"呈现为一个矛盾的否定性统一体。在马克思看来，"人的存在"证明了人本身就是具有辩证本性的特殊存在者，这种辩证本性既决定了对人的把握需要有一种与之相应的辩证的理论思维范式，也确证了将现实的"人的存在"作为辩证法理论根基的合法性。

　　黑格尔的最大贡献在于，完善了那种在康德哲学中仅仅作为调节性神意概念的辩证思想。马克思在此基础上又充分继承了康德对理论理性有限性的批判立场，扬弃了黑格尔哲学中的唯心主义特质，以"物质实践"作为出发点，以"实践"的内在矛盾构成"存在"的辩证法，为黑格尔概念辩证法注入了"存在"的真实内容，将辩证法最为核心的内容——否定性向度、劳动逻辑、历史性原则从形而上学思维范式的桎梏中解救出来，使人的能动的主观思维通过现实的物质性活动而与客观存在达到了真正的同一，使黑格尔根植于精神能动性的"推动原则"和"创造原则"成为人的生命活动的本质特征，实现了对黑格尔概念辩证法理论基础的彻底批判性改造。同时，我们也不能忽视，正是康德和黑格尔证明了历史发展的合规律性和合目的性，从而为马克思揭示和论证不是"绝对精神"而是现实的"人的存在"才是历史的创造者扫清了道路，为马克思把目光转向"人的解放"提供了重要的启迪。

---

[1] 《马克思恩格斯选集》第 1 卷，人民出版社 2012 年版，第 172 页。

三 批判武器的批判：从"瓦解资本逻辑"到"人的解放"
——马克思实践辩证法的澄明

马克思清醒地意识到，"理性"根源于"存在"。因而实践辩证法就远不止于对形而上学思维范式的解构，而是深入发掘和分析其在社会生活中的现实基础。正是通过对社会现实进行考察，马克思发现了"资本逻辑"统治的秘密，将"瓦解资本逻辑"和实现"人的解放"确立为"实践批判"的理论旨趣。在此意义上，马克思实践辩证法之所以具有革命性，正在于其没有满足于作为通过概念来极力超越概念的"批判的武器"，而是实现了向"武器的批判"的转换。

马克思明确指出，"作为包括精神发展在内的一切发展的动力的辩证法，其真正的根源不应到抽象的精神中，而应到现实的生活中去寻找、去发现"[1]。马克思敏锐地洞察到，黑格尔的概念辩证法是他生活于其中的资本主义社会现实的理论表征。资本主义社会是以"资本"为行为根据和标准的世界，资本成为现代经济、社会的纲领和原则。马克思宣告，资本成了一种"普照的光"，是社会中"支配一切的经济权力"[2]，资本摇身一变成了世俗的"上帝"。资本主义体制下的社会是按照资本的本性而非人的本性所创造的，围绕着资本旋转形成的"资本逻辑"在运作中成为统治社会并使人活生生的本质被蒸发的外在于人的社会关系和现实力量。而形而上学作为"抽象观念"，其实是现实世界中导致人沦为抽象存在的社会关系和现实力量的理论表征。在此意义上，恩格斯将黑格尔的哲学称为以"最抽象"的形式表达了人类"最现实"的生存状态，这就是人们正在受"抽象"的"资本逻辑"的统治。所以，问题不在于对形而上学思维范式的解构，而在于批判构成这种形而上学的"抽象"的"存在"本身。

---

[1] [苏]罗森塔尔主编：《马克思主义辩证法史》，汤侠声译，人民出版社1982年版，第10页。

[2]《马克思恩格斯选集》第2卷，人民出版社2012年版，第707页。

生活于资本主义抽象的社会现实中的马克思，因为洞悉了资本与形而上学本质之间的关联，故而提出了改造形而上学"普遍性"和"真理性"的虚假形式得以滋生的世俗的社会生活基础的现实任务，即超越"总体性"、"绝对性"和"非历史性"的"资本逻辑"的统治。马克思通过对社会现实的内在矛盾进行分析，以"实践"破解了意识"纯粹活动"或"自我活动"的虚假能动性，在实践原则的基础上，通过借助辩证法的否定性力量对资本进行分析和批判，厘清了资产阶级社会得以生存、运作的内在动力机制，以一个有异于"我思"的出发点——对社会现实的分析——揭露其中所包含的与人的存在发展相敌对的抽象力量，直指形而上学得以产生的现实根源——资本为实现增殖将导致自身永远不能克服内在的矛盾。马克思把对资本主义社会现实的分析与辩证法的批判有机地结合起来，使辩证法摆脱抽象观念的形式，从而实现了对辩证法现实意义的澄明。

马克思提出，对于解决意识和观念问题的根本的与唯一的途径，不是"理论批判"，而是"革命的实践"，即"实践批判"。"只有通过实际地推翻这一切唯心主义谬论所由产生的现实的社会关系，才能把它们消灭；历史的动力以及宗教、哲学和任何其他理论的动力是革命，而不是批判。"[①] 所以，消灭资本主义、建立共产主义，实现"人的解放"是马克思批判的和革命的实践辩证法的最终理论旨趣。

在马克思看来，形而上学思维范式支配下的资本主义社会中的个人虽然摆脱了传统政治力量和宗教观念的统治和束缚，但现实的劳动者却依然处于异化劳动之中受抽象力量的统治。抽象力量的同一化本质将一切差异性的内容予以形式化地削平，将一切不能被加工、计算和控制的异质性因素剔除在外。作为主体的劳动者受此抽象力量的掌控，在现实中所进行的劳动只能是抽象的异化劳动。而在异化劳动中，个性化主体的生成及其价值实现的道路将被完全阻隔。概而言之，个体性的劳动者在其对象性活动里再也难以实现自我确证。形而上学理性原则代表着外在于现实的人与历史发展的先天永恒原则，因此，不是人们的活动在推动和生成自身的发展，而是形而上学的先验原理在支配着人及其活动。对历史发展客观逻辑的痴迷、对历史终极状态的执着，势必使人的真实

---

① 《马克思恩格斯选集》第 1 卷，人民出版社 2012 年版，第 172 页。

生命被遮蔽在超感性的实体之中，使个性、多样性彻底沦为"绝对实体"的工具，最终造成对现实的"人的存在"的压抑，人的生命自由也由此成为虚设，个人将丧失自身存在的现实性和活生生的内容。与以形而上学观念为原则追求形式化的自由和平等的解放路径不同，马克思的实践辩证法始终以人的自身的解放为出发点。早在《〈黑格尔法哲学批判〉导言》中，马克思就提出了"为历史服务"的哲学的"迫切任务"就是"揭露具有非神圣形象的自我异化"[1]。为了完成这一迫切任务，马克思以"现实的个人"取代"普遍理性"，让"个人"真正成为具有个性和独立性的"个人"、全面发展的"个人"。"现实的个人"的观念内含着对人的实践本性的自觉，以此为根基的实践辩证法追求的是实质的劳动自由。

正是在自由自觉的活动中，非实体化和平均化的个性化主体得以生成，并与其价值的实现获得了内在的统一。正是在此意义上，马克思说道："对实践的唯物主义者即共产主义者来说，全部问题都在于使现存世界革命化，实际地反对并改变现存的事物。"[2] 只有借助彻底扬弃私有财产，从而对社会制度的总体、对当今存在的工业、政治和意识形态状况以及对受商品社会的异化和物化条件压制的全部存在方式的彻底重建，才能破除抽象对人的统治，进而生成个性化主体，即实现每个人的自由解放与全面发展。使人的"生命的基本需要"成为生产和分配的直接原则，使个人的能力得到全面发展。只有在这样的社会里，"资本逻辑"的抽象统治才能得到消除，从而形而上学的理性原则也将因其存在的现实基础被瓦解而得到清理。这种由人的现实的实践活动所构成的实践辩证法，蕴含着人的"理性"、人的"目的"、人的"理想"、人的"追求"，表达了对人的全新理解，终结了对历史终极状态的偶像崇拜，还原了"现实的个人"的真实形象。为个人从历史神意的压制中争取了空间，使个人重新获得了具体的、真实的、完整的自由和生命，引导着真正的人的复归。在此意义上，马克思的实践辩证法达到了革命性的高度，充分展现了人文旨趣，是一种蕴含着"形上追求"的关于现实的"人的存在"的辩证法。

---

[1] 《马克思恩格斯选集》第1卷，人民出版社2012年版，第2页。
[2] 《马克思恩格斯文集》第1卷，人民出版社2009年版，第527页。

作为"对现存的一切进行无情的批判"① 的革命的实践辩证法超越了纯粹的观念批判,使形而上学批判由"理性批判"转向了在"物质实践"的基础上以"资本逻辑"为核心的"实践批判"。马克思对形而上学与资本逻辑的双重批判和解构,真正地使辩证法从"思想"的否定走向"现实"的否定,亦即把"批判的武器"转变成"武器的批判",从变革世界观到变革世界,这就是马克思的重大历史功绩。

---

① 《马克思恩格斯全集》第 1 卷,人民出版社 1956 年版,第 416 页。

辩证法的革命与革命的辩证法

——马克思资本批判的辩证法

作为"千年伟人"的马克思,一直是以多重身份存在的:哲学家、经济学家、社会学家、预言家,等等。但在其最亲密的终生战友恩格斯眼里,马克思"首先"是一位"革命家"。而作为革命家的马克思,其革命的"武器",就是本质上"批判的和革命的"辩证法。在此意义上,雷蒙·阿隆认为:马克思主义就其本质而言就是辩证法。[①] 但马克思主义作为辩证法的实质和意义,却并不是自明的,而是一直存在诸多争论,由此也导致后人对其产生了诸多误解、歧解和肤浅之解,甚至将马克思的辩证法理解为"变戏法"。实际上,正是作为革命家的马克思,才真正将哲学史上仅停留在思维领域里的"神秘的"辩证法落到了实处,在现实的资本领域里创建了"辩证法的革命"与"革命的辩证法"相统一的"资本辩证法"。马克思正是通过其"资本辩证法",揭示出了"资本的秘密"而实现了对资本逻辑的彻底批判和实践超越,从而使辩证法获得了其完全的意义。

一 辩证法的革命:从"概念的自我否定"到"资本的自我否定"

马克思的辩证法,既与古希腊的辩证法有着深厚的历史渊源,更是直接源于黑格尔的"概念辩证法"。如果说黑格尔辩证法围绕展开的一个中心词是"概念",那么马克思辩证法围绕展开的中心词就是"资本"。

---

① [法]雷蒙·阿隆:《阶级斗争——工业社会新讲》,周以光译,译林出版社2003年版,第25页。

事实上，概念是形而上学的思维王国里的统治者，它以本质主义的概念思维方式控制着人的心灵；而资本就是市民社会的现实王国的统治者，它以资本逻辑的方式隐蔽地左右着人的身心；黑格尔的辩证法处理的是形而上学问题，而马克思辩证法处理的是资本逻辑问题；理解黑格尔的辩证法，必须抓住"概念"，理解马克思的辩证法，则必须抓住"资本"。在此意义上，马克思"批判的和革命的"辩证法就是"资本辩证法"。

本来黑格尔的概念辩证法是想通过概念的自我运动、自我发展和自我否定，把实体理解为主体，来反对传统形而上学僵化的主客二元对立模式、解决形而上学实体化的内在困境的，但由于其泛理性和泛逻辑主义，它只是停留在理论领域，在概念层面上达到和实现了理性与现实的"和解"，最终获得的不过是"概念的真理"，又与形而上学的同一性逻辑"合流"了。正如伽达默尔所指出的：黑格尔试图"以思想的辩证运动来消解和融化自希腊以来的实体本体论及其概念方式"，然而它只是达到了精神和自由的"概念"，仍然保留着"本体论上的自我驯服"[①]。因此，马克思称它徒有批判的外表，而本质上却是"非批判的实证主义和同样非批判的唯心主义"。但是，透过这一"外表"，马克思还是看到和抓住了黑格尔的作为"推动原则"和"创造原则"的"否定性的辩证法"的伟大之处："这个否定性是自身的否定……，是一切活动——生命的和精神的自身运动——最内在的源泉，是辩证法的灵魂"[②]。在黑格尔那里，辩证法的核心对象是思维领域里作为主体的"概念"，因而辩证法也就是"概念的自我否定"；但在马克思这里，辩证法的核心对象是现实社会中起统治和支配作用的"资本"，马克思正是充分汲取了黑格尔概念辩证法的"自否定"精神，将其创造性地运用到对资本的"自否定性"实质及发展趋势的揭示和分析上，因而辩证法就成了"资本的自我否定"。正是在此基础上，马克思实现了从"概念的自我否定"到"资本的自我否定"的"辩证法的革命"，亦即从"形式的辩证法"到"实质的辩证法"的"胜利的和富有内容的"革命。

在《资本论》中，马克思运用黑格尔概念辩证法的"自否定性"，具体来分析和揭示资本主义社会现实的"自否定性"："资本主义的私有制，

---

① ［德］伽达默尔：《摧毁与解构》，孙周兴译，《哲学译丛》1991年第5期。
② ［德］黑格尔：《逻辑学》下卷，杨一之译，商务印书馆1996年版，第543页。

是对个人的、以自己劳动为基础的私有制的第一个否定。但资本主义生产由于自然过程的必然性，造成了对自身的否定。这是否定的否定。这种否定不是重新建立私有制，而是在资本主义时代的成就的基础上，也就是说，在协作和对土地及靠劳动本身生产的生产资料的共同占有的基础上，重新建立个人所有制。"① 正是在这一意义上，列宁强调马克思虽没有留下"大写的逻辑"，却留下了"《资本论》的逻辑"。而"《资本论》的逻辑"的实质，就在于"《资本论》不是为社会主义改造提供的菜谱，也不是为社会主义制度下的经济描绘的乌托邦蓝图。它是对资本主义的潜在动态变化的系统研究"②。马克思的《资本论》既是对资本主义社会的病理学诊断和解剖，也揭示了资本主义世界的自我摧毁过程。所以说，马克思的《资本论》实际上就是马克思的辩证法——资本辩证法。马克思后来之所以没有再专门写辩证法的小册子，说他没有足够的时间，这个理由显然是不充分的。实际上，从马克思本人的立场和旨趣来看，辩证法在"形式"上，黑格尔的概念辩证法已经完成了，自己已没有再写的必要；而辩证法在"内容"上，他对资本主义社会实质的研究和分析，就是辩证法的具体实践和现实体现，自己的《资本论》已经做到了这一点。这也可能就是马克思后来没有专门再写关于辩证法的小册子的真正缘由。对此，苏联哲学家凯德洛夫的解释是有说服力的：马克思通过其他形式，即转换一种方式已经实现了自己撰写辩证法的设想。③ 而正是在马克思实现其辩证法革命的过程中，黑格尔不仅仅是马克思所反对并且纠正了其错误的人，而且更是一个其思想被保留下来并牢牢地编织进马克思成熟理论的经纬线之中的人。

在马克思资本辩证法的视野中，资本既具有伟大的文明作用，也具有自身无法克服的内在矛盾。资本的伟大文明作用使人获得了一定的"独立性"，但这种独立性却是以"物的依赖性"为基础的，人仍受"物"的奴役和支配。人刚摆脱了在"神圣形象"中的自我异化，又在"非神圣形象"——"资本"中被重新异化了。但与此同时，资本主义也

---

① 马克思:《资本论》第 1 卷，人民出版社 2004 年版，第 874 页。
② [美]詹姆斯·劳洛:《马克思主义哲学和共产主义》，载欧阳康主编《当代英美哲学地图》，人民出版社 2005 年版，第 644 页。
③ [苏]凯德洛夫:《论辩证法的叙述方法》，贾泽林等译，中国社会科学出版社 1986 年版，第 6 页。

为人走出异化创造了条件——异化与异化的扬弃走的是同一条道路。马克思通过对"资本"的批判分析，逐渐认识到：资本的唯一本性就是使自身无限增殖，而这就要求资本为劳动和价值的创造确立界限，但这种界限又是和资本要无限度地扩大劳动和价值创造的趋势相矛盾。"资本一方面确立它所特有的界限，另一方面又驱使生产超出任何界限，所以资本是一个活生生的矛盾"，而正是这一矛盾，决定了"资本的本质"就是"自相排斥"，亦即"资本必然自己排斥自己"。正因如此，马克思看到了"资本不可遏止地追求的普遍性，在资本本身的性质上遇到了限制，这些限制在资本发展到一定阶段时，会使人们认识到资本本身就是这种趋势的最大限制，因而驱使人们利用资本本身来消灭资本"[①]。当"生产资料的集中和劳动的社会化，达到了同它们的资本主义外壳不能相容的地步。这个外壳就要炸毁了。资本主义私有制的丧钟就要响了。剥夺者就要被剥夺了"[②]。正是资本主义自身的这一无法克服的内在矛盾，决定了它最终将走向自我否定、自我瓦解和自我灭亡，并为共产主义的产生和人的解放创造条件。所以马克思强调必须借助资本的力量来批判和瓦解"资本"这一"非神圣形象"，才能变资本的独立性和个性为具体的人的独立性和个性，在作为"自由人的联合体"的共产主义社会中，彻底实现人的"自由解放"。

因此说，只有马克思才通过"资本的自我否定"，分析和揭示出了由资本与理性形而上学"联姻"和"共谋"形成的资本逻辑的内在矛盾和发展趋势，从而构成了自己的以人的历史活动为内容、以抽象的存在——资本为批判对象的"资本辩证法"，并以自己的资本辩证法实现了哲学史上辩证法的"双重革命"：既终结了超历史的理性形而上学，又终结了资本主义非历史性的神话。[③] 这时，辩证法"不仅从内部就其内容来说，而且从外部就其表现来说，都要和自己时代的现实世界接触并相互作用"[④]，从而从"思想的否定"走向了"现实的否定"，并在现实领域里获得了它"完全的"革命意义。而正是马克思资本辩证法的这一完全的革命意义，又使它开辟了一条不同于哲学史上的仅是"解释世界"的

---

① 《马克思恩格斯全集》第 30 卷，人民出版社 1995 年版，第 390—391 页。
② 马克思：《资本论》第 1 卷，人民出版社 2004 年版，第 874 页。
③ 孙正聿：《辩证法：黑格尔、马克思与后形而上学》，《中国社会科学》2008 年第 3 期。
④ 《马克思恩格斯全集》第 1 卷，人民出版社 1956 年版，第 121 页。

对资本逻辑的"理论超越"的"实践超越"之路。

二 革命的辩证法：马克思辩证法对资本逻辑的实践超越

为了反抗和瓦解资本与理性形而上学"联姻"和"共谋"形成的资本逻辑的"同一性"强制，自黑格尔之后，人们就采取和实施了不同的应对策略，亦即开辟了反对和超越资本逻辑的不同道路。但概括说来，主要分为两条——"理论超越"之路和"实践超越"之路。理论超越之路，也可以说就是"解释世界"之路。它主要是指局限或停留于思维和概念的领域之内，在形而上学的理论传统和问题结构中，以抽象取代具体、以普遍消解个别、以主体压制客体、以理论先于实践，亦即阿多尔诺指出的"必须靠概念来极力超越概念"[①]的"思想革命"。这一理论超越之路的最根本理论前提，就是承认理论高于实践的经典优先地位，其实质就是意识内在性的自足："哲学则把过沉思的生活，即理论生活方式当作拯救途径。"[②] 这一理论超越之路，其实是一条自形而上学在古希腊产生之初就一直存在的悠久的"历史"之路，但也是一条不彻底的"半截子"之路：它的目的是从思想上克服资产阶级社会，思辨地复活在这个社会中并被这个社会毁灭了的人，然而其结果只是达到了对资产阶级社会的完全思想上的再现和先验的推演。[③]

应该说，在黑格尔之后马克思是最伟大的辩证法家，但这绝不仅是"理论传承"意义上的，而更是"实践超越"意义上的。作为马克思哲学的活的灵魂的资本辩证法，其批判的对象从理论层面说就是理性形而上学的同一性思维，而现实方面就是非正义的资本主义社会本身。但哲学家们"只是"用不同的方式"解释"世界，而问题在于"改变"世界。马克思较其之前及之后的哲学家们伟大，就在于他不但看到了理论或概念的有限性（康德虽然也清醒地认识到理论理性的有限性，但他却把理

---

① [德] 阿多尔诺：《否定的辩证法》，张峰译，重庆出版社1993年版，第14页。
② [德] 哈贝马斯：《后形而上学思想》，曹卫东等译，译林出版社2001年版，第31页。
③ [匈] 卢卡奇：《历史与阶级意识》，杜章智等译，商务印书馆1996年版，第227页。

论领域与实践领域给硬性地分割开了),而且将理论或概念奠立在其产生和来源的实践基础上,"不是从观念出发来解释实践,而是从物质实践出发来解释各种观念形态"①。在马克思看来,理论的有限性只有在无限性的实践领域里才能得到解释和说明:"全部社会生活在本质上是实践的。凡是把理论引向神秘主义的神秘东西,都能在人的实践中以及对这个实践的理解中得到合理的解决。"② 实践才是理论的最为深刻和根本的内在源泉,不是实践统一到理论领域,而是理论统一到实践领域。只有从理论得以产生的内在实践源泉出发,才能真正发现和揭示理论自身无法解决的内在矛盾和困境,实现彻底消除理性形而上学所造成的主体的自我神化和逻各斯中心主义。在此意义上,我们可以说马克思的"资本辩证法"正是摆脱了它同形而上学门第不当的"联姻"之后,它才真正地成为革命的了。马克思"推进了作为实质理性的辩证法,使之成为历史社会的运动法则,成为自由的现实批判的革命精神,使费希特和黑格尔已具革命性的启蒙精神成为现实政治的革命行动"③。这就是马克思所开辟的对资本逻辑的"实践超越"之路,亦即理论之于实践的经典优先地位被颠覆的"世俗拯救"之途。

作为一种"革命行动"的世俗拯救之途,马克思辩证法对资本逻辑实践超越的实质就是:"在批判旧世界中发现新世界"。"在批判旧世界中发现新世界",这是马克思对于辩证法应有的超越方式的最为明确和直接的概括:"新思潮的优点就恰恰在于我们不想教条式地预料未来,而只是希望在批判旧世界中发现新世界。到目前为止,一切谜语的答案都在哲学家们的写字台里,愚昧的凡俗世界只需张开嘴来接受绝对科学的烤松鸡就得了。现在哲学已经变为世俗的东西了,最确切的证明就是哲学意识本身,不但表面上,而且骨子里都卷入了斗争的漩涡。如果我们的任务不是推断未来和宣布一些适合将来任何时候的一劳永逸的决定,那么我们便会更明确地知道,我们现在应该做些什么,我指的就是要对现存的一切进行无情的批判。"④ 这意味着,马克思的资本辩证法绝不是象形

---

① 《马克思恩格斯选集》第 1 卷,人民出版社 2012 年版,第 172 页。
② 《马克思恩格斯选集》第 1 卷,人民出版社 2012 年版,第 135—136 页。
③ 刘小枫:《辩证法与平等的思想自由习性》,载〔英〕吉尔比《经院辩证法》,王路译,上海三联书店 2000 年版,第 37 页。
④ 《马克思恩格斯全集》第 1 卷,人民出版社 1956 年版,第 416 页。

而上学思维方式那样从抽象的原则出发,根据永恒的正义尺度或普遍的道德标准来"裁量"现实生活,相反,它所贯彻的是一种从现实生活条件出发的"感性活动原则"——把"事物、现实、感性"当作"人的感性活动",当作"实践"去理解。所以,马克思的辩证法与其说是作为"主观作用"表现出来,不如说是作为"革命斗争"表现出来。马克思辩证法批判的对象和出发点是处于具体历史条件下受资本逻辑控制的具有内在自我否定性的"旧世界"——在这个世界中人受到非人化的资本和商品的可怕力量的奴役。通过对旧世界自身内在矛盾和困境的揭示和批判,揭露旧世界的陈腐和过时,发现旧世界孕育新世界的可能性,并在此过程中超越旧世界。因此在马克思看来,辩证法就是"孕育着新社会的旧社会的助产婆"[1]。在这一意义上,新世界在旧世界之内而不在其外,对旧世界的批判是"解蔽",对新世界的发现是"澄明","解蔽"和"澄明"二者共同生成于瓦解资本逻辑的同一个过程。就此而言,马克思辩证法的革命本质真正是一种"内在而超越"的"感性活动"[2]。由于这种"感性活动"的性质,决定了辩证法的批判必然是一种"历史性"的过程,因而没有任何存在是"永恒"的从而可以免于批判,批判不可能在某一个地方一劳永逸地被完成并宣告其"终结",而是一种开放的、需要永远进行下去的革命活动:"资产阶级除非对生产工具,从而对生产关系,从而对全部社会关系不断地进行革命,否则就不能生存下去。"[3] 在此意义上,恩格斯强调辩证法的真实意义和革命性质"正是在于它彻底否定了关于人的思维和行动的一切结果具有最终性质的看法"[4]。这表明,马克思辩证法的资本逻辑批判作为一种"历史性"的"实践超越"活动,"历史性"与"实践性"构成了资本辩证法批判方式的两个根本规定性,这使得马克思辩证法在批判方式上与黑格尔辩证法的"徒有其表的批判主义"划清了界限。后者贯彻从非现实的概念关系来理解人的现实生活的思维范式,它对现实生活的批判最终只能是一种"理性狡计"的"神话"。

---

[1] 马克思:《资本论》第1卷,人民出版社2004年版,第861页。
[2] 贺来:《"后形而上学"视域与辩证法的批判本性》,《吉林大学社会科学学报》2007年第2期。
[3] 《马克思恩格斯选集》第1卷,人民出版社2012年版,第403页。
[4] 《马克思恩格斯选集》第4卷,人民出版社2012年版,第222页。

由此合理的结论就是：要从形而上学的阴影下拯救辩证法被窒息的革命本性，现实的途径就是改造这一形而上学阴影得以滋生的世俗的社会生活基础，即超越"总体性"、"绝对性"和"非历史性"的"资本逻辑"的统治。因此，马克思资本辩证法的"历史任务"就是：通过对天国的批判变成对尘世的批判，对宗教的批判变成对法的批判，对神学的批判变成对政治的批判来确立此岸世界的真理，揭露非神圣形象中的人的自我异化。对此，马克思号召全世界无产者联合起来，使现存世界革命化，向现存的资本主义制度开火，推翻那些使人成为受屈辱、被奴役、被遗弃和被蔑视的一切不合理关系。正是在此意义上，恩格斯强调德国的"工人运动"是德国辩证法的"继承者"[1]，卢卡奇指出，马克思的辩证法是一种"革命的辩证法"[2]，梅洛-庞蒂称这一革命的辩证法为"行动中的辩证法"[3]，而以赛亚·伯林则认为马克思的"阶级斗争"就是"在发挥作用的辩证法"[4]。所以说，通过这种在感性基础上批判性、否定性的"实践超越"活动，马克思的资本辩证法既瓦解了理性形而上学借助资本而展开的"现实运作"，又消解了资本借助理性形而上学而确立的"意识形态幻象"，从而彻底破除了资本逻辑永恒自足的符咒，彰显了辩证法的批判性视域，拯救了辩证法的"革命本性"：康德所谓揭露"虚假的幻象"的辩证法，经过费希特、黑格尔和马克思，已经发生了质变，揭露已从"思想批判"变为"社会革命的批判"。于是，黑格尔的基督教神秘主义的"启蒙辩证法"就转化为世俗化的，但也是神圣的"革命辩证法"。[5]

---

[1] 《马克思恩格斯选集》第4卷，人民出版社2012年版，第265页。
[2] ［匈］卢卡奇：《历史与阶级意识》，杜章智等译，商务印书馆1996年版，第48页。
[3] ［法］梅洛-庞蒂：《辩证法的历险》，杨大春、张尧均译，上海译文出版社2009年版，第81页。
[4] ［英］以赛亚·伯林：《历史唯物主义》，载张一兵主编《社会批判理论纪事》第3辑，江苏人民出版社2009年版，第254页。
[5] 刘小枫：《辩证法与平等的思想自由习性》，载［英］吉尔比《经院辩证法》，王路译，上海三联书店2000年版，第38页。

从"劳动现象学"到"劳动辩证法"

——马克思对黑格尔劳动观的扬弃

人们一般都认为马克思的劳动观源于对古典政治经济学抽象"劳动价值论"的批判和超越。实际上,马克思的劳动观也是建立在批判和超越黑格尔的"精神劳动"基础上的。按照卡尔·洛维特的观点,黑格尔在"耶拿讲演"、《精神现象学》和《法哲学原理》中有三次以"劳动"为主题。① 黑格尔的这三次"劳动"主题,体现了黑格尔的劳动观从"精神现象学"到"劳动现象学"的演变。马克思的劳动观,正是在从"法哲学批判"到"政治经济学批判"转变的基础上,实现了以"劳动辩证法"对"劳动现象学"的根本扬弃。而这一扬弃,又意味着"劳动政治经济学"对"资本政治经济学"的巨大胜利。

一 黑格尔:从"精神现象学"到"劳动现象学"

作为德国古典哲学的集大成者和唯一研究过古典政治经济学的哲学家,虽然黑格尔的劳动观比其他古典哲学家优越,但他的劳动观总体上还是一种"精神劳动"。在耶拿讲演中,黑格尔主要强调劳动是区别于动物式的"本能"活动的一种"精神的方式"和"理性的活动",劳动也只是其绝对精神自我运动的内在环节。此时,黑格尔仍然处于对劳动的"哲学化"理解。也是在此意义上,马克思深刻而形象地称黑格尔的"逻辑学"只不过是"精神的货币"。但在作为黑格尔哲学的真正"诞生地"

---

① [德]卡尔·洛维特:《从黑格尔到尼采》,李秋零译,生活·读书·新知三联书店2006年版,第358页。

和"秘密"的《精神现象学》中,黑格尔劳动观比之前进步就在于他已经看到了劳动"陶冶事物"的"客观性"趋向。黑格尔通过劳动"陶冶事物"来阐释主人和奴隶之间关系的辩证转换——"为承认而劳动":"个体满足它自己需要的劳动,既是它自己的需要的满足,同样也是对其他个体的需要的一个满足,并且一个个体要满足它的需要,就只能通过别的个体的劳动才能达到满足的目的。"① 也就是说,在《精神现象学》中,黑格尔将劳动理解为通过"陶冶事物"来实现欲望与满足,使之成为主人和奴隶角色设定与转换的中介,使主人和奴隶通过劳动而"相互承认"成为可能。在这里,黑格尔通过"为承认而劳动"充分实现了从"精神现象学"到"劳动现象学"的转变。所以说,在《精神现象学》中,黑格尔已经开始从"哲学"转向"经济学"来理解劳动。正是这一转变,致使黑格尔的精神现象学在主人和奴隶为承认而劳动中达到了极致:"'主人与奴隶'这一节,我们要把它列入现象学最成功的部分,列入黑格尔辩证法的处女作和成熟作。"② 之所以说主人和奴隶"为承认而劳动"成为黑格尔"现象学"最成功的部分,甚至成为黑格尔辩证法的成熟之作,就是因为"精神现象学"通过"陶冶事物"显现出了"劳动现象学"的萌芽——主人和奴隶通过"劳动"而"相互承认"——"精神现象学"已经走向了"劳动现象学"。

表面上看,从"精神现象学"到"劳动现象学"的转变,是黑格尔劳动观的发展和演变,亦即对劳动本质理解的转变。但实际上,黑格尔的劳动观依然奠立在其唯心主义的地基上:自发的精神走向绝对精神的同一性的道路本身就是"劳动"。无论是"精神"还是"劳动",在黑格尔这里都共同分享着其"精神现象学"的成果:"不是将精神解码为劳动的孤立面,而反倒是将劳动蒸发为精神的一个因素"③。在"劳动现象学"中,劳动虽然通过"陶冶事物"而具有了客观性的趋向,但归根结底劳动只不过是绝对精神自我运动的"内在环节"和其所呈现出来的"表象",它仍然是"现象性"而非"本质性"的活动:"人类劳动在其物性的质料形态上,被纳入作为绝对者的精神的本质规定。"④ 正是在这

---

① [德] 黑格尔:《精神现象学》上卷,贺麟、王玖兴译,商务印书馆1997年版,第234页。
② 转引自薛华《自由意识的发展》,中国社会科学出版社1983年版,第40页。
③ [德] 阿多诺:《黑格尔三论》,谢永康译,上海人民出版社2020年版,第18页。
④ [德] 阿多诺:《黑格尔三论》,谢永康译,上海人民出版社2020年版,第19页。

里，研究过政治经济学的黑格尔之"精神现象学"变成了"劳动现象学"。从黑格尔自己的观点来看，他的"绝对理念"是"差不多两千五百年来精神的劳动的成果，——它是精神为了使自己客观化、为了认识自己而作的最严肃认真的劳动的成果"①。在此意义上，确实可以说黑格尔不仅将劳动概念运用到他的精神现象学——精神的自我发展中，而且在这一过程中必然地将客观世界理解为在精神之内的客观对象——劳动现象学中。所以，黑格尔的"劳动现象学"本质上只不过是对其"精神现象学"的外在"补充"而不是根本"替换"。因为在马克思看来，黑格尔唯一知道并承认的劳动就是抽象的"精神劳动"。也就是说，黑格尔的劳动只是在其绝对精神划定的领域里自我兜圈子。对此，海德格尔亦有深刻的觉察，称黑格尔的劳动现象学为"劳动的新时代的形而上学"，且其本质在《精神现象学》中已预先被视为无条件的制造之自己安排自己的过程。② 作为海德格尔学生的卡尔·洛维特，对黑格尔的劳动现象学的精神本质也有着深刻的体认：由于黑格尔是在完全普遍的精神概念下面把握自我存在和异己存在之间的这种运动的，所以劳动对他来说既不是特殊意义上的体力劳动，也不是特殊意义上的脑力劳动，而是在绝对本体论的意义上充满精神的。③ 实际上，在黑格尔的"劳动现象学"这里，如果劳动脱离了其存在的现实社会生活领域，转变为了与其自身"感性活动"不同的东西，那它就变成了统治人的"意识形态"。

虽然黑格尔的"劳动现象学"是不彻底的和具有形而上学色彩，但"劳动现象学"之于"精神现象学"仍具有重要的进步意义——对于"异化劳动"的承认及其积极意义的肯定。一方面，黑格尔肯定异化劳动是绝对精神自我运动的必要环节，也是绝对精神实现自身的必然环节；另一方面，黑格尔的异化劳动也隐秘地捕捉和体现了资本主义社会的劳动状况——为承认而劳动——人在劳动中确立自身。正是在异化劳动及其向对立方面转换的意义上，深刻启发了马克思。实际上，马克思在正式接触经济学之前，先解读和研究的是黑格尔的《法哲学原理》和《精

---

① [德]黑格尔：《哲学史讲演录》第4卷，贺麟、王太庆译，商务印书馆1996年版，第373页。
② 《海德格尔选集》上卷，孙周兴选编，上海三联书店1996年版，第383页。
③ [德]卡尔·洛维特：《从黑格尔到尼采》，李秋零译，生活·读书·新知三联书店2006年版，第357页。

神现象学》。后来在总结自己 15 年黄金时代的经济学研究成果——《政治经济学批判》的序言中，马克思就明确指出，为了解决使自己"苦恼的问题"，自己写的第一部作品是对黑格尔"法哲学"的批判，而不是政治经济学批判。马克思是借助和通过黑格尔的"异化劳动"来阅读古典政治经济学的：由于黑格尔的《精神现象学》紧紧抓住人的异化——尽管人只是以精神的形式出现的——其中仍然隐藏着批判的一切要素。[①] 正是在此意义上，马克思才能超越古典政治经济学的"非批判的实证主义"，而看到了"非批判的唯心主义"之"异化劳动"所包含的批判的一切要素。对此，阿多诺亦深刻指出：黑格尔精神之异化劳动实际上是"劳动的社会本质的隐匿表达"[②]。在此意义上，恩格斯也指出，黑格尔以最抽象的形式表达了最现实的人类状况，即"在抽象的范围内把劳动理解为人的自我产生的行动"[③]。同样是在认可黑格尔对"异化劳动"的揭示和承认意义上，伽达默尔也强调："黑格尔哲学通过对主观意识观点进行清晰的批判，开辟了一条理解人类社会现实的道路，而我们今天仍然生活在这样的现实中。"[④] 伽达默尔的此论断，唯有在黑格尔揭示和肯定的"异化劳动"不自觉地捕捉到了资本主义社会的现实状况——"为承认而劳动"的意义上才是成立的。实际上，从《1844 年哲学经济学手稿》到《资本论》，马克思及其思想不但没有形成"断裂"，反而将"异化"贯彻到底，实现了从"异化劳动"到"雇佣劳动"、从"异化史观"到"唯物史观"的跃迁和转变。可以说，从《黑格尔法哲学批判》到《资本论》的"政治经济学批判"，马克思运用和批判的"术语"虽变，但"世界观"没有变。

[①] 《马克思恩格斯文集》第 1 卷，人民出版社 2009 年版，第 204 页。
[②] ［德］阿多诺：《黑格尔三论》，谢永康译，上海人民出版社 2020 年版，第 14 页。
[③] 《马克思恩格斯文集》第 1 卷，人民出版社 2009 年版，第 217 页。
[④] ［德］伽达默尔：《哲学解释学》，夏镇平、宋建平译，上海译文出版社 2004 年版，第 113 页。

二 马克思：从"劳动现象学"到"劳动辩证法"

在一定意义上，正是有了斯密"劳动才成为政治经济学注意的中心和原则"①。而在重视劳动的意义上，马克思甚至称斯密的政治经济学为"启蒙国民经济学"。在《法哲学原理》中，深受古典政治经济学劳动观影响的黑格尔，已经基本上是从"劳动价值论"——"人通过流汗和劳动而获得满足需要的手段"②的意义上来理解政治经济学——从需要和劳动的观点出发来阐明这些关系和运动。在这里，黑格尔实际上已经比"陶冶事物"更具体、更明确、更深入地捕捉到了劳动的"客观性"。正是在劳动的客观性进一步呈显的意义上，我们说从《精神现象学》到《法哲学原理》，黑格尔的劳动观已经实现了从"精神现象学"到"劳动现象学"的转变。但正如马克思所言，由于黑格尔完全站在国民经济学家的立场，所以他只看到了劳动的积极方面——为承认而劳动，而没看到消极方面——劳动的异化。故此马克思批评黑格尔及其"神圣家族"：认为历史的发源地不在尘世的粗糙的物质生产中，而是在天上的云雾中；③他们只是对历史和现实作了抽象的、逻辑的和思辨的表达。在马克思看来，历史既不是"僵死事实的堆积"，也不是"想象的主体的想象活动"，而是"追求着自己目的的人的活动过程"。说到底，黑格尔《法哲学原理》中所呈现的劳动现象学，实际上就是对斯密之劳动价值论的"观念性模仿"——劳动在本质上仍然是"抽象的"而非"具体的"。黑格尔只是达到了劳动和自由的概念，而绝不是劳动和自由的现实，他仍然保留着"本体论"的自我驯服。所以说，黑格尔与古典政治经济学家一样，"分析劳动的方法是本体论式与形而上学式的——而不是历史性的"④。在此意义上，劳动现象学仍然是劳动价值论的继承和发扬，而黑

---

① [苏]阿·马雷什：《马克思主义政治经济学的形成》，刘品大等译，四川人民出版社1983年版，第59—60页。
② [德]黑格尔：《法哲学原理》，范扬、张企泰译，商务印书馆2007年版，第209页。
③ 《马克思恩格斯文集》第1卷，人民出版社2009年版，第351页。
④ [美]麦卡锡：《马克思与古人》，王文扬译，华东师范大学出版社2011年版，第275页。

格尔仍然是哲学领域里斯密最忠实的学生。但在马克思这里,劳动现象学仍然是超历史的、抽象的和思辨的,还需要上升到历史的、具体的和实在的和劳动辩证法。

虽然黑格尔分析劳动的方法是"本体论式与形而上学式的",而不是"历史性的",但作为黑格尔"门人"的马克思,还是深刻看到了黑格尔的"劳动现象学"及其最后成果,亦即作为"推动原则和创造原则"的"否定性辩证法"的伟大之处首先在于,它抓住了劳动的本质,把对象性的人、现实的因而是真正的人理解为人自己的劳动的结果。① 在此意义上,贺麟先生也进一步指出:"黑格尔与亚当·斯密的著作接触后,在思想发展上起了一个转折。黑格尔把劳动当作人的自我证实的中心方式,把劳动当作实现主观与客观的统一,扬弃僵化的外界客观性和自我发展的推动力。"② 实际上,黑格尔在陶冶事物的"为承认而劳动"中,就已经揭示出"奴隶通过自己再重新发现自己的过程,才意识到他自己固有的意向"③。也正是在黑格尔"劳动现象学"对人之为人通过自己的劳动而诞生过程的肯认的基础上,马克思强调了人既不是"政治的动物",也不是"精神的动物",而是"劳动的动物":劳动就是人之为人的本质确认——人的自由解放就是通过劳动并且为了劳动而对劳动的本质真正占有的"自由劳动"过程。在马克思这里,劳动不仅是提高社会生产的一种方法,而且是造就全面发展的人的唯一方法。④ 马克思超越黑格尔之处在于,他不是在"劳动现象学"——劳动的"精神显像"的意义上,而是在"劳动辩证法"——劳动的"物质赋形"的意义上来理解劳动的本质的。在马克思这里,劳动不再是抽象的精神劳动,而是"活的、塑造形象的火"⑤。正是在劳动作为"塑造形象的火"的意义上,马克思实现了对黑格尔劳动现象学的"物质赋形",使劳动不再仅具有"现象"的意义,而具有了"本质"的意义——世界历史是人通过人的劳动而诞生的过程——劳动现象学转变为了劳动辩证法。在此实质而重要的意义上,从《法哲学原理》到《资本论》,马克思既实现了从"法哲学批判"到

---

① 《马克思恩格斯文集》第1卷,人民出版社2009年版,第205页。
② 贺麟:《黑格尔哲学讲演集》,上海人民出版社2019年版,第45页。
③ [德]黑格尔:《精神现象学》上卷,贺麟、王玖兴译,商务印书馆1997年版,第131页。
④ 马克思:《资本论》第1卷,人民出版社2004年版,第557页。
⑤ 《马克思恩格斯全集》第30卷,人民出版社1995年版,第329页。

"政治经济学批判"的转变,也实现了从"劳动现象学"到"劳动辩证法"的转变。在马克思这里,"劳动辩证法"就是对"劳动现象学"的"物质赋形"。正是在对"劳动现象学"进行"物质赋形"和"劳动解放"的意义上,马克思实现了对黑格尔和古典政治经济学的双重超越。

虽然在马克思之前,以斯密和李嘉图为代表的古典政治经济学家已经高于货币主义和重商主义发现和提出了劳动价值论,但他们总体上还是把劳动和人之自由对立起来,认为劳动是痛苦和麻烦,始终是令人厌恶的事情,而不劳动才是通向自由和幸福之路。同样,黑格尔虽然在一定程度上肯定奴隶的物质性劳动,但他总体上还是更看重精神劳动。与古典政治经济学家和黑格尔不同的是,马克思最为充分地认识到和肯定了劳动的进步和解放的巨大世界历史意义。在《共产党宣言》中,马克思恩格斯明确强调,资产阶级在它确立统治不到一百年的时间里,所创造的生产力比以往一切历史的总和还要多、还要大。对此,阿伦特甚至认为这是马克思对资产阶级社会劳动的最大赞扬,同时也认为马克思是19世纪唯一充分赞美了劳动的人——用哲学叙述了"劳动解放"的思想家。[①] 实际上,阿伦特在此的论断揭示和澄明的已经是马克思的"劳动辩证法"了。只有在马克思的劳动辩证法这里,我们才能深刻认识到"自由见之于活动恰恰就是劳动"[②]——这确实是哲学史上对劳动的最大赞扬,而问题的这一方面(这不是问题的一个方面,而是问题的实质)是作为"经济学的路德"的斯密无论如何也料想不到的。在马克思的"政治经济学批判"这里,劳动辩证法的最集中体现就是"劳动二重性"的发现。《资本论》正式出版后,马克思在写给恩格斯的信中曾自豪地称自己的《资本论》中有三个"崭新的因素":一是剩余价值的发现,二是"劳动二重性"的提出,三是工资实质的揭示。[③] 其中,马克思特别强调"劳动二重性"——具体劳动和抽象劳动——作为政治经济学的"枢纽",是对事实的全部理解的基础,是批判地理解问题的全部秘密所在。"商品中包含的劳动的这种二重性,是首先由我批判地证明的。这一点是理解

---

① [美]阿伦特:《马克思与西方政治思想传统》,孙传钊译,江苏人民出版社2007年版,第12页。

② 《马克思恩格斯全集》第30卷,人民出版社1995年版,第615页。

③ 《马克思恩格斯〈资本论〉书信集》,人民出版社1976年版,第250页。

政治经济学的枢纽。"① 虽然在马克思之前，以斯密和李嘉图为代表的古典政治经济学家已经发现和提出了劳动价值论，是政治经济学的一个巨大进步。但在马克思看来，"古典政治经济学在任何地方也没有明确地和十分有意识地把表现为价值的劳动同表现为产品使用价值的劳动区分开"②。也就是说，古典政治经济学家无法也不可能揭示出"劳动的二重性"。由此导致古典政治经济学的劳动价值论的"两个教条"：一是劳动是价值的源泉，二是等量劳动获得等量利润。而正是这两个教条，决定了劳动价值论自身无法摆脱的"两个背反"：一是"劳动购买一切"与"工人一无所有"的背反，二是价值规律和工资规律的背反。正是马克思通过对"劳动二重性"的发现，揭示出了剩余价值的真正来源和工资的实质，从而彻底突破了古典政治经济学劳动价值论的"二律背反"，真正解开了劳动价值论之谜。在此意义上，罗尔斯深刻指出：马克思"劳动价值论的主旨，是挖掘资本主义秩序之外在表象下的深层结构，使我们能够了解劳动时间的花费轨迹，并发现那些使得工人阶级的未付酬劳动或剩余价值能够被剥夺以及剥夺多少的各种制度安排。"③ 这里的"劳动价值论"，实际上已经是超越古典经济学抽象的劳动价值论和黑格尔劳动现象学的劳动辩证法了。所以，在劳动辩证法的意义上，我们确实可以说马克思的劳动观不是"关于价值的劳动理论"——劳动价值论，而是"关于劳动的价值理论"——剩余价值论。从"劳动价值论"走向"剩余价值论"，这正是马克思劳动辩证法的自我呈显。

当代著名政治哲学家阿伦特对马克思赞美劳动给予了充分肯定，但在她看来，马克思虽从未想要与自由为敌，却抵挡不住必然性的诱惑，因为他犯了一个关键性的错误：模糊了劳动、工作与行动的界限。阿伦特将人的活动三分为劳动、工作和行动。她认为劳动与单纯的生存必然性相联系，只是一种无休止的重复性活动；工作通过制造工具等，延长了人的生命，但它遵循的是"手段—目的"模式，也未能超越生存必然性；只有作为自由言说的行动，才真正是人之自由的体现。马克思的"劳动解放"只解决了生存必然性问题，而未能解决自由问题。表面上

---

① 马克思：《资本论》第1卷，人民出版社2004年版，第55页。
② 马克思：《资本论》第1卷，人民出版社2004年版，第98页。
③ [美]罗尔斯：《政治哲学史讲义》，杨通进等译，中国社会科学出版社2011年版，第342页。

看，阿伦特对劳动的分析和对马克思的批评是极具独特性的，但实际上，阿伦特没有认识到在马克思这里劳动是区分为"必要劳动"与"自由劳动"的。她所否定的劳动和工作，正是马克思要超越的"必要劳动"——自由王国就建立在必要劳动终止的地方。而在"自由劳动"问题上，马克思提出的是真正的"劳动辩证法"——追求的是全面生产和按美的规律来构造："动物只是按照它所属的那个种的尺度和需要来构造，而人懂得按照任何一个种的尺度来进行生产，并且懂得处处都把内在的尺度运用于对象；因此，人也按照美的规律来构造。"[①] 由此可见，在劳动问题上，阿伦特的观点只是一种"行动唯我论"，马克思提出的却是"劳动辩证法"。正是在劳动辩证法的意义上，哈贝马斯认可马克思以"劳动"概念取代了"自我意识"，从而彻底超越了自古希腊以来的西方观念论传统，走出个人现在受"抽象"统治的"阿门塞斯的阴影王国"（马克思语）。

三 劳动辩证法：从"资本政治经济学"到"劳动政治经济学"

马克思走出"阿门塞斯的阴影王国"的关键一步，亦即从"劳动现象学"向"劳动辩证法"的转变，实际上就是将劳动从抽象思辨的精神领域转向具体现实的经济生活领域。而马克思劳动辩证法转向经济生活领域的核心所在，就是对古典政治经济学所围绕的"轴心"——"资本与劳动关系"的剖析和批判。

在给《资本论》第一卷所写的书评中，恩格斯明确指出"资本与劳动的关系"是全部现代资产阶级社会围绕旋转的"轴心"，而正是马克思的《资本论》使资本与劳动的关系"第一次得到了科学的说明"[②]。在古典政治经济学这里，资本是作为"从以取得收入的"物质资财——"可感觉物"而存在的。但在马克思看来，资本既是"可感觉物"，又是"超感觉物"——物与物背后人与人的关系，因而充满了"形而上学的微妙"

---

① 《马克思恩格斯文集》第1卷，人民出版社2009年版，第163页。
② 《马克思恩格斯选集》第2卷，人民出版社2012年版，第70页。

和"神学的怪诞"。而资本之所以能够实现增殖,就在于作为"死劳动"的资本像吸血鬼一样对作为"活劳动"的工人的吮吸和榨取,它吸的血越多就越活跃;而只要工人还有一根筋、一块肉、一滴血,资本这个吸血鬼就绝不会停止吮吸。正是资本作为"超感觉物"对工人劳动榨取,资本才得以不断增殖自身——资本实现了对劳动的全面统治和占有。由此导致劳动本来是人之为人的自由自觉的活动,反而变成了奴役和剥削人的手段;工人们在劳动中不是感到幸福,而是感到不幸。因此,面对资本这种无情的吸血鬼,"只要肉体的强制或其他强制一停止,人们就会像逃避瘟疫一样逃避劳动。"①

但在古典政治经济学家看来,资本带来的收入(利润)完全是资本自行增殖的结果,而与工人的劳动无关。所以说,不论是斯密还是李嘉图,虽然他们批判和超越了货币主义和重商主义,看到了劳动是生产的灵魂,但由于深受资本的"物质性"外观的"迷惑"和"诱惑",主要还是从可感觉的"物质实体"而非超感觉的"社会关系"的角度来理解和定位资本。为此,马克思批判国民经济学没有给我们提供一把理解劳动和资本分离以及资本和土地分离的根源的钥匙,而"只不过表述了异化劳动的规律罢了"②。同样,无论是在《精神现象学》还是《法哲学原理》中,黑格尔对资本和劳动及其关系的理解,依然没有超越古典政治经济学的状况和水平,反而是对斯密等古典政治经济学家的"观念性模仿",或者说黑格尔是把古典政治经济学家的资本和劳动概念野蛮地塞进了自己的"精神现象学"。在这里,黑格尔的"精神现象学"又摇身转变为了"劳动现象学"和"资本现象学"。在资本与劳动分离的意义上,黑格尔与古典政治经济学家走的是同一条"抽象化"道路——黑格尔的"精神现象学"与古典政治经济学的"劳动价值论"殊途同归了。如果说斯密是经济学领域的路德,那么黑格尔就是哲学领域的路德。

在黑格尔精神现象学这里,历史只不过是其绝对精神自我运动的过程,国家和市民社会也只是绝对精神实现其自身的内在环节。黑格尔宣告了历史在其绝对精神中"终结"了。在古典政治经济学家这里,他们认为历史上只有两种生产方式:一种是作为"人为的"封建主义生产方

---

① 《马克思恩格斯文集》第1卷,人民出版社2009年版,第159页。
② 《马克思恩格斯文集》第1卷,人民出版社2009年版,第166页。

式,另一种是作为"自然的"资本主义生产方式。在此意义上,古典政治经济学家就像黑格尔在哲学领域里论证了"历史的终结"一样,在经济学领域坚持和论证了资本主义生产方式的普遍性和永恒性,从而论证了"生产方式的终结"。不仅在资本与劳动的关系上,在历史观上黑格尔也与古典政治经济学家殊途同归了。通过"政治经济学批判",马克思高于黑格尔和古典政治经济学家而深刻认识到,资本主义的生产方式只是人类历史上的"一种"生产方式,而且是最后一种对抗性生产方式,它是历史的而绝不是超历史的或非历史的。在此基础上,资本增殖自身的秘密也不在于资本本身,而在于资本主义私有制的化身——"雇佣劳动制"。正是由于"雇佣劳动制",既使资本实现了增殖,也使劳动之于资本从形式上的从属彻底转变为了实际上的从属。由此导致在资本主义社会里,资本具有独立性和个性,而活动着的现实个人却没有。在此根本而重要的意义上,《资本论》"政治经济学批判"也就是马克思的"劳动辩证法",其根本任务就是变资本的独立性和个性为现实的人的独立性和个性。在马克思的劳动辩证法看来,资本主义的生产绝不仅是资本自我增殖的单一过程,而是劳动过程和价值增殖过程的双重统一;没有劳动过程,也就无法实现价值增殖。正是在劳动过程和价值增殖过程的统一中,马克思的劳动辩证法既超越了黑格尔把劳动看作绝对精神运动的"环节",也超越了斯密把劳动看作社会分工的"部分",而成为卢卡奇赞同的"总体性辩证法",进而戏剧性地揭示出了资本疯狂的自我增殖的秘密——剩余价值之谜——资本和劳动的关系之谜。在此基础上,可以说《资本论》的副标题——政治经济学批判,不仅可以更换为"精神现象学批判"和"黑格尔法哲学批判",更可以更换为"劳动辩证法"。按照古典政治经济学的理解,作为在资本主义社会起支配作用的"看不见的手"的价值规律,意味着商品的价值量由抽象的一般劳动决定,并在此基础上实行等价交换。在表面平等的等价交换背后,马克思却看到了深刻的不平等——劳动与资本之间关系的不平等,亦即工资规律与价值规律的不平等。由此导致资本主义社会的两极分化:一极是资产阶级的发财致富,另一极是雇佣工人阶级的极度贫穷。所以,正是在资产阶级及其代言人积极维护的具有所谓"铁的必然性"的等价交换的"价值规律"基础上,马克思却看到和揭示出了不平等交换的"剩余价值"及其规律——"死劳动"(资本)对"活劳动"(工人)的统治和支配。剩余价值既是马克思自己强调的《资本论》的三个"崭新因素"之一,也是恩格斯所指出的马克思一生的"两大发现"之一。如果说,唯物史观揭示了人类社会的一般运动规律,那么剩余价值揭示了资本主义社会的特殊运动规律,二者相辅相成,共同构成了马克思主义的两大理论基石。诚如马克思自己所言,剩余价值是射向资产阶级及其辩护士脑袋的一颗最厉害的炮弹,并给了他们永远翻不了身的打击。① 为此,恩格斯也深刻指出,马克思的剩余价值理论好像"晴天霹雳"震动了一切文明国家:"由于剩余价值的发现,这里就豁然开朗了,而先前无论资产阶级经济学家或者社会主义批评家所做的一切研究都只是在黑暗中摸索。"② 所以说,正是由于剩余价值的发现,为雇佣工人阶级的自由解放开辟了一条现实性道路。也正是因为剩余价值具有如此威力,马克思才指出:这些资产阶级经济学家实际上具有正确的本能,懂得过于深入地研究剩余价值的起源这个"爆炸性问题"是非常危险的。也是在此意义上,差不多150年后的卢卡奇,也做出了承认历史唯物主义对资产阶级来说"简直就意味着想自杀"的相似论断。

在实质而重要的意义上,马克思"劳动辩证法"的最终目的,就是在揭示资本主义社会的经济运动规律——"剩余价值规律"的基础上,通过工人阶级的自由合作劳动,来对抗所谓资本的自我增殖。而要实现这一目标,就必须消灭雇佣劳动制,亦即在联合起来的个人自由协作和共同占有生产资料的基础上,重新建立个人所有制。如果说资本主义私有制是对以个人劳动为基础的私有制的扬弃,那么消灭资本主义私有制就是对以占有他人劳动为基础的私有制扬弃。在《资本论》中,马克思认为扬弃资本主义私有制有两种形式:工人阶级的"合作工厂"是对资本主义私有制的一种积极扬弃,而资产阶级的"股份企业"则是一种消极扬弃。在消灭雇佣劳动而重建的个人所有制中,劳动已不再是"谋生的手段",而成了"生活的第一需要"。由此可见,马克思主张的劳动绝不仅仅是为了解决"生存必然性"问题,而是为了解决"自由必然性"问题——"自由王国"存在于真正物质生产领域的彼岸,且只是在必要

---

① 《马克思恩格斯〈资本论〉书信集》,人民出版社1976年版,第189页。
② 《马克思恩格斯文集》第9卷,人民出版社2009年版,第212页。

性和外在目的规定要做的劳动终止的地方才开始。① 所以，正是在劳动成了"生活的第一需要"——雇佣工人带着愉快的心情进行自由合作劳动的意义上，马克思强调这既是"劳动政治经济学"对"资本的政治经济学"的胜利，也是"工人阶级政治经济学"对"资产阶级政治经济学"的胜利，② 还是"劳动辩证法"对"精神现象学"和"劳动现象学"的胜利。由此可见，正是"政治经济学批判"对古典经济学和劳动现象学这一胜利的和富有内容的超越，才意味着马克思的劳动观实现了从"劳动价值论"到"剩余价值论"、从"劳动现象学"到"劳动辩证法"的彻底转变——马克思在劳动的发展史中找到了打开人类历史的"锁钥"。

---

① 马克思：《资本论》第3卷，人民出版社2004年版，第928页。
② 《马克思恩格斯文集》第3卷，人民出版社2009年版，第12页。

从"政治革命"到"革命政治"：
马克思辩证法的政治转向

作为骨子里是一位"政治哲学家"且在漫长的政治哲学史上最具争议性的人物，马克思的政治哲学虽然表现为"政治性"、"规范性"和"革命性"等不同进路，[①] 但在实质而重要的意义上，马克思的政治哲学还是一种"革命性"进路。马克思既很好地继承了近代启蒙以来的西方政治哲学追求自由解放的革命理想和革命传统，又对这一传统进行了根本性的改造和转变——从单纯的"政治解放"转向了普遍的"人的解放"，即实现了政治哲学从"政治革命"到"革命政治"的根本转向，从而开辟了一条政治哲学发展的"革命政治"新道路。正是在此意义上，美国《太阳报》的记者约翰·斯温顿曾采访他并撰文指出：马克思"一直在革命政治中起着不可思议的然而却是强大的作用"[②]。

一 政治革命：市民社会的"政治平衡器"

近代西方"政治革命"的最为标志性事件，就是1789年的"法国大革命"。但这一革命的理论和政治基础，却是由启蒙思想家们提供的。如卢梭提出的：人生而自由，但无往不在枷锁之中；康德强调的"人为自然立法"；黑格尔主张的自由是绝对理性的"自我实现"等。为此，马克思甚至称康德的批判哲学就是"法国革命的德国理论"。法国大革命以资产阶级启蒙思想家提出的自由、平等为理论武器和进军旗帜，实际地推

[①] 李佃来：《马克思政治哲学研究的三种进路》，《贵州师范大学学报》（社科版）2018年第5期。

[②] 《马克思恩格斯全集》第25卷，人民出版社2001年版，第685页。

翻了宗教神权和封建王权的统治，建立了资产阶级政权。作为一种资产阶级政权从宗教神权和封建王权统治之下解放出来的"革命"，"政治革命打倒了这种专制权力，把国家事务提升为人民事务，把政治国家确定为普遍事务，即真实的国家；这种革命必然要摧毁一切等级、公会、行帮和特权，因为这些都是使人民脱离自己政治共同体的各种各样的表现"①。由此可见，专治特权被资产阶级的政治革命取消了，它消灭了市民社会所属的宗教神权和封建王权统治的单纯的"专制性质"和"宗教灵光"，使资产阶级获得了一定的财产权和政治自由。所以，政治革命同时也是"市民社会从政治中获得解放"，甚至是从一切普遍内容的假象中获得解放。在此意义上，政治革命也就是市民社会的革命，这一革命虽不是普遍的人的自由和解放，却使资产阶级获得了自由和解放："人没有从宗教中解放出来，他反而取得了宗教自由。他并没有从财产中解放出来，反而取得了财产自由。他并没有从行业的利己主义中解放出来，反而取得了行业自由。"② 也就是说，政治革命虽然没有彻底消灭宗教信仰和财产权，却使资产阶级获得了宗教自由和财产自由。"根本而言，政治革命是已经在社会中占据统治地位的资产阶级对于政治权力的征服，以及随之而来的对财产关系的法律改造。"③ 所以说，在政治解放的意义上，这一革命确实确立了卢梭所谓的"人生而自由"的相关政治权利。对此，黑格尔曾为之欢呼，称法国大革命为"壮丽的日出"，甚至种下一棵自由树留作纪念。而对这一政治革命的巨大解放力量，马克思和恩格斯在1848年的《共产党宣言》中也给予了充分肯定："资产阶级在历史上曾经起过非常革命的作用"，"在它已经取得了统治的地方把一切封建的、宗法的和田园诗般的关系都破坏了。它无情地斩断了把人们束缚于天然尊长的形形色色的封建羁绊，它使人和人之间除了赤裸裸的利害关系，除了冷酷无情的'现金交易'，就再也没有任何别的联系了。"④ 可以说，正是在自由、平等等政治思想的宣传和鼓动下，以启蒙思想引导的"政治革命"团结和组织了市民社会的各个阶层，一起反抗宗教神权和封建

---

① 《马克思恩格斯全集》第 1 卷，人民出版社 1956 年版，第 441 页。
② 《马克思恩格斯全集》第 1 卷，人民出版社 1956 年版，第 442 页。
③ [法] 傅勒：《马克思与法国大革命》，朱学平译，华东师范大学出版社 2016 年版，第 50 页。
④ 《马克思恩格斯选集》第 1 卷，人民出版社 2012 年版，第 402—403 页。

王权，从而成为市民社会的"政治平衡器"——"现代的国家政权不过是管理整个资产阶级的共同事务的委员会罢了"①。

作为市民社会的"政治平衡器"，政治革命对于突破封建王权、建立资产阶级政权来说，毫无疑问是人类解放迈出的一大步："政治解放当然是一大进步；尽管它不是一般人类解放的最后形式，但在迄今为止的世界制度的范围内，它是人类解放的最后形式。"② 也就是说，资产阶级的政治革命虽不是人类的彻底解放，但在市民社会范围内，它却是资产阶级获得解放的最高和"最后形式"。当然，资产阶级的政治革命所实现和获得的解放，实际上只是市民社会自身的解放，或者说只是资产阶级的解放，还不是无产阶级的解放，更不是普遍的人类解放。也就是说，政治革命只是部分的或"纯政治的"市民社会的革命，它只是解放了拥有财产的资产阶级，并没有造成普遍的"人的"实际解放。在政治革命的意义上，市民社会仍然是普遍利己主义的领域。因此说，政治革命所推动的人类解放事业，在资产阶级时代，或者说在市民社会中达到了其最高阶段和最现实的表达。但这一市民社会的最高阶段和最现实的表达，根本上仍囿于以黑格尔为代表的绝对理性的自我运动中。也就是说，政治革命还只是一种观念的解放，或者说是一种观念的革命，它使人们摆脱了宗教神权和封建王权的统治，获得了一定形式的自由和平等。说到底，政治革命只是资产阶级及其辩护士们对宗教神权和封建王权发出的"哲学通告"，它只是实现了人从人身的依附关系向绝对性观念的普遍依附的过渡，而黑格尔却把这一过渡看作人的"最后解放和自由的最终体现"③。在这一意义上，我们确实可以说黑格尔是想以"概念的革命"对他那个时代的政治生活施加影响，以便使现实政治生活趋向于其普遍的理性观念，从而实现理性与现实的真正和解。但黑格尔这种极力想"通过概念超越概念"的思想革命，也只是达到了政治和自由的概念，仍然保持着政治革命的"概念的自我驯服"。对此，马克思一针见血地指出：黑格尔要做的"不是发展政治制度的特定的观念，而是使政治制度同抽象观念建立关系，把政治制度列为它的（观念的）发展史上的一个环节。

---

① 《马克思恩格斯选集》第1卷，人民出版社2012年版，第402页。
② 《马克思恩格斯全集》第1卷，人民出版社1956年版，第429页。
③ ［以］阿维纳瑞：《马克思的社会与政治思想》，张东辉译，知识产权出版社2016年版，第185页。

这是露骨的神秘主义"①。在此基础上，作为黑格尔的余脉的青年黑格尔派，虽然满口喊的是"震撼世界"的词句，实际上却是最大的保守分子，他们仍然是在追求观念的解放和精神的革命，仍然难以真正改变现实世界本身，而这也正是逐渐走向成熟的马克思不得不与之分手的根本原因。

在马克思看来，政治革命之所以是不彻底或半截子的"革命"，主要是因为政治革命所追求的自由和平等是建立在市民社会的普遍的不自由和不平等基础上的。对此，马克思以小资产者和工人联合的"社会民主派"的政治主张为例，进行了深刻的揭示和批判：社会民主派的特殊性质表现在"它要求把民主共和制度作为手段并不是为了消灭两极——资本和雇佣劳动，而是为了缓和资本和雇佣劳动之间的对抗并使之变得协调起来。无论它提出什么办法来达到这个目标，无论目标本身涂上的革命颜色是淡是浓，其内容始终是一样的：以民主主义的方法来改造社会，但是这种改造始终不超出小资产阶级的范围"②。由此可见，政治革命虽然自身涂上了迷惑人的革命色彩，但局限于获得一定的政治权力来缓和与协调资本和雇佣劳动之间的对抗，而不要求彻底改造和变革资本和雇佣劳动之间两极对立的社会—经济条件。这种政治权力通过政治领域凌驾于市民社会（经济领域）之上，试图根据政治权力的原则组织和安排市民社会，使市民社会臣服于政治权力统治之下。在此意义上，单纯的政治革命无非就是特殊东西与普遍东西之间的对立二分的最终极端化，它最终证明单纯的政治革命追求的所谓自由和平等的普遍性是虚假的，因为它表明国家只有通过无视市民社会的特殊性内容和脱离市民社会，才能实现自己的普遍性。也就是说，政治革命以单纯的"政治性"取代了市民社会的"丰富性"，以形式的普遍性掩盖了实质的特殊性，因此政治革命必然走向虚假性和不彻底性。

在实质性意义上，空想社会主义者、小资产阶级民主派，甚至是无政府主义者，也都是停留在"政治革命"的"纯政治的"意义上来面对市民社会及其改造。"空想社会主义者绞尽脑汁设计政治统治形式，无政府主义者要抛弃一切政治形式，小资产阶级民主派则接受议会制的形

---

① 《马克思恩格斯全集》第3卷，人民出版社2002年版，第19页。
② 《马克思恩格斯选集》第1卷，人民出版社2012年版，第698页。

式。"① 在此意义上,他们都是资产阶级政治革命不自觉的合伙人,都是"政治的"自由和平等范畴的继承人,而绝不是无产阶级革命的同盟军。在马克思看来,"任何一种解放都是把人的世界和人的关系还给人自己",但人的世界和人的关系不仅是被封建王权剥夺的政治世界和政治关系,还有被资本权力剥夺的经济世界和经济关系。所以,只有当现实的个人"认识到自己的'原有的力量'并把这种力量组织成为社会力量因而不再把社会力量当做政治力量跟自己分开的时候,只有到了那个时候,人类解放才能完成"②。因此,政治革命绝"不是要凭一纸人民法令去推行什么现成的乌托邦"③,而是在对现代社会——市民社会的细致分析和解剖中,揭开政治革命的秘密和实质:政治革命"不外是整个资产阶级的完备的纯粹的统治形式"④。所以,政治解放还不是人的彻底解放,人要想真正摆脱异化——"神圣形象"和"非神圣形象"的双重统治,仅仅作为公民获得政治解放是不够的,还必须消灭政治领域与经济生活领域之间的矛盾。为此,马克思特别强调:对市民社会的解剖应该到"政治经济学"中去寻求。"政治经济学批判"成了马克思解开和超越政治革命之奥秘的钥匙和关键。

二 政治经济学批判:国民经济学语言的"救赎史"

如果说,政治革命的最大成就和最大进步意义在于突破了宗教神权和封建王权的统治,亦即消解了人在"神圣形象"中的自我异化,使人——主要是资产阶级获得一定的政治权利。但在做完这一步之后,"革命"并没有万事大吉,而是刚刚开始,它还要深入政治革命的背后,挖掘政治革命的世俗基础——市民社会,进一步消解人在"非神圣形象"中的自我异化。对此,马克思以批评费尔巴哈仅把"宗教世界归结于它

---

① [美]杜娜叶夫斯卡娅:《马克思主义与自由》,傅小平译,辽宁教育出版社1997年版,第78页。
② 《马克思恩格斯全集》第1卷,人民出版社1956年版,第443页。
③ 《马克思恩格斯选集》第3卷,人民出版社2012年版,第103页。
④ 《马克思恩格斯选集》第1卷,人民出版社2012年版,第498页。

的世俗基础"为例进行了深刻揭示:费尔巴哈"做的工作是把宗教世界归结于它的世俗基础。他没有注意到,在做完这一工作之后,主要的事情还没有做。因为世俗基础使自己从自身中分离出去,并在云霄中固定为一个独立王国,这一事实,只能用这个世俗基础的自我分裂和自我矛盾来说明。因此,对这个世俗基础本身首先应当从它的矛盾中去理解,然后用消除矛盾的方法在实践中使之发生革命"①。而费尔巴哈(包括一切资产阶级及其夸夸其谈的辩护士)不能和无法完成的任务,正是马克思通过"政治经济学批判"来完成的。

在马克思的政治经济学批判这里,资产阶级的政治革命虽然也推动了生产力的巨大发展,但其最终结果却是"把人的尊严变成了交换价值,用一种没有良心的贸易自由代替了无数特许的和自力挣得的自由"②。也就是说,无产阶级在政治革命中所获得的不实际的"政治自由"被实际的"贸易自由"所取代了,"由法国大革命带来的资产阶级平等和自由观,被还原成了交换关系的意识形态表达"③。因此,资产阶级政治革命所带来的自由和平等,在政治经济学这里转换成了商品交换的自由和平等,亦即政治上的自由和平等通过等价交换的价值规律实现出来了。这其实正是资产阶级政治革命得以可能的最深刻的政治经济学基础。在此意义上,马克思强调:"权利决不能超出社会的经济结构以及由经济结构制约的社会的文化发展。"④ 而恩格斯也认为:"社会的公平或不公平,只能用一门科学来断定,那就是研究生产和交换这种与物质有关的事实的科学——政治经济学。"⑤ 这实际上正是马克思和恩格斯高于古典哲学家和古典政治经济学家的高明之处,他们都深刻看到和揭示了政治革命背后的经济根源或政治革命的经济表达。对此,恩格斯后来又特别指出:"一切社会变迁和政治变革的终极原因,不应当到人们的头脑中,到人们对永恒的真理和正义的日益增进的认识中去寻找,而应当到生产方式和交换方式的变更中去寻找;不应当到有关时代的哲学中去寻找,而应当

---

① 《马克思恩格斯选集》第1卷,人民出版社2012年版,第138页。
② 《马克思恩格斯选集》第1卷,人民出版社2012年版,第403页。
③ [美]麦卡锡:《马克思与古人》,王文扬译,华东师范大学出版社2011年版,第339页。
④ 《马克思恩格斯选集》第3卷,人民出版社2012年版,第364页。
⑤ 《马克思恩格斯全集》第25卷,人民出版社2001年版,第488页。

到有关时代的经济中去寻找。"① 而这也正是马克思为什么主张要到"政治经济学"中去解剖市民社会的根本原因。因为正如黑格尔所言:"市民社会才是惊人的权力,它把人扯到它自身一边来,要求他替它工作,要求他的一切都通过它,并依赖它而活动。"② 在此意义上,政治革命既有其鲜明的"政治权力",也有其深刻的"政治经济学基础"——市民社会,而这一基础正是人(资产阶级和无产阶级)"为承认而斗争"的基本前提。通过政治经济学批判,马克思实现了对资产阶级政治革命的"经济学(物质)赋形"。由此决定,革命政治必胜的信心,不是取决于某一个蛰居书斋的学者关于自由、平等的观念,而是不可抗拒的可以感触到的人与物(商品、货币、资本)之间颠倒关系的"经济事实"。在这一意义上,阿伦特批评马克思的革命政治因关注"生存"(幸福)而忽视了"政治"(自由),实际上是非常短视的。马克思的"政治经济学批判"——经济学革命,并不仅仅是在指出古典政治经济学的缺点和纠正错误论断意义上的批判,而是在更广泛的历史和社会意义上的批判,即辩证地扬弃一门实质上是市民社会理论的科学,而基本意图则是克服作为这种理论的基础的市民社会本身——将自由落到实处。马克思的革命政治抓住了资产阶级政治革命的"话柄":自由和平等不应当仅是形式的在政治(国家)领域中实行,它应当还是具体的在社会—经济领域中实行。也因此,马克思才早在《关于费尔巴哈的提纲》中就强调:旧唯物主义的立脚点是"市民"社会,新唯物主义的立脚点则是人类社会或社会化的人类。③

在《1857—1858年经济学手稿》中,马克思既明确而深刻地揭示了政治革命之后个人现在依然受"抽象"(资本)统治的现实,又揭露了资本主义社会交换过程中所体现的自由和平等的"形式性"和资本主义生产方式的"基础性":"流通中发展起来的交换价值过程,不但尊重自由和平等,而且自由和平等是它的产物;它是自由和平等的现实基础。作为纯粹观念,自由和平等是交换价值过程的各种要素的一种理想化的表现;作为在法律的、政治的和社会的关系上发展了的东西,自由和平等

---

① 《马克思恩格斯选集》第3卷,人民出版社2012年版,第797—798页。
② [德]黑格尔:《法哲学原理》,范扬、张企泰译,商务印书馆2007年版,第241页。
③ 《马克思恩格斯选集》第1卷,人民出版社2012年版,第140页。

不过是另一次方上的再生产物而已。"① 在马克思看来，建立在古典政治经济学基础上的政治革命所获得自由和平等——商品、货币和资本都是"天生的平等派"，只具有表面的和形式上的意义。也就是说，政治革命只是实现了"平等地对待不平等"，这对广大无产阶级来说实际上是最大的不平等。纯粹的或单一的政治革命并没有也不能消除实际的不平等。在此基础上，古典经济学家斯密和李嘉图都无法在等价交换的价值规律的基础上，正确理解资本与劳动的不等价交换关系，亦即无法解释"不平等是如何在市场的平等之外产生的"。也因此，空想社会主义者和小资产者之所以寸步难行，主要就是因为他们始终是古典政治经济学经济范畴的"囚徒"。在无产阶级第一次专政的1871年巴黎公社革命失败之后，马克思在为国际工人协会修订的"共同章程"中就明确指出：劳动者在经济上受资产者的支配，是一切形式的奴役和一切精神沉沦、社会贫困以及政治依附的基础；所以，工人阶级的解放斗争是要消灭一切阶级统治，争取平等的权利和义务，而不是要争取阶级特权和垄断权；因而工人阶级的一切政治运动都应该作为手段服从于"经济解放"这一"伟大的目标"。② 在此意义上，马克思认为，只有揭示和突破了古典政治经济学的劳动价值论所制约的"等价交换"的价值规律，揭示出剩余价值的实质和秘密，克服拜物教而实现"经济解放"，才能获得真正的自由和平等。对此，阿伦特认为马克思"在《共产党宣言》之后的几乎所有著作中，运用经济术语来重新定义他年轻时赤诚的革命激情"③ 是合适的。所以说，以《资本论》为代表的马克思的政治经济学批判，本质上就是对资本主义政治革命的自我毁灭条件的"经济学考察"，《资本论》就是"革命的政治经济学"。因此，柯尔施也明确强调："由社会直接地组织劳动和克服商品拜物教，成为革命的无产阶级阶级斗争的任务；作为这种阶级斗争的理论表现并同时作为它的手段之一，则有革命的马克思主义的政治经济学批判。"④

通过政治经济学批判，对资本主义的经济结构及其运行规律进行理论解剖和分析，无疑就是马克思最卓越的"革命实践"。在此意义上，马

---

① 《马克思恩格斯全集》第31卷，人民出版社1998年版，第362页。
② 《马克思恩格斯选集》第3卷，人民出版社2012年版，第171页。
③ [美] 阿伦特：《论革命》，陈周旺译，译林出版社2007年版，第51页。
④ [德] 柯尔施：《卡尔·马克思》，熊子云、翁廷真译，重庆出版社1993年版，第94页。

克思的政治经济学批判,既是资本运动的科学,也是无产阶级革命实践的科学。作为无产阶级革命实践的科学,马克思的政治经济学批判所实现的"政治经济学革命",既是人类活动的哲学,又是工人以阶级斗争实现自身解放和自我发展的革命:通过把工人作为"劳动力"引入政治经济学,马克思把政治经济学从一种关于"物"(商品、货币、工资、利润)的科学,转变为一种关于人在生产中的相互关系的分析,① 亦即把政治经济学由关于物的静态科学转变成了关于人类解放的动态科学。在本质而重要的意义上,我们确实可以说马克思的变"资本的独立性和个性"为"活动着的人的独立性和个性"的政治经济学批判,既是"劳动的政治经济学"对"资本的政治经济学"的胜利,也是"工人阶级政治经济学"对"资产阶级政治经济学"的胜利。因此,马克思的政治经济学批判实际上就是"国民经济学语言的救赎史"(卡尔·洛维特语),它既是解开市民社会中人的奴役与救赎之谜的钥匙,也是从"政治革命"通向"革命政治"的桥梁。

三 革命政治:无产阶级的"最高级自由革命"

马克思终生的政治理想,就是号召全世界无产者联合起来,通过革命彻底改变资本主义旧世界,创造一个更高级的、实现每一个人的自由全面发展的新世界——共产主义。这实际上就是马克思为什么不满意单纯的"政治革命",而必然转向"革命政治"——"在批判旧世界中发现新世界"的实质所在。对此,作为马克思一生最亲密、最伟大的战友——恩格斯,在马克思去世后盖棺定论地指出:马克思"首先是一个革命家","斗争"是他生命里始终如一的奋斗目标。其实,早在回答小女儿爱琳娜的提问"什么是幸福"时,马克思就回答:斗争!而到了晚年,在回答《太阳报》记者约翰·斯温顿的提问"什么是存在"时,马克思依然深沉而庄重地回答:斗争!对此,《太阳报》记者感叹:斗争是

---

① [美]杜娜叶夫斯卡娅:《马克思主义与自由》,傅小平译,辽宁教育出版社1997年版,第87页。

马克思"生活的规律"①。由此可见，马克思的一生就是为人类的自由和解放而革命和斗争的一生，"政治革命"和"政治经济学批判"只是马克思政治哲学的"序幕"和"开场"，"革命政治"才是其"高潮"和本质。在此意义上，美国学者塔克强调：革命观是马克思理论结构的基本原理。② 因此，我们确实可以说对现存的一切进行无情的批判的"革命政治"，就是马克思一生的思想主题和"理论轴心"。

作为"对现存的一切进行无情的批判"的"革命政治"，它既不是康德和黑格尔所谓的"理性自由"，也不是法国大革命所谓的"政治自由"，更不是阿伦特所谓的"自由言说和行动"，而是马克思自己强调的"在批判旧世界中发现新世界"。如果说，在黑格尔的思想体系中，所有的范畴都终止于存在着的社会秩序，那么在马克思的理论中，所有的范畴则是触及这些存在着的社会秩序的否定。③ 在一定意义上，资产阶级的政治革命是通过发现所谓"政治自由"而达到历史的终结，马克思则是通过革命政治终结资产阶级的政治革命而发现真正的"实体性自由"，亦即马克思是通过否定资本主义政治来实现无产阶级的政治。如果说，政治革命追求的是"财产的自由"，那么，革命政治追求的就是"摆脱财产的自由"。但在马克思看来，"要扬弃私有财产的思想，有思想上的共产主义就完全够了。而要扬弃现实的私有财产，则必须有现实的共产主义行动。"④ 而这一共产主义行动，就是马克思"在批判旧世界中发现新世界"的"革命政治"——它是每一个孕育着新社会的旧社会的"助产婆"。在马克思的革命政治这里，共产主义不是推倒旧社会的一切重来，而是在资本主义社会的母体中孕育出来的。为此，马克思明确指出：作为革命政治之主体的"工人阶级不是要实现什么理想，而只是要解放那些由旧的正在崩溃的资产阶级社会本身孕育着的新社会因素"⑤。在革命政治的意义上，作为"政治经济学批判"的马克思倾其一生的巨著《资本论》，就不再仅仅是"非批判的"经济学著作，而是"批判的"哲学和革命著作。《资本论》通过揭示剩余价值之谜，论证了无产阶级和资产

---

① 《马克思恩格斯全集》第25卷，人民出版社2001年版，第688页。
② ［美］塔克：《马克思主义革命观》，高岸起译，人民出版社2012年版，第26页。
③ ［美］马尔库塞：《理性和革命》，程志民等译，上海人民出版社2007年版，第223页。
④ 《马克思恩格斯全集》第3卷，人民出版社2002年版，第347页。
⑤ 《马克思恩格斯选集》第3卷，人民出版社2012年版，第103页。

阶级必然要为争夺剩余价值而进行"阶级斗争"。正如柯尔施所言:"《资本论》整个的、贯穿于三卷中理论的论述与批判,以同样的方式最后归结为鼓动革命的阶级斗争。"[①] 在此意义上,我们确实可以说《资本论》不同于和高于《国富论》、《纯粹理性批判》和《法哲学原理》,就在于"这部书远离了一切超然的解释和抽象的说教,而是仅仅在具体的斗争总体性中把握概念"[②]。《资本论》就是资产阶级发展与灭亡的"革命政治的辩证法"。革命政治的激情在《资本论》中一再喷薄而出——《资本论》成了"工人阶级的圣经"和共产主义的"助产婆"。

在马克思之前,政治革命的实质都是把权力从一个阶级转移到了另一个阶级的手中,但是它们却从未触及它的根本弊端,即统治和剥削的权力。与基督教一样,政治革命也给人们留下了双重生命:想象的自由与现实的奴役。[③] 但在马克思看来,无产阶级遭受奴役的根源并不在于政治,而在于一种允许一个阶级占有和垄断生产资料的生产制度以及私有制所引发的劳动分工。因此,除了政治革命以外,还必须有革命政治,它将通过生产社会化——无产者的联合生产而把人与公民完全联合成一体,并一劳永逸地铲除剥削和社会不平等的各种根源。也就是说,所有政治革命都是肤浅的,因为它并未触及不平等的根源——资本主义私有制;只有废除资本主义私有制,才能实现任何实质性的变革;而且通过这种变革,资本主义不平等的社会结构也将立即得到变革。革命政治的实质不在于劳动产品怎么分配——分配权的问题,而在于生产资料归谁所有——所有权的问题。这其实也正是黑格尔为什么强调"财产是自由的最初定在"[④] 的原因所在。革命政治就是由联合起来的个人共同占有生产资料而"剥夺剥夺者"的行动。而"剥夺剥夺者"的行动就是无产者和资产者之间争夺财产权的斗争,也就是消灭私有制——"生产者只有在占有生产资料之后才能获得自由"[⑤]。可以说,马克思通过革命政治——"剥夺剥夺者",把黑格尔的政治革命——"自由的定在"——实

[①] [德] 柯尔施:《卡尔·马克思》,熊子云、翁廷真译,重庆出版社1993年版,第109页。
[②] [英] 罗纳尔多·蒙克:《马克思在21世纪》,张英魁等译,江苏人民出版社2011年版,第4页。
[③] [美] 萨拜因:《政治学说史》下卷,邓正来译,上海人民出版社2010年版,第449页。
[④] [德] 黑格尔:《法哲学原理》,范扬、张企泰译,商务印书馆2007年版,第54页。
[⑤] 《马克思恩格斯选集》第3卷,人民出版社2012年版,第818页。

现了出来。如果说，政治革命只是实现"经济解放的政治形式"，那么，革命政治的本质和存在的秘密，就是瓦解"政治革命的经济基础"，宣告迄今为止现存的资本主义制度的实际解体。为此，马克思强调：革命政治就是人民群众"组成自己的力量去代替压迫他们的有组织的力量"，"把国家政权重新收回，把它从统治社会、压制社会的力量变成社会本身的充满生气的力量"。① 所以，革命政治不是"政治"和"经济"的解放，而是"人"和"劳动"的解放——人之自由个性的实现，其最高目的是通过推翻经济生活里的支配和奴役关系而实现人之"自由的联合劳动"。在马克思的革命政治这里，自由的联合劳动最终要代替强制的雇佣劳动，"雇佣劳动也像奴隶劳动和农奴劳动一样，只是一种暂时的和低级的形式，它注定要让位于带着兴奋愉快心情自愿进行的联合劳动。"② 而要真正实现人之劳动的"自由联合"和解放，消灭资本主义私有制是根本。

在马克思看来，迄今为止的所有革命都仅仅转换了生产关系的内部分配，它们把生产方式与财产的控制权从一个阶级转移到另一个阶级，但没有改变这种控制权的性质，因而没有改变生产关系本身。"迄今为止的一切革命始终没有触动活动的性质，始终不过是按另外的方式分配这种活动，不过是在另一些人中间重新分配劳动，而共产主义革命则针对活动迄今具有的性质，消灭劳动，并消灭任何阶级的统治以及这些阶级本身。"③ 所以，马克思主张彻底改变资本主义的生产方式。共产主义革命不是以一种分工内的生产活动方式代替另一种分工内的生产活动方式，正如资产阶级革命是以雇佣劳动代替农奴劳动，共产主义革命将为一种彻底新的生产方式铺平道路。这种彻底新的生产方式消灭和超越了分工以及人类一贯认知意义上的"劳动"——异化劳动自身。共产主义革命就是一切人都能自由自觉地联合劳动——"劳动解放"的革命政治。在共产主义革命之后，一切人都将成为自由创造的个人，自由创造力才能变成人所特有的生产方式，劳动才能变成不仅仅是"谋生的手段"，而且本身成了生活的"第一需要"。只有在这个时候，"生产劳动给每一个人

---

① 《马克思恩格斯选集》第3卷，人民出版社2012年版，第140页。
② 《马克思恩格斯选集》第3卷，人民出版社2012年版，第9页。
③ 《马克思恩格斯选集》第1卷，人民出版社2012年版，第170—171页。

提供全面发展和表现自己的全部能力即体能和智能的机会，这样，生产劳动就不再是奴役人的手段，而成了解放人的手段，因此，生产劳动就从一种负担变成一种快乐"①。马克思对资本主义社会中阶级斗争的分析，绝不仅仅是关于劳动者的恶劣境况的悲惨故事，而是马克思革命政治的具体化。革命政治要废除的"不是哪一种国家政权形式……而是国家本身这个社会的超自然怪胎。这次革命是人民为着自己的利益而重新掌握自己的社会生活的行动。它不是为了把国家政权从统治阶级这一集团转给另一集团而进行的革命，它是为了粉碎这个阶级统治的凶恶机器本身而进行的革命"②。所以说，革命政治的最终目的与政治革命相反，不是自由和平等的形式和口号，而是"阶级"和"政治"的根本终结和废除，这才是革命政治作为"最高级自由革命"（塔克语）的真实意义。

对资产阶级政治革命所带来的"形式性的政治自由"，马克思只是"批判的承认"，他认为，只有在批判和超越资产阶级的革命政治中，无产阶级才能获得"实体性的自由"，"只有在伟大的社会革命支配了资产阶级时代的成果，支配了世界市场和现代生产力，并且使这一切都服从于最先进的民族的共同监督的时候，人类的进步才会不再像可怕的异教神怪那样，只有用被杀害者的头颅做酒杯才能喝下甜美的酒浆"③。由此可见，通过"剥夺剥夺者"而消灭资本主义私有制，才"是发展社会生产和劳动者本人的自由个性的必要条件"④，其最终目的就是推动人类社会从"必然王国"向"自由王国"飞跃，亦即人之自由个性全面发展的实际展开。在此意义上，马克思通过"剥夺剥夺者"的革命政治，在资产阶级及其夸夸其谈的辩护士的政治革命所造成的实践和理论解释盲区的地方，开辟了一条人之自由解放的新道路。

说到底，以斯密和李嘉图为代表的古典经济学家，特别是以康德和黑格尔为代表的德国古典哲学家，虽然都具有"政治革命"的思想倾向和理论诉求，他们的倾向和诉求甚至在形式上使"政治革命"成为光彩而时髦的东西，并因此而深刻影响了青年黑格尔派和青年马克思。但由于他们共同的根深蒂固的理性主义和泛逻辑主义，致使在他们的"政治

---

① 《马克思恩格斯选集》第3卷，人民出版社2012年版，第681页。
② 《马克思恩格斯选集》第3卷，人民出版社2012年版，第138—139页。
③ 《马克思恩格斯选集》第1卷，人民出版社2012年版，第862—863页。
④ 马克思：《资本论》第1卷，人民出版社2004年版，第872页。

革命"主张中，不是"无产阶级"而是"观念"变成了革命的主体，"政治革命"变成了想象的主体。最终，他们也都变成了资产阶级夸夸其谈的代言人和同盟军。而马克思却通过深入"政治经济学"中对市民社会釜底抽薪式的解剖，彻底瓦解了资产阶级及其辩护士的"政治革命"的世俗基础——资本主义私有制，进而打破了市民社会的"政治平衡器"，既终结了资本主义社会的非历史性现实，也终结了古典经济学和德国古典哲学的超历史性神话，因而消解了人在"神圣形象"和"非神圣形象"中的双重自我异化。马克思在批判旧世界中发现新世界的"政治经济学批判"，最终突破了"政治革命"的"观念论牢笼"，才真正成为超越"政治革命"的"革命政治"，走上了"通向自由之途"。所以，革命政治不是革命的终结，而是新革命的开始——"这里是罗陀斯，就在这里跳跃吧！"[①]

---

① 马克思：《资本论》第1卷，人民出版社2004年版，第194页。

自由的辩证法：马克思的"自由三部曲"

"欧洲的自传始于对自由的爱"（赫勒语）。在此意义上，我们完全可以说，作为"继承了整个欧洲对普世价值与自由的迷恋"[①]并为人之自由而奋斗的"自由之子"，"马克思的自传"也始于"对自由的爱"。马克思就是为自由而生、为自由而战和为自由而逝的。"自由"是马克思一生所追求和奋斗的永恒主题，但自由似乎也是马克思思想中最具争议的主题。实际上，在马克思及其相关著作中，自由是有着其自身发展和演进的清晰历程和具体内涵的。可以说，马克思的自由辩证法体现为自由发展的"三部曲"。

一 《博士论文》时期：抽象的"精神自由"

青年马克思是一个深受青年黑格尔派影响的充满浪漫主义精神的激进的革命民主主义者，18世纪以来的启蒙思想一直影响和鼓舞着他，他希望把人的自我意识和精神从一切超验对象的迷信——宗教中解放出来，实现"自我意识"的绝对自由。在《博士论文》中，马克思借伊壁鸠鲁和普罗米修斯之口，喊出了自己的"自由（哲学）宣言"："只要哲学还有一滴血在自己那颗要征服世界的、绝对自由的心脏里跳动着，它就将永远用伊壁鸠鲁的话向它的反对者宣称：渎神的并不是那抛弃众人所崇拜的众神的人，而是把众人的意见强加于众神的人。"并强调自己"痛恨所有的神"，承认人的自我意识是"最高的神性"。[②] 对青年马克思来说，

[①] [法] 雅克·阿塔利：《卡尔·马克思》，刘成富等译，上海人民出版社2010年版，第2页。

[②]《马克思恩格斯全集》第1卷，人民出版社1995年版，第12页。

伊壁鸠鲁和普罗米修斯代表着反抗一切形式的限制人之精神自由的外在权威,不管它是来自宗教教义还是希腊神话。尤其是在伊壁鸠鲁这里,青年马克思还找到了最明显、最关键的反抗宗教神权的"精神支柱"。由此可见,马克思追求的已不再是宗教的高高在上的神之自由,而是现实人的自我意识的自由。在这里,马克思还是和青年黑格尔派一样,为了获得绝对的精神自由,反对和否定一切天上的和地上的神,因而具有强烈的反宗教色彩,而向宗教开战[①]是当时德国青年黑格尔派的思想主流。

马克思之所以选择把伊壁鸠鲁的自然哲学和德谟克利特进行比较研究,主要是因为他认为伊壁鸠鲁的自然哲学与斯多葛派、怀疑主义都是古代自我意识哲学的典型代表,而伊壁鸠鲁代表的是"抽象的个别的自我意识",马克思此时正热心于自我意识哲学和精神自由的张扬。在《博士论文》中,马克思认为德谟克利特的原子论只关注原子的"直线运动",注重的是原子的物质存在,而伊壁鸠鲁则还说明了原子的概念本身——质料和形式:"伊壁鸠鲁以原子的直线运动表述了原子的物质性,又以脱离直线的偏斜实现了原子的形式规定。"[②] 原子不仅是现象世界的物质基础,而且也是抽象个别性的自我意识的形式原则。马克思认为德谟克利特和伊壁鸠鲁的"原子论"的最大区别,就是前者否认原子的"偏斜运动"。原子的"偏斜运动"并不仅是一种物理现象,而是意味着一种摆脱必然性控制的自我意识和精神自由。伊壁鸠鲁的原子偏斜作为德谟克利特直线运动的"反题",既代表人的自我意识对物质自然的否定,也代表人类思想超越盲目命运和自然法则的最终胜利。[③] 马克思之所以对德谟克利特和伊壁鸠鲁的"原子论"持截然相反的观点,主要就是马克思认为德谟克利特的原子直线运动仍然受盲目命运和自然法则之必然性的束缚,而否认偶然性的意义。而马克思认同伊壁鸠鲁的"原子偏斜"观点,认为偏斜运动打破了"命运的束缚","表述了原子的真实的灵魂即抽象个别性的概念。"[④] 正是在承认原子偏斜运动和偶然性,亦即

[①] 当时的德国,在宗教领域开战要比政治领域相对安全,并且此时的马克思对哲学的兴趣和积极性远远大于对政治的兴趣和积极性(参阅[苏]尼·拉宾《马克思的青年时代》,南京大学外文系译,生活·读书·新知三联书店1982年版,第38页)。

[②]《马克思恩格斯全集》第1卷,人民出版社1995年版,第33页。

[③] [美]麦卡锡:《马克思与古人》,王文扬译,华东师范大学出版社2011年版,第72页。

[④]《马克思恩格斯全集》第1卷,人民出版社1995年版,第35页。

打破必然性和"命运的束缚"而追求个性和自由的意义上，马克思称伊壁鸠鲁是"古代真正的启蒙思想家"，他的原子偏斜说是18世纪启蒙运动的思想先声，他的哲学给人类精神披上了"芬芳的春装"（马克思语）。不难看出，青年马克思对伊壁鸠鲁的选择，虽然还没有完全超出黑格尔的哲学唯心主义，但也预示了未来马克思的"新唯物主义"——"聪明的唯物主义"（列宁语）之路。

在马克思这里，宗教的基础是人类精神的他律，是人的自我意识的丧失，也是人的精神自由的丧失，他反对宗教把多姿多彩的人类精神变成单一的黑色。在《博士论文》中，为摆脱宗教束缚而获得抽象的精神自由，马克思诉诸的已不再是对神的顺从和屈服，而是作为哲学的自我意识的觉醒。马克思主张自我意识哲学自己创造自己的自由，只有自我意识哲学能使人从"阿门塞斯王国"的阴影中脱离出来，投入尘世的"茜林丝"的怀抱。有了自我意识的觉醒，能够进行独立哲学思考的人就摆脱了宗教命运的束缚，从而可以获得精神的自由。也就是说，马克思是主张通过确立自我意识哲学来通达精神自由的。因此，马克思此时与伊壁鸠鲁有着共同的哲学理想，"目的在于求得自我意识的心灵的宁静，而不在于对自然的认识本身"①。在这里，马克思认为自我意识的觉醒和心灵的宁静，比自然本身更有利于精神自由的获得。所以，马克思也认同和主张到哲学，即人的自我意识中去寻找和实现精神的自由。借用伊壁鸠鲁的说法就是，"要得到真正的自由，你就必须为哲学服务。凡是倾心降志地献身于哲学的人，用不着久等，他立即就会获得解放，因为服务于哲学本身就是自由"②。正是在"服务于哲学本身就是自由"意义上，马克思把哲学与自由等同了起来，其实质就是自我意识摆脱神的统治就是自由，自由就是自我意识的觉醒和确立。这实际上也就是马克思指认的反对宗教的"哲学（自由）狂欢"，以至于他在写给父亲的信中甚至说"没有哲学我就不能前进"。由此可见，此时的马克思是彻底站在黑格尔精神哲学的立场上来理解和追求自由的，而他的《博士论文》就是他作为黑格尔的最优秀的学生授给自己的"毕业证书"。

作为一个激进的革命民主主义者，此时的马克思还带有青年黑格尔

---

① 《马克思恩格斯全集》第1卷，人民出版社1995年版，第28页。
② 《马克思恩格斯全集》第1卷，人民出版社1995年版，第24页。

派的强烈的反对宗教色彩和黑格尔精神哲学的思辨意味,还意识不到唯心主义哲学那"醉醺醺的思辨"和喜欢幽静孤僻、自我陶醉的实质。虽然他批评康德和费希特只是在天空飞翔,也不太喜欢黑格尔的古怪的论调,并强调自己只关心地上的事情,但这时马克思所追求的作为摆脱宗教束缚,亦即神权统治的自我意识的精神自由,仍然是一种抽象的、脱离现实的"哲学自由",还缺乏稳固的现实基础做支撑。

二 《莱茵报》时期:具体的"新闻出版自由"

如果说在《博士论文》时期,马克思追求个性和自我意识解放的"精神自由"只是摆脱了"宗教神权"的统治,那么在《莱茵报》时期,马克思追求的"新闻出版自由"则是为了摆脱"封建王权"的统治。马克思写的第一篇政论文章是《评普鲁士最近的书报检查令》,强烈反对的就是普鲁士政府的"封建王权"。这表明,马克思开始从关注一般哲学问题转向分析具体的政治现象,亦即从"哲学的自由"走向了"政治的自由"。对此,马克思的传记作家梅林有着明确的指认:马克思已经被一种远比哲学更强烈的兴趣吸引住了。自从写了评普鲁士的书报检查令的文章以后,马克思就走上了"政治斗争"的道路,现在他在《莱茵报》上继续进行这个斗争,而不再是去"纺他那哲学的线了"。[①] 特别是在《莱茵报》上公开发表的第一篇文章——《关于新闻出版自由的辩论》,更是集中体现了马克思的这一"政治斗争"和新的自由追求。马克思此时最为关心的不再是抽象的所谓精神自由——哲学自由,而是具体的新闻出版自由——政治自由,而这也是马克思第一次真正从书斋走向社会,面向和解决具体现实生活问题的开始。

在《关于新闻出版自由的辩论》中,对"自由"马克思有一个明确的说法:"自由不仅包括我靠什么生活,而且也包括我怎样生活,不仅包括我做自由的事,而且也包括我自由地做这些事。不然,建筑师同海狸的区别就只在于海狸是披着兽皮的建筑师,而建筑师则是不披兽皮的海

---

① [德] 梅林:《马克思传》,樊集译,人民出版社1972年版,第48页。

狸。"① 在这里,马克思通过与现实生活的亲密接触而深刻认识到:"自由确实是人的本质,因此就连自由的反对者在反对自由的现实的同时也实现着自由;因此,他们想把曾被他们当作人类本性的装饰品而摒弃了的东西攫取过来,作为自己最珍贵的装饰品。"② 由此可见,作为人的本质的自由,已不再是被当作人类本性可有可无的"装饰品",而就是人类本性自身所必不可少的最珍贵的"装饰品"。马克思对作为人类本性的自由的这一理解,也在一定意义上回应了卢梭的观点:人生而自由,但无往而不在枷锁之中。所以,马克思在该文的最后借斯巴达人之口号召人们奋起,甚至用"斧头"去"为自由而斗争":"你知道做奴隶的滋味;但是自由的滋味你却从来也没有尝过。你不知道它是否甘美。因为只要你尝过它的滋味,你就会劝我们不仅用矛头而且要用斧子去为它战斗了。"③ 但此时,通过报纸与现实生活亲密接触之后,马克思已不再认为"服务于哲学本身就是自由",而是强调"新闻出版就是人类自由的实现"④。在这里,马克思对自由的理解已不再是内在的自我意识之觉醒本身,而是外在的政治权利的获得和保障,争取新闻出版自由就是号召广大人民为彻底改变他们的社会和政治状况而斗争的有效手段和直接体现。在马克思看来,书报检查制度是不自由的体现,而新闻出版自由却是自由的体现,自由报刊的本质就是自由的本质,亦即自由所具有的刚毅的、理性的和道德的本质,自由报刊就是现实的自由。如果人们享有新闻出版的自由,也就享有具体的现实自由:"自由报刊是人民精神的洞察一切的慧眼,是人民自我信任的体现,是把个人同国家和世界联结起来的有声的纽带,是使物质斗争升华为精神斗争,并且把斗争的粗糙物质形式观念化的一种获得体现的文化。……自由报刊是人民用来观察自己的一面精神上的镜子,……自由报刊是观念的世界,它不断从现实世界中涌出,又作为越来越丰富的精神唤起新的生机,流回现实世界。"⑤ 可以说,在《关于新闻出版自由的辩论》中,马克思已经把自由的本质及其获得与人们的现实生活联系起来了,而不再单纯依靠精神上的自我运动和自我演

---

① 《马克思恩格斯全集》第1卷,人民出版社1995年版,第181页。
② 《马克思恩格斯全集》第1卷,人民出版社1995年版,第167页。
③ 《马克思恩格斯全集》第1卷,人民出版社1995年版,第202页。
④ 《马克思恩格斯全集》第1卷,人民出版社1995年版,第166页。
⑤ 《马克思恩格斯全集》第1卷,人民出版社1995年版,第179页。

绎。为此，对德国那些脱离现实、喜欢幽静孤僻而空谈自由的所谓"自由人"和"自由派"，就受到了马克思的强烈批评："把自由从现实的坚实土地上移到幻想的太空就是尊重自由。这些流于幻想的空谈家、这些伤感的狂热者把他们的理想同日常的现实的任何接触都看成是亵渎神明"，因此"对我们德国人说来，自由之所以直到现在仍然只是一种幻想和伤感的愿望，一部分责任是要由他们来负的"[1]。由此可见，在走出书斋开始接触现实生活之后，马克思已不满足于抽象的、空洞的、单纯说教的精神自由，而是越来越关注具体的、活生生的、现实的人应该享有的各种真实的政治权利的自由。马克思需要的，是站在稳固的大地上呼吸新鲜空气的自由。

当然，马克思此时还只是看到和反对封建王权对人之政治自由的限制，还不能深入到王权背后深刻认识和挖掘出真正制约和束缚人之自由背后的强大"物质力量"根源——经济利益。也就是说，马克思在这里还不能具体确定是何种社会关系决定着其他一切社会关系。所以，马克思此时反对的还只是作为普鲁士政府王权之外在体现的书报检查制度，并意识到"在法国，为革命准备基础的不是新闻出版自由，而是书报检查制度"[2]。正是书报检查制度阻碍了人们追求和获得现实的自由，并引发了革命。在此基础上，马克思主张通过关于新闻出版的立法来保障新闻出版自由："新闻出版法就是对新闻出版自由在法律上的认可"，"法律不是压制自由的措施，正如重力定律不是阻止运动的措施一样。……恰恰相反，法律是肯定的、明确的、普遍的规范，在这些规范中自由获得了一种与个人无关的、理论的、不取决于个别人的任性的存在。法典就是人民自由的圣经。"[3] 由此可见，马克思在《莱茵报》时期追求的人之政治自由的获得和实现，寄希望的还不是从根本上推翻封建王权统治的"革命"，而是资产阶级的"立法"，认为有了立法的保障，也就有了自由的保障，所以他才强调"法典就是人民自由的圣经"。同时，针对封建统治者和所谓资产阶级"自由派"对新闻出版自由的担心，马克思更是用形象的比喻指出："新闻出版自由不会造成'变动的局势'，正如天文学

---

[1] 《马克思恩格斯全集》第1卷，人民出版社1995年版，第189页。
[2] 《马克思恩格斯全集》第1卷，人民出版社1995年版，第152—153页。
[3] 《马克思恩格斯全集》第1卷，人民出版社1995年版，第176页。

家的望远镜不会引起宇宙系统的不断运动一样。"① 相反，新闻出版自由正是人之自由的实现，而绝不是社会动乱的根源。在这里，马克思认为新闻出版自由才是人之最真实的自由，也是一个社会政治民主文明的体现。

与《博士论文》时期相比，马克思此时对人之自由的本性及其实现的理解和追求，确实前进了一大步，他已经从宗教批判前进到了批判政治与社会制度，这也是马克思离开书斋开始走向社会的真实反映。但总体上看，马克思对新闻出版自由的理解和追求，还是处于资产阶级启蒙思想的善良愿望和理想主义阶段，幻想着通过和平的"立法"来实现和解决问题，仍带有一定的浪漫主义色彩，仍然缺乏对"自由何以可能"的深刻的社会关系分析。但在《莱茵报》的实际工作，却使马克思第一次遇到了必须对所谓物质利益发表意见的难事，从而埋下和获得了促使他研究政治经济学的最初的"种子"和"原动力"。这样，我们也就不难理解马克思后来为什么特别强调对"自由"（市民社会）问题的解决必须到"政治经济学"中去寻求。而这正是马克思的《资本论》及其"政治经济学批判"所做的工作。

三 《资本论》时期：全面的人之"个性自由"

如果说在《博士论文》和《莱茵报》时期，马克思是到"哲学"和"法律"中去寻找自由的真谛及其实现，那么到了《资本论》及其相关手稿时期，马克思开始逐步认识到对自由的真谛及其实现所依托的不再是抽象的哲学和形式的法律，而是活生生的、具体的，作为资本主义社会关系的"市民社会"，而"对市民社会的解剖应该到政治经济学中去寻求"（马克思语）。对此，恩格斯后来也有着深刻的认同：对自由及其可能的追求，"不应当到有关时代的哲学中去寻找，而应当到有关时代的经济中去寻找"②。到"经济"中去寻找，实际上意味着人之自由的获得，不仅需要摆脱"神权"和"王权"的统治，更要摆脱"经济权力"——

---

① 《马克思恩格斯全集》第 1 卷，人民出版社 1995 年版，第 186 页。
② 《马克思恩格斯文集》第 3 卷，人民出版社 2009 年版，第 547 页。

"资本"的统治。在第一次正式面向和研究政治经济学的《1844年经济学哲学手稿》中,马克思就已认识到资本是对劳动及其产品的"支配权力",后来又在作为《资本论》第一手稿的《1857—1858年经济学手稿》中强调,资本是资产阶级社会里支配一切的"经济权力",而在作为"政治经济学批判"之集大成的《资本论》中,资本更是摇身一变成了具有"幽灵般现实性"的统治一切的"自动的物神"。因此,要想在资本主义社会里获得和实现真实的自由,仅仅摆脱"神权"和"王权"的统治是不够的,还必须摆脱资本这一"神权"和"王权"附体的"经济权力"的支配。这也是马克思第一次真正认识到实现自由背后所必须摆脱和克服的巨大物质力量。而马克思此时已经深刻认识到,要想彻底摆脱资本这一"经济权力"的支配,仅仅"献身哲学"和"出版立法"是不够的,还必须对资本主义的生产方式以及与其相适应的生产关系和交换关系进行最彻底的"政治经济学"解剖和批判。

自马克思开始真正接触和研究政治经济学之后,就逐渐认识到商品、货币和资本等这些"可感觉而又超感觉"的作为支配力量的物与物背后所隐藏着深刻的人与人之间的社会关系。马克思《资本论》的"政治经济学批判"的独特性和革命性,就在于揭示和强调资本的本质并不是古典经济学家们所说的"可感觉物",而是人与人之间的"超感觉的社会关系",特别是人与人之间的"社会生产关系",但这一关系又是以资本与人之间的统治与被统治、奴役与被奴役、剥削与被剥削的"颠倒"的形式存在和表现出来的。这一关系,像一个巨大的无形之天网,把包括人在内的一切都纳入其中,完全受其控制。在此基础上,马克思看到了资本主义社会里"个人现在受抽象统治"的现实。这一"抽象统治人"的实质,就是马克思早在《共产党宣言》中就指出的,资本具有独立性和个性而活动着的个人却没有独立性和个性。这实际上体现的就是"资本所享有的压榨工人的自由"(马克思语)而不是相反。也就是说,在资本作为"经济权力"的这一强大抽象力量的统治和压榨之下,工人确实毫无自由和个性可言:"把工人钉在资本上,比赫斐斯塔司的楔子把普罗米修斯钉在岩石上钉得还要牢",甚至"把工人的妻子儿女都抛到资本的札格纳特车轮下"[①]。所以,无论形式上还是实质上,工人对资本都是一种

[①] 马克思:《资本论》第1卷,人民出版社2004年版,第743页。

"绝对从属"和"被统治"关系。因此，马克思在《资本论》时期通过其"政治经济学批判"所追求和实现的自由，已不再是之前的"哲学自由"和"政治自由"，而是变资本的独立性和个性为活动着的个人的独立性和个性的"人之自由"，亦即从以物的依赖性为基础的人的"独立性"走向人的全面发展的"自由个性"。《资本论》的"政治经济学批判"的革命性，还在于使政治经济学由关于"物"——资本增殖的理论，转变成了关于"人"之自由解放的理论。所以说，《资本论》的"中心思想"就是："把人和人类从压迫他们的种种势力的支配下解放出来的思想，对自身命运和全人类命运负责的个性的形成的思想。"① 也就是说，马克思根本关心的，就是在资本逻辑的全面统治之下人之自由何以可能的问题。因此，突破资本牢笼的无形统治，形成全面发展的人之自由个性，仍然是马克思从青年到老年，特别是《1857—1858年经济学手稿》和《资本论》的中心主题。

在资产阶级及其夸夸其谈的辩护士们看来，以"剥削他人的劳动"为基础的资本主义的私有制是自由的源泉，而作为"看不见的手"支配资本主义社会的"价值规律"，在进行"等价交换"和"自由竞争"的同时，就已经在实现着所谓自由。也就是说，人类历史发展到资本主义，通过"私有制"和"价值规律"完全实现了自由，历史在资本主义这里"终结"了，古典经济学和古典哲学在这里殊途同归了。但马克思却通过"政治经济学批判"深刻认识到，资本主义私有制正是异化和不自由的根源，所谓等价交换和自由竞争，也只是资产阶级所享有的自由，是贸易的自由、财产的自由和资本的自由，对广大无产阶级来说，只具有表面的和形式上的意义，只是一种"自由的错觉"，而绝不是真实的自由。为此，马克思批评资产阶级及其辩护士们认为"自由竞争"就是人的自由发展的"同义语"的妄断："断言自由竞争等于生产力发展的终极形式，因而也是人类自由的终极形式，这无非是说资产阶级的统治就是世界历史的终结——对前天的暴发户们来说这当然是一个愉快的想法。"② 在此意义上，马克思认为，作为"看不见的手"的价值规律就是资产阶级社

---

① [苏]罗森塔尔主编：《马克思主义辩证法史》，汤侠声译，人民出版社1982年版，第76页。

② 《马克思恩格斯全集》第31卷，人民出版社1998年版，第44页。

会最大的"神话"和"意识形态",它掩盖了为什么等价交换的价值规律反而走向了不等价交换的剩余价值规律。在此意义上,《资本论》的"政治经济学批判",实际上也是"黑格尔法哲学批判"、"神圣家族批判"、"德意志意识形态批判"和"哥达纲领批判"。在此基础上,马克思认为,人们要想摆脱资本的权力统治,获得真实的个性自由,就必须通过协作和共同占有生产资料,在彻底消灭资本主义私有制的基础上"重建个人所有制"①。正是这种重建的"个人所有制",才能彻底取代私有制而消除雇佣劳动和异化,才能为一个更高级的"以每一个个人的全面而自由的发展为基本原则"的社会形式建立现实基础②。这实际上就是用"自由劳动"来代替"雇佣劳动",用"合作化生产"来代替"私人化生产",用"全面发展的个人"来代替"局部的个人",从而真正使人从"依附性"和以物的依赖性为基础的"独立性"走向共同生产的"自由个性",最终使人之"个性得到自由发展"(马克思语)。在马克思这里,"个性得到自由发展"是彻底的、绝对的和全面的:人应当从一切类型的非人的统治关系——统治、压迫、奴役、剥削、疏离和异化中解放出来,把人的世界和人的关系真正还给人自己,使人作为一个完整的人而占有自己的全面本质,实现人的一切感觉和特性的彻底解放。所以说,正是《资本论》的"政治经济学批判"所实现的"所有制革命",才使人之"个性得到自由发展"成为可能。

在马克思这里,人之"个性得到自由发展"实际上也就是"自由王国"的建立,其共同的本质都是使人彻底摆脱外在"必然性"——资本、必然劳动和自然的盲目控制,获得个人的全面而自由的发展。对此,马克思在《资本论》第3卷中明确强调:"事实上,自由王国只是在必要性和外在目的规定要做的劳动终止的地方才开始;因而按照事物的本性来说,它存在于真正物质生产领域的彼岸。"因此,"这个领域内的自由只能是:社会化的人,联合起来的生产者,将合理地调节他们和自然之间的物质变换,把它置于他们的共同控制之下,而不让它作为一种盲目的力量来统治自己;靠消耗最小的力量,在最无愧于和最适合于他们的人类本性的条件下来进行这种物质变换"。只有在此"联合生产"的基础

---

① 马克思:《资本论》第1卷,人民出版社2004年版,第874页。
② 马克思:《资本论》第1卷,人民出版社2004年版,第683页。

上，亦即"在这个必然王国的彼岸，作为目的本身的人类能力的发挥，真正的自由王国，就开始了"①。在马克思这里，"自由王国"的建立和人之"个性得到自由发展"是同一个过程，都是人摆脱资本的统治而获得独立性和个性的全面发展的过程，亦即人之个性摆脱劳动必然性而在自由自觉的自主劳动中展开和实现的过程。在这一过程中，雇佣劳动也像奴隶劳动和农奴劳动一样，只是一种暂时的和低级的形式，它注定要"让位于带着兴奋愉快心情自愿进行的联合劳动"②。在此意义上，《资本论》通过"政治经济学批判"所追求的废除雇佣劳动的"劳动解放"，的确是"最高级自由革命"（塔克语）。这一"最高级自由革命"的实质，就是马克思自己所说的"劳动的政治经济学"对"资本的政治经济学"或"财产的政治经济学"的伟大胜利。③ 正是在"劳动解放"这一"最高级自由革命"的意义上，我们说体现人之自由个性的"劳动自由"才是《资本论》的灵魂，这一灵魂像一根红线贯穿始终。也同是在"最高级自由革命"的意义上，劳动才不仅仅是人单纯"谋生的手段"，更是人生活的"第一需要"。在马克思这里，作为人生活的"第一需要"的"劳动自由"的实现，也就是人之"个性得到自由发展"。说到底，《资本论》不仅是唯物史观的科学的证明，更是人之"个性自由"的第一次唯物主义实现。

马克思"倾其一生"并牺牲了自己的"家庭、健康和幸福"而撰写的三大卷《资本论》，绝不是为资产阶级的统治和剥削作合法性论证，而是为了从根本上号召全世界无产者联合起来"为自由而斗争"。因此，直到生命的最后一刻，马克思"还在努力探求整个世界以及人类自由的原动力"④。为自由而斗争，正是马克思所追求的幸福之真谛。马克思的一生都是在迎着"自由的旭日"而不停地飞奔。

---

① 马克思：《资本论》第3卷，人民出版社2004年版，第928—929页。
② 《马克思恩格斯选集》第3卷，人民出版社2012年版，第9页。
③ 《马克思恩格斯选集》第3卷，人民出版社2012年版，第8页。
④ [法]雅克·阿塔利：《卡尔·马克思》，刘成富等译，上海人民出版社2010年版，第2页。

中篇：辩证法与《资本论》

辩证法的历险：从"德国观念论"到《资本论》

在1858年1月14日写给恩格斯的信中，马克思提到：由于自己得到了原为巴枯宁所有的几卷黑格尔著作，使自己得以又把黑格尔的《逻辑学》浏览了一遍，这在材料加工的方法上帮了自己很大的忙；并许诺如果以后再有工夫做这类工作的话，自己很愿意用两三个印张把黑格尔所发现，但同时又加以神秘化的方法中所存在的合理的东西阐述一番，使一般人都能够理解。① 我们知道，马克思后来并没有写出专门论述辩证法的小册子，但这并不是说马克思没时间或辩证法不重要，而是马克思的这一想法，已经在倾其一生的巨著《资本论》（1867年9月14日第一版）中实现了。在《资本论》第一卷第二版的跋中，马克思强调：在其神秘形式上，辩证法似乎使现存事物显得光彩，因而它成了德国的时髦东西；但在其"合理形态"上，辩证法却引起资产阶级及其空论主义的辩护士的恼怒和恐惧，因为它对每一种既成的形式都是从它的不断的运动中和暂时性去理解；它在对现存事物的肯定的理解中同时包含着对现存事物的否定的和必然灭亡的理解；所以"辩证法不崇拜任何东西，按其本质来说，它是批判的和革命的"②。为此，列宁才强调：马克思虽没有留下大写字母的"逻辑学"，却留下了《资本论》。由此可见，相对于黑格尔的《逻辑学》，《资本论》就是马克思的辩证法。但辩证法的"神秘形式"和"合理形态"究竟是什么？为什么其"神秘形式"成了"德国的时髦东西"，而其"合理形态"却引起资产阶级及其空论主义的辩护士的恼怒和恐惧？也就是说，马克思到底是如何通过批判黑格尔辩证法的"神秘形式"而建构其"合理形态"的？这些问题，正是本文力图揭示和阐明的辩证法从"德国观念论"到《资本论》演进的

---

① 《马克思恩格斯〈资本论〉书信集》，人民出版社1976年版，第121页。
② 马克思：《资本论》第1卷，人民出版社2004年版，第22页。

"历险"过程。

一 德国观念论：作为"神秘形式"的辩证法

在古希腊，辩证法作为一种谈话和反问的方法，不是智者学派所说的"修辞术"，而是苏格拉底所说的"精神接生术"。它的最终目的是通过辩论来追求和揭示真理，而不是玩弄概念游戏的"诡辩"。可以说，辩证法在古希腊城邦广场诞生之初，就是通过对话来发现和揭示矛盾与假象而获取普遍性知识（真理）的。到了德国观念论的伟大奠基者康德这里，他依然是继承了辩证法追求真理的本性。但为了获得真理——普遍必然有效的知识，康德把辩证法看作理性越界误用而产生的"幻象的逻辑"[①]，最终通过为理性划界而消极地牺牲掉了辩证法。而使辩证法重振雄风的，正是德国观念论的集大成者黑格尔。

在黑格尔这里，他反对康德把辩证法看作消极意义的"幻象的逻辑"，而追求和建构辩证法作为概念自身运动而自我形成的"真理的逻辑"。辩证法就是追求概念确定性的真理之概念自我运动的逻辑，这种逻辑本质上是一种区别和超越"表象思维"和"形式推理"的"思辨思维"或"概念思维"：概念的思维打破以表象进行思维的习惯，"表象思维"的习惯完全沉浸在物质里，因而很难从物质里将它自身摆脱出来而同时还能独立存在，它可以称为一种偶然的意识，一种物质的思维；而"形式推理"乃以超出内容而骄傲，并以脱离内容为自由；但这两种思维都不是黑格尔辩证法所看重的，在这里，真正值得黑格尔辩证法骄傲的是努力放弃这种自由，把这种自由沉入内容，让内容按照它自己的本性，即按照它自身而自行运动，并从而考察这种运动，而不要成为康德式的任意调动内容的原则。[②] 这就是黑格尔的概念辩证法，它是概念自我运动、自我发展的逻辑，它是在形式推理否定表象思维基础上对形式推理的再否定，是对表象思维和形式推理的双重否定，因而是否定之否定。而这也正是马克思最看重的黑格尔概念辩证法作为推动原则和创造原则

---

① [德] 康德：《纯粹理性批判》，韦卓民译，华中师范大学出版社2000年版，第315页。
② [德] 黑格尔：《精神现象学》上卷，贺麟、王玖兴译，商务印书馆1997年版，第40页。

的"伟大之处"。在这里,黑格尔概念辩证法的神秘之处不在于它内在的否定性,而在于它为追求概念和逻辑的确定性,反对感性和直观的确定性,是在牺牲掉环节的必然性之基础上建构全体的自由性。

黑格尔通过概念的自我运动和自我发展,在绝对精神的自我否定和自我统一中解决了康德的现象与物自体的二元对立。"一旦黑格尔通过拟设物质是精神的显现——尽管是一种低级的显现——来解决隐含在物质与精神之间的张力中的问题,西方哲学的传统二元论就得到了解决。"[①]而一旦物质被表明无非是自我异化的精神,那么,物质就以一种比迄今为止西方哲学所熟知的任何东西都更加深远的方式被重新还原。从黑格尔开始,物质不再被设想为精神的绝对否定或精神的完全缺失。自此以后,就不会像在传统唯物论中那样——物质是对精神的否定,而恰恰是精神的内在环节和对精神的确证。反过来,本来作为精神自我运动的抽象概念辩证法却获得了客观性的现实力量。正是在此意义上,马克思才在《资本论》中指出,在其神秘形式上,因为辩证法似乎使现存事物显得光彩,所以它成了德国的时髦东西。在黑格尔这里,他把作为神秘形式的概念辩证法看作哲学神话的完结,实现了对近代形而上学的"胜利的和富有内容的复辟"(马克思语)。

但由于黑格尔辩证法的"泛逻辑主义",它对世界和历史只是作了逻辑的、抽象的和思辨的概念表达,而根本无法触动真正的现实。由此导致黑格尔的概念辩证法产生了如下影响:辩证法使精神优先于劳动,并赋予其唯一的统治地位。在德国观念论这里,辩证法成了脱离现实的先验概念的思辨和运动,所以具有了抽象的和神秘的形式。这一神秘形式虽然自我完满,但离开了历史和现实,就没有任何实在意义。故此,马克思强调黑格尔的逻辑学只是"精神的货币",而绝不是"现实的货币"。由此必然导致马克思指出的:黑格尔把实在理解为自我运动、自我综合和自我深化的思维的结果——他"陷入了幻觉"。但黑格尔辩证法的这一"幻觉",反而成了迷惑和束缚人的最大"意识形态",让人顶礼膜拜。为此,在《1857—1858年经济学手稿》中马克思强调:从抽象上升到具体的方法,只是思维用来掌握具体、把它当作一个精神上的具体再现出来

[①] [以]阿维纳瑞:《马克思的社会与政治思想》,张东辉译,知识产权出版社2016年版,第6页。

的方式，而绝不是具体本身的产生过程。举例来说，如交换价值等最简单的经济范畴，只能作为一个具体的、生动的既定整体的抽象的单方面的关系而存在；相反，交换价值作为范畴，却是一种洪水期前的存在。① 借用伽达默尔的说法，黑格尔的神秘形式的辩证法只是达到了"精神和自由的概念"，仍保留着"本体论的自我驯服"。所以，与"表象思维"和"形式推理"相比，黑格尔的"思辨思维"或"概念思维"的概念辩证法虽有批判的外表，但缺少了"历史"和"经济学"，辩证法真正的否定性和批判性也是不可能的。纯粹的理论思辨不可能深入社会表象背后的真实原因和潜能当中：它既不能从历史上说明社会压迫的原因并考察持续不断的剥削和异化的制度结构，也不能为社会变革提供现实的可能性。如果缺少了政治经济学，概念的辩证法只能变成另一种形式的神秘意识和抽象普遍性。不过马克思还是深刻意识到：虽然黑格尔把辩证法神秘化了，但这绝没有妨碍他第一个全面地有意识地叙述了辩证法的"一般运动形式"②。这其实也就是早在《1844年经济学哲学手稿》中马克思指出的黑格尔的作为"否定性的辩证法"所具有的"推动原则"和"创造原则"。而这一原则也正是马克思最为看重和汲取的黑格尔"神秘形式的辩证法"的伟大之处——马克思利用辩证法自身的否定性而突破了黑格尔神秘形式的辩证法的意识形态控制。

既然黑格尔的神秘形式的辩证法给一个根本上有缺陷和被扭曲的现实盖上了意识形态的印章，黑格尔哲学就不可能无须改造现实本身而得到改造。但黑格尔的作为推动原则和创造原则的否定性的辩证法，依然具有批判性和否定性因素，因而也就为马克思提供了批判和超越的可能。其实，早在1844年，当黑格尔的辩证法在德国知识界还很时髦和流行的时候，马克思就批判过其辩证法的"神秘方面"：在黑格尔那里，辩证法是倒立着的；必须把它倒过来，以便发现神秘外壳中的合理内核。③ 在《资本论》这里，黑格尔的作为神秘形式的辩证法不再是一种纯粹哲学的探讨，而是深入经济现实而变成了"政治经济学批判"——对市民社会的解剖应该到政治经济学中去寻求。所以，马克思绝不是通过简单的所

---

① 《马克思恩格斯全集》第30卷，人民出版社1995年版，第42页。
② 马克思：《资本论》第1卷，人民出版社2004年版，第22页。
③ 马克思：《资本论》第1卷，人民出版社2004年版，第22页。

谓直接"主谓颠倒"来实现对神秘形式的辩证法的超越的,而是充分借鉴和汲取了古典经济学的关于社会现实的经济实践及其发展的实证性内容。在马克思看来,世界的真理不在先验概念范畴的逻辑运演当中,而在于对现实生活的实践理解和把握——批判改造之中。因此,必须实现对黑格尔神秘形式辩证法之先验逻辑的"解先验化"——实践化和历史化。而完成这一任务,绝对离不开对古典政治经济学的汲取和批判。

二 古典政治经济学:作为"实证主义"的辩证法

如果说作为"法国革命的德国理论"的德国观念论是近代资产阶级利益的哲学代言,那么作为"经济学的路德"的古典政治经济学就是它的经济学代言。古典政治经济学最大的特色就是运用经济学的一系列概念、范畴,实现了对社会经济实践的经验材料和现实的整理和概括,使这些零散的、特殊的经济现象上升为整体的、普遍的本质联系。这一联系的实质就是使整个资产阶级经济体系都从属于一个基本规律——从分散的各种各样的现象中吸取并集中了最本质的东西。[①] 也就是说,古典政治经济学想了解与表现形式的多样性不同的内在联系,它就把各种固定的和彼此异化的财富形式还原为它们的内在的统一性,并从它们身上剥去那种使它们漠不相关地相互并存的形式。[②] 而这正是古典政治经济学的"实证主义辩证法"的伟大之处。在古典政治经济学这里,经济运动的规律不是通过先验概念自身运动演绎出来的,而是通过分析现实的经济生活总结出来的。与德国观念论神秘形式的思辨辩证法相比,它的辩证法带有很强烈的实证主义色彩。

古典经济学家都认为在经济活动中的每一件素材,每一种情况,以及每一个统计数字都能在社会现实中找到和发现相应的经济问题和经济事实。因此,他们求助于实证主义的自然科学方法,通过实验、观察、归纳等取得所谓"纯事实",将劳动产品之间的关系描述为单纯的数和量

[①] 马克思:《剩余价值理论》第2册,人民出版社1975年版,第186页。
[②] 《马克思恩格斯全集》第35卷,人民出版社2013年版,第359页。

的关系，并找出它们之间的联系和规律。在古典经济学家这里，经验科学的实证方法——"显微镜"和"化学试剂"，实际上取代了马克思《资本论》中所主张的"抽象力"——"政治经济学批判"的方法。古典经济学的这种实证方法实际上"只是把生活过程中外部表现出来的东西，按照它表现出来的样子加以描写、分类、叙述并归入简单概括的概念规定之中"①，所以这一方法只是一种"整理材料"的经验归纳法，它被马克思形象地称为"资产阶级体系的生理学"。于是，古典经济学家就用这种所谓"生理学"的理想的"实证方法"来对抗哲学的抽象"辩证方法"。而当古典经济学家把这个所谓科学的"实证方法"具体运用到他们分析和论证的政治经济学的范畴上面时，就得出了他们自己认识到却不愿承认的"政治经济学的形而上学"。在这里，反对抽象思辨的古典经济学与追求抽象思辨的德国观念论不约而同地走向了同一条道路。为此，马克思一针见血地指出："粗俗的经验主义"绞尽脑汁地想用简单的形式抽象，巧妙地使经验现象去迁就一般规律，或者直接从一般规律中得出不可否认的经验现象，它最终变成了烦琐哲学和虚伪的形而上学。② 这样一来，古典经济学家反而与黑格尔一样，当所有现实被还原为一个单一的巨大发展进程中的各个阶段，即其他一切东西都可以完全独立于所有经验而被推论出来时，本来"作为方法的辩证法就完成了向作为意识形态的辩证法的转变"③。古典经济学与德国观念论殊途同归了。在此意义上，马克思《资本论》的"政治经济学批判"所要做的，正是要实现辩证法从"意识形态"向真正"批判的和革命的方法"的翻转。而这可能正是马克思"颠倒"黑格尔辩证法的本义。甚至还可以说，《资本论》的"政治经济学批判"才是"德意志意识形态批判"的真正完成。

虽然古典政治经济学的实证辩证法在关注和分析社会经济现实方面也取得了巨大进步，但把否定性和批判性从经济实践中逐渐排除出去，就会导致社会实证化和固化，而看不到或忽视现实社会中存在的矛盾：从资产阶级的观点出发，甚至古典经济学的最优秀的代表，也只能是被束缚在他们曾批判地予以揭穿的假象世界里，都或多或少地陷入没有解

---

① 马克思：《剩余价值理论》第2册，人民出版社1975年版，第182页。
② 马克思：《剩余价值理论》第1册，人民出版社1975年版，第69页。
③ [美] 阿伦特：《政治的应许》，张琳译，上海人民出版社2016年版，第77页。

决的、半途而废状态和不彻底性的矛盾之中。① 马克思对政治经济学家们所作的一个经常性的批评就是指出他们试图"排除矛盾"。在古典政治经济学这里,作为资本主义生产方式运转之轴心的"资本"成了"自我增殖"的真正"自在之物"。在此意义上,古典政治经济学家才是康德否认矛盾的、作为"先验幻象"逻辑的消极辩证法的真正继承者。而古典政治经济学家否认矛盾的目的,就是为资产阶级生产方式及其阶级统治作合法性、普遍性与永恒性的论证。在古典政治经济学这里,它的实证辩证法追求的是区别于概念辩证法之"理性确定性"的"感性确定性",它只是一种"非批判的实证主义"或"抽象的经验主义"。

在马克思看来,资本主义社会的市场无秩序、商品拜物教、失业以及经济矛盾和周期性危机,这些都不是自然法则而是资本逻辑使然。在古典政治经济学这里,本来是受人支配的财产——商品、货币和资本,反身却成了一种真正的主体,财产实际上根本不再是财产了——财产的所有者本身被转变成"财产的财产"。这实际上就是马克思在《资本论》中所揭示和批判的"三大拜物教"——商品、货币和资本拜物教,把特殊性具体存在当作普遍性的一般而顶礼膜拜。正是这种拜物教,体现了马克思所指出的一种"日尔曼的主观性的深邃"在任何地方都表现为"无精神的客观性的粗俗"。所以说,古典政治经济学实质上只不过是"过着物质生活的经院哲学"(马克思语)。

在亚当·斯密和大卫·李嘉图这里,仿佛人们是生活在一个没有空气的凝固不变的真空之中,认为工资只是由资本和人口的比例所决定,都不承认有资本家阶级和工人阶级的存在和对立,并坚持经济学有自己普遍、永恒的自然规律。实际上这些都和资本主义社会的现实不符,只不过是他们的一相情愿而已:当这些古典政治经济学的"传教士"在讨论现实时,他们美化邪恶的现实,并把经济学当作人们得救的必经之途,用自然取代神意来阐述既定的和谐,所以"经济自由成为神圣的世界秩序和社会生活的最终意义和目标"②。

但在马克思看来,斯密和李嘉图等古典政治经济学家,把资产阶级生产关系看作僵化的、一成不变的东西,于是就把他们自己的经济范畴

---

① 马克思:《资本论》第3卷,人民出版社2004年版,第940页。
② [奥]希尔:《欧洲思想史》,赵复三译,广西师范大学出版社2007年版,第399页。

和概念，如劳动、分工、货币、价值、价格、利润等也用同样的方式建构起来，使之成为永恒不变的、从不发展的，亦即非辩证的概念："经济学家们都把分工、信用、货币等资产阶级生产关系说成是固定的、不变的、永恒的范畴。"① 在这一意义上，斯密和李嘉图关于资本主义生产方式之永恒性的观点，不仅是形而上学的和非辩证的，而且同样是唯心主义的：理性所创造和总结的概念，站在客观现实之上了。在古典政治经济学这里，来源于现实而又脱离现实发展的抽象范畴，被当作政治经济学的基础，以便做出资产阶级生产关系永恒性和不朽性的论断。对此，马克思强调，经济范畴的次序实际上是由它们在现代资产阶级社会中同表现出来的符合自然次序或者历史发展的次序恰好相反的相互关系决定的，并批评古典政治经济学把经济范畴按它们在历史上起决定作用的先后次序来排列是错误的。所以，问题不在于各种经济关系在关于历史运动的一个"观念上"（蒲鲁东）——模糊的表象中的顺序，也不在于它们在不同社会形式的相继更替的序列中在历史上占有什么地位，而在于它们在现代资产阶级社会内部的结构。② 这才是问题的真正实质所在。实际上，经济范畴只不过是资本主义社会生产关系和交换关系的现实反映和体现。在此问题上，追求经验实证的古典政治经济学家反而与抽象思辨的黑格尔殊途同归了——都是马克思所批评的"非批判的实证主义"和同样"非批判的唯心主义"。

　　马克思强调人体解剖是猴体解剖的钥匙，因此，资产阶级经济为理解古代经济提供了钥匙。但马克思也批评把经济学范畴脱离实际地任意套用：绝不是像那些把一切社会形式都看成资产阶级社会形式的而抹杀一切历史差别的经济学家所理解的那样，人们只要认识了地租，就能理解什一税、代役租等，实际上不应当把它们等同起来。③ 不仅以往社会只是在与现今社会形式相联系时才可能被认识，而且现今社会也只能根据未来的，即在资本主义社会不可避免地崩塌之后而代替它的社会形式才能被理解。在这一重要方面，马克思的辩证法既不同于德国观念论，也不同于古典政治经济学，它们基本上都局限于因果必然性逻辑来解释世

---

① 《马克思恩格斯文集》第1卷，人民出版社2009年版，第598页。
② 《马克思恩格斯全集》第30卷，人民出版社1995年版，第49页。
③ 《马克思恩格斯全集》第30卷，人民出版社1995年版，第47页。

界、关注过去，而马克思却把辩证法引入实践的可能性逻辑，并且按照现存事物自身的历史和发展去改造它们、关注未来。马克思将借鉴于黑格尔的作为推动原则和创造原则的"否定性的辩证法"，同样运用于对古典政治经济学的分析和解剖，批判它在劳动、货币、资本、剩余价值，以及商品化等方面的实证主义倾向——非批判的和非辩证的态度。因而在《资本论》中，马克思主张要通过运用作为"抽象力"的"政治经济学批判"的辩证法去揭示现代社会的经济运动规律，进而揭开整个资产阶级生产方式以及与之相适应的生产关系和交换关系的神秘意识形态面纱——建构起批判的和革命的"合理形态的辩证法"。

三 《资本论》：作为"合理形态"的辩证法

在辩证法问题上，马克思既反对古典政治经济学家把人变成"帽子"，又反对德国观念论把帽子变成"观念"。为此，马克思强调：黑格尔的阐述方法和我的不同，因为黑格尔是唯心主义者，我是唯物主义者；黑格尔的辩证法只有在剥去其神秘形式之后，它才是一切辩证法的基本形式，而这恰好就是自己方法的特点。① 同时，马克思也深刻认识到，古典政治经济学家虽然向我们解释了在资本主义社会关系下生产怎样进行，但是由于缺少辩证法，他们并没有也不能说明产生这些关系的历史运动，亦即没有说明这些关系是怎样产生的。② 为此马克思指出："古典政治经济学几乎接触到事物的真实状况，但是没有自觉地把它表述出来。"③ 在马克思这里，辩证法绝不是概念的游戏和单纯逻辑的推演，而是"在批判旧世界中发现新世界"的批判武器。由此可见，作为"政治经济学批判"的《资本论》，就是马克思的"合理形态的辩证法"，这一辩证法追求的是不同于抽象概念确定性和感性经验确定性的实践批判的确定性。

马克思对德国观念论辩证法之神秘形式的批判，就是通过解剖和整合古典政治经济学体现出来的。马克思将黑格尔辩证法的神秘形式置于

---

① 《马克思恩格斯〈资本论〉书信集》，人民出版社1976年版，第254页。
② 《马克思恩格斯文集》第1卷，人民出版社2009年版，第598页。
③ 马克思：《资本论》第1卷，人民出版社2004年版，第622页。

资本主义社会生产方式的结构关系这一更为广阔的背景当中。在马克思看来，德国观念论的神秘形式的辩证法实际上就是对资本主义社会关系本质的意识形态辩护，所以马克思才称这是"法国革命的德国理论"。这也说明马克思为什么对自由、平等、所有权等抽象的普遍范畴问题不是那么感兴趣，而是更为关心这些范畴得以产生的历史原因和社会结构，连同其服务于社会财富的生产、分配、交换和消费的特殊机制和组织原则。在马克思看来，这些才是埋藏在德国观念论的神秘形式的辩证法下面的真正基石——正是它们构成了关于未来社会和美好社会的理论和观念基础。由此，马克思才有兴趣和决心来分析德国观念论的辩证法和产生于其中的社会和经济世界。德国观念论把辩证法转变为一个先验概念的问题，古典政治经济学又把辩证法转变为实证经济问题，在二者这里，辩证法根本上仍然都是一种披着"意识形态幻象"的必然性逻辑，而马克思则将其转变成了一个对权力、阶级和经济学问题的分析和解剖——"政治经济学批判"——既是对资本主义的经济现实，也是对其政治经济学的双重批判问题，从而使辩证法最终变成了一种追求无产阶级解放的社会实践和工人革命理论。马克思政治经济学批判的目的，就是要宣告废止古典哲学家和古典经济学家共同为资产阶级统治辩护的意识形态和无批判的坏的信仰。马克思义无反顾地转向反思和建构那些与现行制度结构不同的，同时容许由劳动者控制的无阶级、无等级社会的制度结构。前者涉及他的批判科学，而后者关系到他的共产主义革命理想和实践。正是在现代社会的结构关系当中，概念的内在自由和法律的外在自由，甚至是社会正义的真正实现才得以可能。也正是在此基础上，作为人之自由个性和自我实现之可能的"合理形态的辩证法"才得以可能：只要描绘出辩证法得以奠基的这个能动的生活过程，辩证法就不再像唯心主义者所认为的那样，是想象的主体的想象活动；也不再像那些本身还是抽象的经验主义者所认为的那样，是一些僵死的事实的汇集。[1] 辩证法就转变成了追求着自己目的的人的实践活动过程。所以，正是在作为"政治经济学批判"的《资本论》这里，辩证法才真正由一种论证历史之"必然性的逻辑"转变为一种追求人之自由的"可能性的逻辑"，而这也正是马克思《资本论》所实现的辩证法的最伟大的革命所在。

---

[1] 《马克思恩格斯文集》第 1 卷，人民出版社 2009 年版，第 525 页。

《资本论》中并没有一种如德国观念论那样确切的先验观念关乎决定论式唯物主义,抑或是如古典经济学那样一种关乎现实的拷贝理论,相反,它有的是一种建基于历史分析与现实批判的方法。正如马克思自己所言:"事实上,通过分析来寻找宗教幻象的世俗核心,比反过来从当时的现实生活关系中引出它的天国形式要容易得多。后面这种方法是惟一的唯物主义的方法,因而也是惟一科学的方法。"①《资本论》的政治经济学批判,正是采用了这一科学的方法。只有作为"政治经济学批判",《资本论》才告知了我们马克思理解和使用"辩证法"一词的实质所在。在"政治经济学批判"的视野里,人与人之间的社会关系而非物构成了资本主义社会的劳动分工和财产所有制的基础。马克思将德国观念论的"神秘形式的辩证法"和古典政治经济学的"实证主义的辩证法"转变为对社会关系的批判性分析。这些社会关系在古典政治经济学那里仅仅以契约、资本、财产和市场普遍规律等外在形式出现。马克思确信,一种批判的"合理形态的辩证法"必须揭开那些在理解资本主义社会中,作为真正的决定性因素而存在的深层社会结构和无意识的社会阶级。辩证法被马克思用于揭示资本主义社会历史现实的内部结构,揭示它们内在的经济矛盾及其社会制度间的内在联系,进而唤醒工人阶级的阶级意识,使工人阶级真正意识到自身的地位和需要。在根本而重要的意义上,马克思《资本论》的"合理形态的辩证法"表达的就是"工人阶级的意识,这一阶级意识是它自身的条件以及它与资产阶级社会的对立,认识到这个社会的全部作用以及过去全部历史都是矛盾出现和解决的周期性过程"②。所以说,《资本论》的"政治经济学批判"才是真正的"黑格尔法哲学批判"和"德意志意识形态批判",才是"工人阶级的圣经"——工人阶级追求自由解放的意识形态的真实表达。

《资本论》最独特的方法,就是同时将哲学批判与政治经济学批判并置于资本主义社会结构性矛盾的具体情境当中。马克思一方面批判德国观念论的非批判的虚假意识,另一方面批判古典政治经济学的非批判的实证主义。因为在马克思看来,资本主义经济体系的意识形态和工具理

---

① 马克思:《资本论》第 1 卷,人民出版社 2004 年版,第 429 页。
② [波]科拉科夫斯基:《马克思主义的主要流派》第一卷,唐少杰等译,黑龙江大学出版社 2015 年版,第 329 页。

性背后,隐藏着阶级压迫、剥削和社会异化,所以只有当工人阶级将自身看作社会的主体,看作客观经济规律的真理之时,虚假意识和异化才能被消解。因此,《资本论》的"政治经济学批判"就是对资本主义社会的"精神货币"——逻辑学和"现实货币"——经济学的批判,它建立在马克思前所未有地采纳了德国观念论和古典政治经济学各自的主要传统的基础之上。德国观念论虽有辩证法,但由于对概念的过分迷恋,又缺乏对经济现实的充分了解和经济事实的有力支撑;而古典经济学虽有经济事实的分析和支撑,但又缺少自我超越的辩证法,所以二者要么是"非批判的唯心主义",要么是"非批判的实证主义",都未形成"合理形态的辩证法"。只有马克思《资本论》的政治经济学批判,在充分汲取二者各自优势的基础上,把二者有机结合起来了,方才形成和建构了作为"批判的实证主义"的"合理形态的辩证法"。对马克思而言,现实的物质世界不仅是通过古典政治经济学派的经济实证主义,而且是通过德国观念论辩证法本身的转变性沉思获得自身的合法性的。这样,《资本论》的"政治经济学批判"开创了一种全新的思维方式,这种新方式绝非某种实证主义经济学的建立,也不是向思辨哲学的复归,而是一种在批判旧世界中发现新世界之资本逻辑批判的革命性理论。

马克思《资本论》的"政治经济学批判"作为"合理形态的辩证法",深刻揭示和证明了"剥削和异化在结构上不可避免地嵌入资本生产的内部:这是那种生产方式无法通过改革或改善社会民主政治制度而消除的一个中心矛盾"①。借助于黑格尔的辩证法和古典政治经济学的实证论,马克思构建了一种将废除资本主义所有制且不同于所有以往所有制形式的新型的个人所有制。这种重建的"个人所有制",就是一种揭示和运用辩证法之"否定之否定"精神的过程,它体现和克服了资本主义私有制的全部矛盾,并使之上升到了一个更高级的发展阶段:资本主义的私有制是对传统的个人私有制——以自己劳动为基础的私有制的第一个否定;但由于自然过程的必然性,资本主义生产又造成了对自身的否定——这是否定的否定;这种否定绝不是重新建立私有制,而是在协作及对土地和靠劳动本身生产的生产资料的共同占有的基础上,亦即在资

---

① [美]詹姆逊:《辩证法的效价》,余莉译,中国社会科学出版社2014年版,第350页。

本主义时代的成就的基础上"重建个人所有制"①。由此可见，这种神秘形式的黑格尔的概念辩证法（否定之否定）的神秘之处，最终通过马克思才在《资本论》第一卷结尾处得到破译。同时，马克思也把古典政治经济学的实证主义方法"从经验性的时间序列这样一种思维框架中解脱了出来，把它上升到了私有制社会内在矛盾从抽象上升到具体的发展过程的高度来加以深刻解读"②。这无疑正是马克思《资本论》作为"合理形态的辩证法"的集中体现。因此，《资本论》既不仅仅是一部劳动价值理论的著作，也不仅仅是一部价格决定理论的著作，更不仅仅是一部预言经济崩溃的著作，它其实代表了个体在资本主义社会中的自我实现——现代性之深层结构的历史分析和辩证呈现。③ 在此意义上，正是由于创建了"合理形态的辩证法"，马克思才变成了"社会主义者的李嘉图，经济学家的黑格尔"（拉萨尔语）。也由于这一辩证法，马克思的《资本论》与任何当时的或后来的哲学或经济学著作比起来，更像是一个具有宽广历史视野和敏锐洞察力的思想巨人。

在今天，《资本论》作为政治经济学批判的"合理形态的辩证法"，依然是我们打开当前世界图式中社会生产方式及其秘密的钥匙——通过它方能"把现代社会关系的全部领域看得明白而清楚"（恩格斯语）。

---

① 马克思：《资本论》第1卷，人民出版社2004年版，第874页。
② 唐正东：《从斯密到马克思》，江苏人民出版社2009年版，第8页。
③ ［美］麦卡锡：《马克思与古人》，王文扬译，华东师范大学出版社2011年版，第7页。

《资本论》:"应用"还是"构建"了辩证法?

辩证法是《资本论》的灵魂,《资本论》是辩证法的表征。但人们对待《资本论》的辩证法,总是习惯于非此即彼地把"应用"和"构建"割裂和对立起来。要么通过论证《资本论》"应用"了黑格尔的辩证法而否认马克思的辩证法,要么通过论证《资本论》"构建"了马克思自己的辩证法而否认了黑格尔的辩证法。实际上,《资本论》与辩证法是一种相互拱卫的"双生"关系:辩证法成就了《资本论》,《资本论》也成就了辩证法。归根结底,《资本论》是"应用"辩证法和"构建"辩证法的革命性统一。

一 《资本论》在什么意义上"应用"了辩证法

在《资本论》第一卷出版后,人们对《资本论》的辩证法问题产生了诸多误解和歧解。对此,马克思在《资本论》第一卷第二版的跋中专门指出:"人们对《资本论》中应用的方法理解得很差,这已经由对这一方法的各种互相矛盾的评论所证明。"① 与之前的经济学家抛弃辩证法和蒲鲁东等假冒辩证法相比,马克思强调《资本论》是"把辩证方法应用于政治经济学的第一次尝试"②。而恩格斯也认为,在研究和批判政治经济学时,黑格尔的思辨辩证法"却是一切现有逻辑材料中至少可以加以利用的唯一材料。"③ 所以说,《资本论》当仁不让地首先"应用"了黑

---

① 马克思:《资本论》第1卷,人民出版社2004年版,第19页。
② 《马克思恩格斯〈资本论〉书信集》,人民出版社1976年版,第239页。
③ 《马克思恩格斯选集》第2卷,人民出版社2012年版,第12页。

格尔的辩证法。

1. 在材料加工的方法意义上

虽然1842年在《莱茵报》编辑部工作时,马克思就遇到了要对所谓经济问题发表意见的难事,但直到来到巴黎后的1844年,特别是阅读和编辑了恩格斯批判资产阶级经济学的"天才大纲"——《国民经济学批判大纲》后,马克思才开始真正研究政治经济学。而作为马克思政治经济学研究集大成的《资本论》(第一卷),却直到1867年才正式出版,真可谓是"千呼万唤始出来"。《资本论》之所以"难产",原因众多,但无法回避的重要事实就是马克思为《资本论》收集、摘录和撰写了众多资料、笔记和手稿。仅就《资本论》第一卷而言,就有"巴黎笔记""布鲁塞尔笔记""曼彻斯特笔记""伦敦笔记"等众多手稿。在实质性意义上,收集资料不易,整理资料更难。特别是对于马克思这样精益求精的批判式理论家来说,更是难上加难。好在马克思不同于前人的地方在于,他找到了整理材料的最有效工具——黑格尔的辩证法。早在撰写自己的第一部经济学专著《政治经济学批判》时,马克思就致信恩格斯:"我又把黑格尔的《逻辑学》浏览了一遍,这在材料加工的方法上帮了我很大的忙。"[①] 按马克思自己的这一说法,我们不可否认的是黑格尔的"逻辑学"——思辨的辩证法,正是马克思写作《资本论》时整理和加工相关材料的最为得力的工具。所以说,《资本论》与黑格尔辩证法的关系,首先是一种"应用"关系。但马克思在《资本论》中对黑格尔辩证法的"应用",绝不是像蒲鲁东和拉萨尔那样生搬硬套黑格尔的辩证法,只是为政治经济学披上辩证法的伪装,而实质上仍然是一种"政治经济学的形而上学"。对此,马克思批评当拉萨尔把辩证的思维方式当作一般图式来使用,简单地把政治经济学材料归纳到这个一般图式之下时,他不仅误解了合理的辩证法,而且误解和滥用了黑格尔的辩证法。[②] 马克思自己在《资本论》中对辩证法的"应用",则是"逻辑的方法"和"历史的方法"的统一。但令人遗憾的是,对马克思在《资本论》中对辩证法的具体"应用",不仅俄国的考夫曼没能理解,就是德国的朗格在谈到马克思对黑格尔辩证法的应用时也非常幼稚。为此,马克思在写给库格

---

① 《马克思恩格斯〈资本论〉书信集》,人民出版社1976年版,第121页。
② 《马克思恩格斯全集》第29卷,人民出版社1972年版,第262—264页。

曼的信中，批评朗格完全不懂黑格尔的辩证法，也就更加不懂自己《资本论》中应用黑格尔辩证法时所采取的"批判方式"。马克思强调朗格根本认识不到《资本论》这种"材料中的自由运动"只不过是对一种处理材料的方法——辩证方法——的描述而已。① 实际上，马克思并不是笨拙和生硬地简单套用黑格尔的辩证法，而是以"批判的方式"自由地灵活应用：黑格尔无所不包的"辩证观点"作为一种基本"结构模式"，被马克思用于社会矛盾理论和历史演变理论，并且也部分充当了马克思资本批判的"逻辑语言"。② 所以，马克思对经济材料的整理，绝不是像经验论者那样只是进行僵死事实的搜集，也不像形式主义者那样把材料简单归为某一概念图式，而是在充分占有材料的基础上，深入梳理和建立经济学范畴之间的内在逻辑关系。当马克思这样做的时候，他运用的已经不是"实证知识"——非批判的实证主义和"形式方法"——非批判的唯心主义，而是"革命的辩证法"——批判的实证主义了。

2. 在研究方法与叙述方法相统一的意义上

在《资本论》第一卷第二版的跋中，马克思以反证的方式引证了俄国学者考夫曼对自己"辩证法"的批评：研究方法是严格的实在论的，而叙述的方法不幸是德国辩证法的。马克思认为考夫曼的批评无形中却歪打正着，他恰当地描述了《资本论》的"实际方法"，只不过考夫曼是将"研究的方法"和"叙述的方法"分裂开来，而马克思是统一起来。表面上看，马克思在《资本论》中对辩证法的应用犯了考夫曼所说的"研究的方法"和"叙述的方法"不一致的"错误"，实际上，这是考夫曼既没能理解黑格尔唯心主义的辩证法，更没能真正理解《资本论》的批判辩证法所致。对此，马克思自己指出："有必要对唯心主义的叙述方式作一纠正，这种叙述方式造成一种假象，似乎探讨的只是一些概念规定和这些概念的辩证法。"③ 而《资本论》的辩证法，实际上是突破了"唯心主义叙述方式"造成的假象，实现了叙述方法与研究方法的统一。所以，马克思在《资本论》第一卷第二版的跋中明确强调："在形式上，叙述方法必须与研究方法不同。研究必须充分地占有材料，分析它的各

---

① 《马克思恩格斯〈资本论〉书信集》，人民出版社1976年版，第311页。
② [英]伯尔基：《马克思主义的起源》，伍庆、王文扬译，华东师范大学出版社2007年版，第92页。
③ 《马克思恩格斯全集》第30卷，人民出版社1995年版，第101页。

种发展形式，探寻这些形式的内在联系。只有这项工作完成以后，现实的运动才能适当地叙述出来。这点一旦做到，材料的生命一旦在观念上反映出来，呈现在我们面前的就好象是一个先验的结构了。"① 综上可见，在《资本论》中马克思很好地处理和解决了"研究方法"和"叙述方法"的关系问题。这实际上也就是马克思之前在《政治经济学批判》导言中所指出的"从具体到抽象"和"从抽象再到具体"相统一的"政治经济学的方法"。也正因如此，马克思才能够在《资本论》的第一章关于"价值"——从"简单的价值形式"到"扩大的价值形式"再到"一般价值形式"最后到"货币形式"——的形成演进问题中，直接运用了黑格尔特有的逻辑方式。对于这一看似简单的"政治经济学的方法"，不仅古典政治经济学家不会运用，蒲鲁东运用不好，朗格和考夫曼理解不了，就连拉萨尔也难以做到。在致恩格斯的信中，马克思指出拉萨尔在自己的著作中"用黑格尔的方式来阐述政治经济学"的艰难："通过批判使一门科学第一次达到能把它辩证地叙述出来的那种水平，这是一回事，而把一种抽象的、现成的逻辑体系应用于关于这一体系的模糊观念上，那完全是另外一回事。"② 但马克思在《资本论》中却很好地做到了这一点："不论我的著作有什么缺点，它们却有一个长处，即它们是一个艺术的整体，但是要达到这一点，只有用我的方法。"③ 而马克思的这一方法，就是叙述方法与研究方法相统一的辩证法。反过来，正是因为有了辩证法，《资本论》才高于古典政治经济学而成为"一个艺术的整体"。

3. 在解决理论和现实问题的意义上

但马克思在《资本论》中对黑格尔辩证法的"应用"，绝不仅仅是为了整理材料和叙述问题，而是为了"解决"问题。在撰写《资本论》及其手稿的过程中，马克思就致信恩格斯，明确说明了自己研究政治经济学的双重任务："我的工作量很大……工作是双重的：（1）写完政治经济学原理。（这项工作非常必要，它可以使公众认清事物的实质）（2）当前的危机。"④ 由此可见，马克思研究政治经济学的双重任务主要包括"理论问题"——研究政治经济学原理，揭示资本主义政治经济学的本质和

---

① 马克思：《资本论》第1卷，人民出版社2004年版，第21—22页。
② 《马克思恩格斯〈资本论〉书信集》，人民出版社1976年版，第123页。
③ 《马克思恩格斯〈资本论〉书信集》，人民出版社1976年版，第196页。
④ 《马克思恩格斯〈资本论〉书信集》，人民出版社1976年版，第120页。

"现实问题"——解释当前资本主义经济危机的原因这两个方面。而这双重任务,都是通过应用黑格尔的辩证法来完成的。对此,列宁也有着深刻的体认:"虽说马克思没有遗留下'逻辑'(大写字母的),但他遗留下《资本论》的逻辑,应当充分地利用这种逻辑来解决这一问题。"①

马克思开展政治经济学研究,特别是在《政治经济学批判》和《资本论》中,多次强调是对资产阶级政治经济学的概念范畴和经济规律进行揭示和把握,而不是对经济现象的外在经验描述。因此,马克思一开始就称自己的政治经济学研究为"政治经济学批判"。但由于资产阶级经济学家(包括蒲鲁东)不懂辩证法,只是简单地套用,因而在马克思看来是一种"非批判的实证主义":"平庸的资产阶级理智这匹驾车的笨马,在划分本质和现象、原因和结果的鸿沟面前当然就一筹莫展了。"② 也就是说,资产阶级及其经济学家只知笨拙地搬弄和模仿黑格尔辩证法的概念和词汇,而理解和把握不了概念与现实之间的逻辑关系及其矛盾转换。对此,马克思才在《资本论》第一卷的序言中强调:分析"经济形式"既不能用"显微镜"也不能用"化学试剂",只能用"抽象力"③——辩证法。实际上,早在作为《资本论》的第一手稿——《1857—1858年经济学手稿》中,马克思就对此有着充分的理论自觉。在运用黑格尔的"逻辑学"分析完货币具有的矛盾转换的"内在特点"后,马克思专门强调:"首先是弄清这样的说法:产品(或活动)成为商品;商品成为交换价值;交换价值成为货币。"④ 而在《资本论》中,马克思接着要解决的就是"货币成为资本"的问题了。在此意义上,确实可以说马克思接受了黑格尔哲学的逻辑范畴——从存在论到本质论再到概念论——的及其演进,并且以"感性化的方式"把它们一直坚持运用到《资本论》中。但理论自觉是一回事,实际应用确实是更艰难的事。在《资本论》第一卷出版前夕(1867年6月16日),恩格斯阅读完校样后,关于"价值形式"的内容写信建议马克思:"这一部分你应当用黑格尔的《全书》那样的方式来处理,分成简单的章节,用特有的标题来突出每一个辩证的转变,并且尽可能把所有的附带的说明和例证用特殊的字体印出来。这样,

---

① 《列宁全集》第55卷,人民出版社2017年版,第290页。
② 《马克思恩格斯选集》第2卷,人民出版社2012年版,第11页。
③ 马克思:《资本论》第1卷,人民出版社2004年版,第8页。
④ 《马克思恩格斯全集》第30卷,人民出版社1995年版,第101页。

看起来就可能有点像教科书，但是对广大读者来说要容易得多。"① 由此可见，马克思自己在应用黑格尔辩证法分析和解决理论问题时，也并不总是能够"得心应手"。对于恩格斯的建议，马克思写信（1867年6月22日）回应："至于说到价值形式的阐述，那末我是既接受了你的建议，又没有接受你的建议，因为我想在这方面也采取辩证的态度。这就是说：第一，我写了一篇附录，把这个问题尽可能简单地和尽可能教科书式地加以叙述；第二，根据你的建议，把每一个阐述上的段落都变成章节等等，加上特有的小标题。我要在序言中告诉那些'不懂辩证法的'读者，要他们跳过 x - y 页而去读附录。"② 正是有了这一调整，恩格斯才致信马克思强调"价值形式"是"用辩证法获得的东西"③ ——价值形式的辩证法——这是马克思应用辩证法解决经济学理论问题的最集中、最鲜明体现。为此，马克思也在《资本论》第一卷第二版的跋中，有些不无得意地说在关于价值理论的一章中，自己甚至卖弄起黑格尔特有的"表达方式"。而列宁更是深刻指出：不钻研和不理解黑格尔的全部逻辑学，就不能完全理解马克思的《资本论》，特别是它的第一章。④ 后来，马克思又在回信中告诉恩格斯自己对黑格尔质量互变规律的应用："你从我描述手工业师傅变成——由于单纯的量变——资本家的第三章结尾部分可以看出，我在那里，在正文中引证了黑格尔所发现的单纯量变转为质变的规律，并把它看做在历史上和自然科学上都是同样有效的规律。"⑤ 由此可见，马克思在《资本论》中对重要和关键的经济理论问题的阐释和解答，背后都有黑格尔辩证法的影子——黑格尔的辩证法就是马克思《资本论》的"逻辑学底本"。

但诚如马克思自己在《资本论》序言中所言，他像柏修斯一样需要一顶"隐身帽"来追捕妖怪，而不是像资产阶级经济学家那样用隐身帽紧紧遮住眼睛和耳朵，以便否认妖怪的存在。⑥ 也就是说，马克思应用辩证法的真正目的，绝不是为了逻辑自洽和理论自满，而是为了揭示和把

---

① 《马克思恩格斯〈资本论〉书信集》，人民出版社1976年版，第213—214页。
② 《马克思恩格斯〈资本论〉书信集》，人民出版社1976年版，第215页。
③ 《马克思恩格斯〈资本论〉书信集》，人民出版社1976年版，第213页。
④ 《列宁全集》第55卷，人民出版社2017年版，第151页。
⑤ 《马克思恩格斯〈资本论〉书信集》，人民出版社1976年版，第216页。
⑥ 马克思：《资本论》第1卷，人民出版社2004年版，第9页。

握资产阶级政治经济学的实质，以之来反思和解释现实的经济问题。在写给拉萨尔的信中，马克思就明确强调："目前的商业危机促使我认真着手研究我的政治经济学原理。"① 所以说，马克思研究政治经济学原理的根本目的，不再仅仅是为了自己弄清问题，而是为了揭示和解释资本主义经济危机的实质。而经济危机的实质，直到《资本论》马克思才真正揭示出为生产的"相对过剩"。生产的相对过剩，就是由于资本家无限追求剩余价值——资本无限增殖——一种黑格尔逻辑学意义上的"恶无限"所致，而剩余价值又是资产阶级占有和剥削工人劳动所致。至此，马克思在《资本论》中揭示出了"剩余价值之谜"，进而真正解开了"经济危机之谜"和工人阶级受剥削之谜。为此，马克思才把《资本论》看作射向资产阶级头脑的最厉害的"炮弹"，恩格斯才称《资本论》为"工人阶级的圣经"："自从世界上有资本家和工人以来，没有一本书像我们面前这本书那样，对于工人具有如此重要的意义。"② 也正因如此，《资本论》第一卷出版后的国际工人协会1868年的布鲁塞尔代表大会，还专门通过决议要求各国工人阶级学习《资本论》。对于《资本论》之所以具有如此重要的独特作用，恩格斯入木三分地指出："唯物主义历史观及其在现代的无产阶级和资产阶级之间的阶级斗争上的特别应用，只有借助于辩证法才有可能。"③ 在此意义上，确实可以说正是辩证法——"政治经济学批判"，使《资本论》区别于古典政治经济学——"资产阶级的圣经"而成为"工人阶级的圣经"，并开辟了无产阶级走向自由解放的现实性道路。

二 《资本论》在什么意义上"构建"了辩证法

《资本论》之所以成为马克思辩证法的理论载体和理论表征，不仅是因为它"应用"了黑格尔的辩证法，更是因为它"构建"了马克思自己的辩证法。马克思在《资本论》中对自己辩证法的"构建"，是通过改造

---

① 《马克思恩格斯〈资本论〉书信集》，人民出版社1976年版，第120页。
② 《马克思恩格斯选集》第2卷，人民出版社2012年版，第70页。
③ 《马克思恩格斯选集》第3卷，人民出版社2012年版，第746—747页。

黑格尔辩证法和变革全部政治经济学而实现的。

1. 改造黑格尔辩证法：摆脱辩证法的唯心主义外壳

早在马克思着手进行政治经济学研究的《1844年经济学哲学手稿》中，就已深刻认识到了对黑格尔辩证法进行剖析和批判的必要性——这一非形式而本质的问题。但在马克思写作《资本论》的过程中以及正式出版后，无论是资产阶级及其代言人的经济学家，还是德国的哲学家以及法国激进的社会主义者，作为辩证法大师的黑格尔及其辩证法反而要么被误用了，要么被抛弃了。所以，在《资本论》第一卷第二版的跋中，马克思说大约三十年前，自己就批判过黑格尔辩证法的神秘方面——辩证法在黑格尔那里是"倒立着的"，"必须把它倒过来，以便发现神秘外壳中的合理内核"①。但马克思却与同时代的朗格、杜林等人把黑格尔当作"死狗"，相反，公开承认自己是黑格尔的学生。同样与经济学家和蒲鲁东等人也不同，马克思绝不是简单地挪用或套用黑格尔的辩证法，而是在黑格尔概念辩证法的基础上，构建了自己"批判的和革命的"的辩证法。对此，作为"第二个马克思"的恩格斯有着最为深刻的体认："自从黑格尔逝世之后，把一门科学在其固有的内部联系中来阐述的尝试，几乎未曾有过。官方的黑格尔学派从老师的辩证法中学会搬弄最简单的技巧，拿来到处应用，而且常常笨拙得可笑。对他们来说，黑格尔的全部遗产不过是可以用来套在任何论题上的刻板公式，不过是可以用来在缺乏思想和实证知识的时候及时搪塞一下的词汇语录。"② 但官方的黑格尔派做不到的，马克思却做到了："实际的经济关系是以一种完全新的方式，即用唯物主义方法进行考察的。"③ 这充分表明，作为对资本主义实际经济关系进行解剖的《资本论》，构建了一种与古典经济学家和黑格尔完全不同的"新的方式"——唯物主义辩证法。对此，恩格斯给予了高度肯定："马克思过去和现在都是唯一能够担当起这样一件工作的人，这就是从黑格尔逻辑学中把包含着黑格尔在这方面的真正发现的内核剥出来，使辩证方法摆脱它的唯心主义的外壳并把辩证方法在使它成为唯一正确的思想发展形式的简单形态上建立起来。马克思对于政治经济学的

---

① 马克思：《资本论》第1卷，人民出版社2004年版，第22页。
② 《马克思恩格斯选集》第2卷，人民出版社2012年版，第10页。
③ 《马克思恩格斯〈资本论〉书信集》，人民出版社1976年版，第244页。

批判就是以这个方法作基础的,这个方法的制定,在我们看来是一个其意义不亚于唯物主义基本观点的成果。"① 在此意义上,如果说康德的"纯粹理性批判"是砍掉自然神论头颅的"大刀",那么马克思的"政治经济学批判"——辩证法就是砍掉黑格尔"逻辑泛神论"头颅的大刀。

实际上,《资本论》作为对历史唯物主义的科学证明表明,马克思在《资本论》中对黑格尔唯心主义辩证法的改造是与其历史唯物主义的建构同步进行的。也就是说,历史唯物主义的建构过程就是对黑格尔辩证法的改造过程,我们无法把马克思建构历史唯物主义的过程与改造黑格尔辩证法的过程截然分离开来。对此,列宁深谙其理:马克思的唯物主义从黑格尔辩证法那里吸取了"全部有价值的东西并发展了这些有价值的东西"②。但在《资本论》这里,马克思继承并发展了黑格尔概念辩证法的"有价值的东西",并不仅仅是在"颠倒"的意义上对黑格尔的唯心主义辩证法进行唯物主义改造:"我的辩证方法,从根本上来说,不仅和黑格尔的辩证方法不同,而且和它截然相反。在黑格尔看来,思维过程,即他称为观念而甚至把它变成独立主体的思维过程,是现实事物的创造主,而现实事物只是思维过程的外部表现。我的看法则相反,观念的东西不外是移入人的头脑并在人的头脑中改造过的物质的东西而已。"③ 而是在肯定黑格尔辩证法的"一般运动形式"的基础上,充分汲取并发展了黑格尔辩证法的作为推动原则和创造原则的"否定性"——辩证法的灵魂。黑格尔的作为辩证法的灵魂的这一"否定性",在《资本论》这里既表现为从"自我异化"到"三大拜物教"——商品、货币和资本拜物教的批判,也表现为从"消灭私有制"到"重建个人所有制"的转变,还表现为从"必然王国"到"自由王国"的飞跃。所以说,正是因为有了《资本论》对黑格尔辩证法的唯物主义改造,列宁才强调《资本论》的出版使唯物史观由假设变成"科学证明了的原理",马克思也才完成了对黑格尔辩证法从"抽象的、逻辑的和思辨的"表达到唯物主义的"批判的和革命的"历史观和世界观的根本转变和彻底改造。

2. 变革全部政治经济学:破除政治经济学范畴的永恒性

同样为辩证法大师和黑格尔学生的列宁曾指认,由于马克思应用了

---

① 《马克思恩格斯选集》第 2 卷,人民出版社 2012 年版,第 13 页。
② 《列宁全集》第 55 卷,人民出版社 2017 年版,第 290 页。
③ 马克思:《资本论》第 1 卷,人民出版社 2004 年版,第 22 页。

辩证法，使政治经济学这门科学发生了革命。而比利时的孟德尔也强调：正是由于辩证法，马克思的《资本论》与任何后来的或当时的经济分析著作比起来像是一个巨人。① 所以说，马克思在《资本论》中对辩证法的"构建"，不仅体现为对黑格尔辩证法的彻底改造，也表现为对全部政治经济学的根本变革。

在马克思之前，包括古典政治经济学家，都把政治经济学的研究对象——商品、货币和资本——看作"可感觉的物"，却不理解政治经济学的这些主要对象也是"可感觉而又超感觉"的存在。对此，马克思指出："嘲笑货币主义错觉的现代经济学家，一到处理比较高级的经济范畴如资本的时候，就陷入同样的错觉。他们刚想笨拙地断定是物的东西，突然表现为社会关系，他们刚刚确定为社会关系的东西，却又表现为物来嘲弄他们"②。所以，马克思对全部政治经济学的变革，首先体现在变革政治经济学的研究对象方面。在《资本论》第一卷第一版的序言中，马克思就明确指出：本书的研究对象是"资本主义生产方式以及和它相适应生产关系和交换关系"③。可以说，在《资本论》这里马克思实现了政治经济学研究对象从"物"（商品交换商品）到"关系"（资产者与劳动者）的根本转变。为此，恩格斯进一步强调："经济学研究的不是物，而是人和人之间的关系，归根到底是阶级和阶级之间的关系；可是这些关系总是同物结合着，并且作为物出现。诚然，这个或那个经济学家在个别场合也曾觉察到这种联系，而马克思第一次揭示出它对于整个经济学的意义，从而使最难的问题变得如此简单明了，甚至资产阶级经济学家现在也能理解了。"④ 也就是说，正是马克思使经济学由神秘——"基督教经济学"变世俗——"大众化经济学"了。而马克思之所以高于经济学家能做到这一点，正是由于马克思活学活用了辩证法。为此，列宁才强调在资产阶级经济学家看到物与物的地方，马克思却看到了人与人的关系。所以说，在《资本论》这里，政治经济学研究对象从实体到关系的转变，意味着全部政治经济学开始发生了"哥白尼式革命"。

---

① ［比利时］欧内斯特·孟德尔：《〈资本论〉新英译本导言》，仇启华、杜章智译，中共中央党校出版社1991年版，第12页。
② 《马克思恩格斯全集》第31卷，人民出版社1998年版，第427页。
③ 马克思：《资本论》第1卷，人民出版社2004年版，第8页。
④ 《马克思恩格斯选集》第2卷，人民出版社2012年版，第14—15页。

《资本论》对政治经济学的变革，既表现为政治经济学研究对象的转变，也表现为对"政治经济学"本身的批判。早在《黑格尔法哲学批判》中，马克思就批评过黑格尔辩证法的"逻辑的泛神论"和"神秘主义"："理念变成了独立的主体，而家庭和市民社会对国家的现实关系变成了理念所具有的想象的内部活动。实际上，家庭和市民社会是国家的前提，它们才是真正的活动者；而思辨的思维却把这一切头足倒置。"[①] 在黑格尔头足倒置的辩证法这里，本质上是把世俗的"事物的逻辑"变成了神秘的"逻辑的事物"。马克思对黑格尔辩证法的这一深刻批评，实际上也完全适合把"资本和劳动关系颠倒"的古典政治经济学。为此，马克思批评古典政治经济学家和蒲鲁东等运用的方法都是一种"政治经济学的形而上学"："平庸的、现在重新时兴的、实质上是沃尔弗式的形而上学的方法，这也是资产阶级经济学家写他们那些缺乏内在联系的大部头著作时采用的方法"[②]。而马克思自己的大部头著作——《资本论》，却采用了与之完全不同的方法："我所使用的分析方法至今还没有人在经济问题上运用过。"[③] 马克思所使用的"分析方法"，实际上就是改造黑格尔唯心辩证法而形成的唯物辩证法。对此，列宁进一步深刻指出："用唯物辩证法从根本上来改造全部政治经济学，把唯物辩证法应用于历史、自然科学、哲学以及工人阶级的政策和策略——这就是马克思和恩格斯最为注意的事情，这就是他们做了最重要、最新颖的贡献的地方，这就是他们在革命思想史上勇敢迈进的一步。"[④] 在此意义上，确实可以说《资本论》就是"用唯物辩证法从根本上来改造全部政治经济学"的必然产物。为此，恩格斯进一步强调："我们面前的这部著作（指《资本论》——引者），决不是对经济学的个别章节作零碎的批判，决不是对经济学的某些争论问题作孤立的研究。相反，它一开始就以系统地概括经济科学的全部复杂内容，并且在联系中阐述资产阶级生产和资产阶级交换的规律为目的。既然经济学家无非是这些规律的代言人和辩护人，那么，这种阐述同时也就是对全部经济学文献的批判。"[⑤] 由此可见，作为

---

① 《马克思恩格斯全集》第1卷，人民出版社1956年版，第250—251页。
② 《马克思恩格斯选集》第2卷，人民出版社2012年版，第11—12页。
③ 马克思：《资本论》第1卷，人民出版社2004年版，第24页。
④ 列宁：《论马克思和恩格斯》，人民出版社1971年版，第55页。
⑤ 《马克思恩格斯选集》第2卷，人民出版社2012年版，第10页。

"政治经济学批判"的《资本论》，其批判的和革命的辩证法是通过对"资产阶级生产和交换的规律"以及"全部经济学文献"的"双重"批判而实现对全部资产阶级政治经济学的革命的。

在为《资本论》英文版所写的序言中，恩格斯特别指出：一门科学提出的每一种新见解都包含着这门科学的"术语的革命"①。在此意义上，马克思的《资本论》通过变革政治经济学的研究对象、对"资产阶级生产和交换的规律"以及"全部经济学文献"的"双重"批判而实现的"政治经济学革命"，还体现在对政治经济学范畴的批判，亦即实现了政治经济学研究的"术语的革命"。但作为古典政治经济学之父的斯密，由于不懂辩证法，却无法把握经济学概念的真实本质："从简单商品的观点看来他以为是真实的东西，一到资本、雇佣劳动、地租等等比较高级和比较复杂的形式代替了这种商品时，他就看不清了。"② 为此，马克思批评"经济学家们都把分工、信用、货币等资产阶级生产关系说成是固定不变的、永恒的范畴"③，从而为资产阶级统治的合法性做了辩护。在此意义上，经济学家始终是黑格尔概念图式和李嘉图主义经济范畴的"囚徒"——"过着物质生活的经院哲学"（马克思语）。对此，在致拉萨尔的信中马克思就明确指出：自己"应当首先出版的著作（《政治经济学批判》——引者）是对经济学范畴的批判"④。而这一批判贯彻马克思的政治经济学研究始终。在《资本论》第一卷正式出版后，马克思专门致信恩格斯（1868年1月8日），强调自己《资本论》中有"三个崭新的因素"——剩余价值、劳动的二重性、工资。⑤ 剩余价值是马克思在古典政治经济学的利润、利息、地租等固定形式的基础上进一步凝练而来的一般形式；劳动二重性——批判地理解问题的全部秘密——是马克思在商品二重性的基础上分析得出；工资虽不是马克思最先提出的新概念，却是马克思最先赋予了工资作为工人之劳动力价值的货币表现的崭新内涵——第一次揭示出隐藏在它后面的一种关系的不合理的表现形式。在此意义上，马克思的政治经济学批判是通过提出新的经济学范畴和赋予

---

① 马克思：《资本论》第1卷，人民出版社2004年版，第32页。
② 《马克思恩格斯全集》第31卷，人民出版社1998年版，第453页。
③ 《马克思恩格斯选集》第1卷，人民出版社2012年版，第218页。
④ 《马克思恩格斯〈资本论〉书信集》，人民出版社1976年版，第123页。
⑤ 《马克思恩格斯〈资本论〉书信集》，人民出版社1976年版，第250页。

传统经济学范畴以新的思想内涵、时代内涵和文明内涵而实现了政治经济学研究的"术语的革命"。对此,阿尔都塞指明马克思"在李嘉图使用利润这个名词的地方使用了剩余价值,在李嘉图使用收入分配这个词的地方使用了生产关系"①。实际上,在为《资本论》第一卷所写的书评中,恩格斯就曾明确强调:"在这本书中特别引起我们注目的是下面这一点:作者不是像通常所做的那样,把政治经济学的原理看做永远有效的真理,而是看做一定历史发展的结果。"② 也就是说,《资本论》的经济范畴是马克思运用辩证法分析资本主义现实得出的科学结论,而绝不是从辩证方法推演出来的纯粹思维规定。在马克思晚年最后的政治经济学批判——《评瓦格纳的"政治经济学教科书"》中,马克思仍然特别强调自己在《资本论》中对商品、货币、资本、价值、劳动、利润、剩余价值等关键概念的分析和研究,都是从分析一定的经济结构和社会关系得出的,而不是从空谈这些概念和词汇得出的。③ 所以说,马克思正是在对资产阶级政治经济学诸范畴的批判中,实现了《资本论》的"术语的革命",从而完成了全部政治经济学的革命。而全部政治经济学的革命,也意味着《资本论》的合理形态辩证法的完整构建。

三 《资本论》在什么意义上实现了辩证法的"革命"

马克思在《资本论》中对黑格尔辩证法的"应用"和自己辩证法的"构建",本质上意味着《资本论》实现了辩证法的"革命",辩证法正是在《资本论》这里真正获得了新生。

1. 确立了辩证法的"合理形态"

在写作《政治经济学批判》时,马克思曾致信恩格斯谈到了黑格尔的辩证法对自己进行政治经济学研究的帮助,并许诺自己很愿意写一本关于辩证法的小册子,把黑格尔所发现但同时又加以神秘化的方法中所

---

① [法]阿尔都塞:《读〈资本论〉》,李其庆、冯文光译,中央编译出版社2001年版,第194—195页。
② 《马克思恩格斯全集》第16卷,人民出版社1964年版,第244页。
③ 《马克思恩格斯全集》第19卷,人民出版社1963年版,第414页。

存在的"合理的东西"阐述一番，使一般人都能够理解。① 令人遗憾的是，马克思最终也没能兑现这个许诺，但马克思对黑格尔辩证法的"去神秘化"这一追求，却一直以不同的方式贯彻在其相关研究之中，而其中最具代表性的，无疑是"倾其一生"的巨著——《资本论》。换一种说法，也可以说《资本论》以"政治经济学批判"的方式，实现了马克思对黑格尔辩证法去神秘化的设想——只不过是"小册子"变成了"大部头"。所以，在《资本论》第一卷第二版的跋中，马克思就明确指出："当黑格尔辩证法还很流行的时候，我就批判过黑格尔辩证法的神秘方面。"② 也就是说，早在关于政治经济学研究的最初手稿——《1844年经济学哲学手稿》中，马克思就批判施特劳斯、鲍威尔等一些"批判家"对黑格尔辩证法这一"本质问题"完全缺乏认识，仍受黑格尔逻辑学的束缚。但马克思《资本论》的批判，不是把黑格尔当作"死狗"一样抛掉，也与蒲鲁东、拉萨尔等在辩证法问题上抛弃、败坏甚至作践黑格尔不同，而是充分认识到"辩证法在黑格尔手中神秘化了，但这决不妨碍他第一个全面地有意识地叙述了辩证法的一般运动形式"③。在这里，马克思最看中的是黑格尔辩证法的"一般运动形式"，实际上就是作为推动原则和创造原则的"否定性"。

但黑格尔及其"门徒"和政治经济学家，要么满足于现实而根本不理解这一"否定性"，要么执迷于意识界无法深刻领悟和运用好这一"否定性"。对此，马克思批评黑格尔与其"徒子徒孙"一起仍然站在国民经济学家的立场上，都属于"非批判的唯心主义"和同样"非批判的实证主义"。在《资本论》中，马克思则将这一"否定性"创造性地转换为了"批判性"和"革命性"，用来研究和解剖资本主义社会的生产方式以及与之相适应的生产关系和交换关系。在此基础上，马克思才真正揭示出资本主义社会特殊的经济运动规律——剩余价值规律及其内在矛盾，进而破解资本之谜、拜物教之谜和历史之谜，从而实现了辩证法由"神秘形式"到"合理形态"的转变，由"非批判的唯心主义"和"非批判的实证主义"向"批判的实证主义"的转变，由论证"历史终结"的必

---

① 《马克思恩格斯〈资本论〉书信集》，人民出版社1976年版，第121页。
② 马克思：《资本论》第1卷，人民出版社2004年版，第22页。
③ 马克思：《资本论》第1卷，人民出版社2004年版，第22页。

然性逻辑向"自由王国实现"的可能性逻辑的转变——"辩证法在对现存事物的肯定的理解中同时包含对现存事物的否定的理解,即对现存事物的必然灭亡的理解;辩证法对每一种既成的形式都是从不断的运动中,因而也是从它的暂时性方面去理解;辩证法不崇拜任何东西,按其本质来说,它是批判的和革命的。"① 在此意义上,马克思确实是黑格尔"最伟大的学生",《资本论》就是马克思献给导师黑格尔最厚重的毕业作品。马克思在自己的政治经济学研究中,最为充分地汲取和发挥了黑格尔辩证法这一他人根本无法理解的内在"否定性"。正因如此,辩证法才会在其神秘形式上——"纯粹的概念神话"(卢卡奇语)——成了德国时髦的东西,而在其合理形态上——"在批判旧世界中发现新世界"(马克思语),却引起资产阶级及其夸夸其谈的辩护士的恼怒和恐怖。所以说,正是在《资本论》这里,黑格尔神秘形式的辩证法才得以实现了华丽转身——辩证法最终获得了其合理形态和完全的意义——辩证法的新生。

2. 揭示了"劳动的辩证法"

恩格斯在为《民主周报》所写的关于《资本论》第一卷的书评中,一开头就鲜明地指出:"资本和劳动的关系,是我们全部现代社会体系所围绕旋转的轴心,这种关系在这里第一次得到了科学的说明,而这种说明之透彻和精辟,只有一个德国人能做得到。"② 由此可见,马克思的《资本论》正是紧紧抓住资本主义社会所围绕旋转的轴心——"资本与劳动的关系",并对其进行了人类思想史上的第一次"科学的说明"。可以说,《资本论》所实现的辩证法从"神秘形式"到"合理形态"的转变,在"破"的方面表现为辩证法的批判性和革命性,而在"立"的方面则表现为"劳动辩证法"的揭示和澄明。在此意义上,《资本论》的辩证法就是马克思关于"资本和劳动"关系的"双城记"。

马克思在《资本论》中对"劳动辩证法"的揭示和澄明,一方面借鉴和超越了黑格尔的精神劳动观,另一方面继承和超越了古典政治经济学的劳动价值论。在《精神现象学》和《法哲学原理》中,黑格尔是既站在自己非批判的唯心主义立场,又站在古典政治经济学非批判的实证主义立场来理解和阐释自己的精神劳动观的。也就是说,黑格尔既看到

---

① 马克思:《资本论》第1卷,人民出版社2004年版,第22页。
② 《马克思恩格斯选集》第2卷,人民出版社2012年版,第70页。

了劳动创造财富的经济学意义,也捕捉到了"劳动陶冶事物"的哲学意义,特别是看到了主人和奴隶关系转换中的"为承认而劳动"的巨大历史意义。对此,卢卡奇甚至认为黑格尔是德国古典哲学家中唯一"认真地分析过经济问题"和"研究过英国古典经济学著作"的重要思想家。[①]但马克思早就深刻认识到,在劳动问题上黑格尔根本上依然与国民经济学家站在同一立场,所以他只看到了劳动的积极方面——劳动创造财富,而看不到劳动的消极方面——异化劳动。在此意义上,黑格尔的"为承认而劳动"的劳动观,仍然只是一种脱胎于"精神现象学"的"劳动现象学"——劳动是"精神的货币",它只是满足欲望的手段和方法,仍然保持着概念的自我驯服——"劳动的新时代的形而上学本质"(海德格尔语),而不是真正的"劳动辩证法"——劳动是人之为人的自由表征——个人是什么样的,既和他生产什么有关,又和他怎样生产有关。在此意义上,劳动辩证法是对"精神现象学"的"物质赋形",马克思的劳动辩证法不但不是"生产之镜",反而真正打破了"生产之镜"——绝对观念的自鸣得意。而黑格尔所看不到或忽视的地方,正是马克思关注和重视的地方。只不过在《资本论》中,人之非人的生存状态不再以"异化劳动"的术语来表述,而以"雇佣劳动"的术语来揭示。在《资本论》这里,表面上看马克思运用的术语虽有变,但实际上其世界观没有变,马克思依然是19世纪以来最重视和赞美劳动并不懈追求劳动解放的伟大思想家。

马克思在《资本论》中,充分肯定了以斯密为代表的古典政治经济学家高于以往经济学家的地方在于,不再局限于某种具体劳动,而是把一般劳动都看作价值来源的劳动价值论。但古典政治经济学家只是在创造财富的意义上肯定劳动,却在劳动作为人之为人的自由本质方面否定劳动,认为劳动是辛苦和麻烦的事,与自由无关。在马克思看来,资本主义的生产是劳动过程和价值增殖过程的统一,但古典政治经济学只重视价值增殖过程,而不重视劳动过程。可以说,古典政治经济学的劳动价值论,只是解决了价值的来源问题,却无法解决剩余价值的来源问题,由此导致的就是马克思所深刻指明的劳动对资本从形式上到实质上的全面从属。而马克思正是通过提出和区分"劳动的二重性"——理解政治

[①] [匈]卢卡奇:《青年黑格尔》(选译),王玖兴译,商务印书馆1963年版,第85页。

经济学的"枢纽",揭示和论证了劳动而非资本才是剩余价值的真正来源问题,才最终把资本家发财致富的秘密追踪到他剥削工人劳动的诡诈方式上,进而破解了剩余价值之谜和资本之谜。对此,马克思深刻指明:"资本的存在是在社会的经济形态形成上所经历的长期历史过程的结果……对资本的一般概念的这种揭示并没有使资本变成某种永恒观念的化身,而是表明,资本如何在现实中,只是作为必要形式……必然同创造交换价值的劳动,同以交换价值为基础的生产结合在一起。"[1] 在此意义上,完全可以说不是劳动从属于资本,而是资本从属于劳动。为此,马克思强调必须通过带着愉快心情的"联合劳动"来取代"雇佣劳动"——"劳动已经不仅仅是谋生的手段,而且本身成了生活的第一需要……只有在那个时候,才能完全超出资产阶级权利的狭隘眼界"[2],也才能使劳动从形式上和本质上都摆脱对资本的实际从属,最终实现"劳动政治经济学"对"资本政治经济学"的胜利,亦即"劳动辩证法"对"劳动价值论"的胜利。也正是在此意义上,《资本论》的政治经济学"革命"就体现为"剩余价值论"对"劳动价值论"的超越。所以在《资本论》这里,劳动辩证法不再是"关于价值的劳动理论"——价值的劳动来源问题,而是"关于劳动的价值理论"——在劳动的发展中找到打开历史之谜的"锁钥"。在此意义上,《资本论》的辩证法确实是马克思打开世界历史的"一把有魔力的钥匙"(卢森堡语)。

3. 实现了辩证法、逻辑和认识论的"三者一致"

列宁曾天才般地深刻指出:"在《资本论》中,唯物主义的逻辑、辩证法和认识论(不必要三个词:它们是同一个东西)都应用于一门科学。"[3] 在《资本论》这里,"同一个东西"就是与逻辑和认识论相统一的马克思"批判的和革命的"辩证法,而"同一门科学"就是马克思的辩证法所批判的维护资产阶级统治和利益的政治经济学。也就是说,马克思在《资本论》中对资产阶级政治经济学的批判,就是其"唯物主义的逻辑、辩证法和认识论"的展开,而"唯物主义的逻辑、辩证法和认识论"的展开,就是其政治经济学批判的完成,《资本论》的辩证法与唯

---

[1] 《马克思恩格斯全集》第 31 卷,人民出版社 1998 年版,第 398 页。
[2] 《马克思恩格斯选集》第 3 卷,人民出版社 2012 年版,第 365 页。
[3] 《列宁全集》第 55 卷,人民出版社 2017 年版,第 290 页。

物主义的逻辑和认识论是一而三、三而一的"同一过程"。可以说，在黑格尔逻辑学这里，概念（认识）在"存在"（直接的现象）中揭露"本质"（因果、统一、差别等规律）；而在马克思《资本论》这里，辩证法（认识）在"存在"（商品、货币、资本）中揭露"本质"（资本主义社会的经济运动规律）。为此，列宁才深刻指出"辩证法也就是（黑格尔和）马克思主义的认识论"①。在此意义上，《资本论》确实实现了列宁所强调的逻辑、辩证法和认识论的"三者一致"。实际上，列宁所认识到的"三者一致"也就是恩格斯强调的逻辑与历史的统一："逻辑的方式是唯一适用的方式。但是，实际上这种方式无非是历史的方式，不过摆脱了历史的形式以及起扰乱作用的偶然性而已。"② 对此，恩格斯在致康拉德·施密特的信中也提道："即使把马克思的从商品到资本的发展同黑格尔的从存在到本质的发展作一比较，您也会看到一种绝妙的对照：一方面是具体的发展，正如现实中所发生的那样，而另一方面是抽象的结构。"③ 由此可见，恩格斯作为马克思《资本论》研究和写作过程的实际参与者，已经对马克思将"历史"引入政治经济学而实现的辩证法的革命性变革深谙于心了。实际上，作为《资本论》所实现的辩证法革命的"三者一致"和"逻辑与历史相统一"，也就是马克思自己在《1857—1858年经济学手稿》导言指出的"从具体到抽象"和"从抽象到具体"相统一的科学的"政治经济学的方法"，还是其在《资本论》第一卷第二版的跋中强调的"研究方法"和"叙述方法"相统一的"辩证法的合理形态"。所以说，正是在作为一个"艺术的整体"的《资本论》这里，马克思的辩证法才真正得到了——与黑格尔的辩证法完全不同的——与唯物主义的逻辑和认识论相一致的最充分的运用和最完美的实现。

具而言之，《资本论》辩证法的革命带来的"三者一致"，又最为深刻地体现在关于"资本"的概念发展、形态演变和文明进步的"三者一致"方面。在《资本论》的"政治经济学批判"视野里，资本的存在形态实现了从"商品"（作为商品形式的资本）到"货币"（作为货币形式的资本）再到"资本"（作为自我增殖的资本）的转变，而资本本身也

---

① 《列宁全集》第55卷，人民出版社2017年版，第308页。
② 《马克思恩格斯选集》第2卷，人民出版社2012年版，第14页。
③ 《马克思恩格斯〈资本论〉书信集》，人民出版社1976年版，第519页。

实现了从"产业资本"到"商业资本"再到"生息资本"的转变。正是在生息资本阶段，资本的神秘化取得了最显眼的形式，亦即"资本关系取得了它的最表面和最富有拜物教性质的形式"①。所以，资本的本质和内涵已不再仅仅表现为"可感觉的"物，更表现为"超感觉的"关系和权力。正是资本作为"可感觉而又超感觉"的关系和权力，才导致了资本主义社会个人受"抽象"——资本逻辑统治。在这一统治下，资本具有独立性和个性，而现实的个人却失去了独立性和个性。但最为关键的是，马克思看到资本不仅具有时代内涵——以"非神圣形象"出现的作为资本主义社会的神秘化和抽象性统治力量统治个人，更具有深刻的文明内涵——资本的文明面，更有利于生产力的发展和社会财富的创造。因此，资本一出现便标志着人类进入一个新时代。② 在此根本而重要的意义上，《资本论》批判的和革命的辩证法实现了从"资本的文明面"向"高度文明的人"——具有自由个性的世界历史性的个人的转变。可以说，正是在资本的概念发展、形态演变和文明进步"三者一致"的意义上，《资本论》的辩证法又是一种"资本现象学"——历史唯物主义地剥离资本的"现象"（假象）而呈现其真正本质。正是借助于这一"现象学"，马克思才得以把资本主义社会的一切关系都看得清楚而明白——使"隐形者显形"（德里达语）。但古典政治经济学家以及蒲鲁东等人，却只看到作为"政治经济学方法"的辩证法问题的一个方面——单纯逻辑的方面，而看不到问题的实质——逻辑、辩证法和认识论"三者一致"的方面，最终都不自觉地陷入了"政治经济学的形而上学"。

---

① 马克思：《资本论》第3卷，人民出版社2004年版，第440页。
② 马克思：《资本论》第1卷，人民出版社2004年版，第198页。

《资本论》的辩证法"新"在哪里？

关于辩证法，马克思没有写下专门的著作，甚至他一度想写本小册子也没有兑现，但马克思却写出了作为"大写逻辑"的《资本论》，可以说，到《资本论》中去寻找马克思的辩证法是人们的共识。辩证法是《资本论》的灵魂，由于辩证法，"马克思的《资本论》与任何后来的或当时的经济分析著作比起来象是一个巨人"[1]。可以说，辩证法是决定《资本论》不是"政治经济学"而是"政治经济学批判"的关键所在。但关于《资本论》与"辩证法"的关系，大卫·哈维在读《资本论》时提出了如下悖论：要理解马克思的辩证法，你必须阅读《资本论》；反过来，要理解《资本论》，你就必须理解马克思的辩证法。[2] 表面上，《资本论》与辩证法之间是一个"悖论关系"，二者是对立的；实际上，《资本论》与辩证法之间是一个"双生关系"，二者是内在统一的。阅读《资本论》就是理解辩证法，理解辩证法就要阅读《资本论》。反过来，辩证法成就了《资本论》，《资本论》也成就了辩证法。那么，《资本论》对辩证法的构建和推进究竟体现在哪里？或者说《资本论》的辩证法究竟"新"在哪里？这正是本文尝试回答的问题。

一 从"物"到"关系"：《资本论》辩证法的"新起点"

在《资本论》的"政治经济学批判"的视野里，辩证法有三种不同

---

[1] [比利时]欧内斯特·孟德尔：《〈资本论〉新英译本导言》，仇启华、杜章智译，中共中央党校出版社1991年版，第12页。

[2] [美]大卫·哈维：《跟大卫·哈维读〈资本论〉》第一卷，刘英译，上海译文出版社2014年版，第13页。

的起点。其一是"可感觉的物"——简单的人口,这是以斯密和李嘉图为代表的古典政治经济学的实证主义辩证法的起点。古典政治经济学总是从人口、民族、国家等一些所谓"生动的整体"开始,似乎是正确的。但实际上,这些生动的整体如果缺乏阶级、雇佣劳动、资本等的具体规定性,就只是"关于整体的一个混沌的表象"①。以此为出发点,辩证法就变成了实例的总和或纯粹表象的集合,而难以把握表象背后的实质。马克思强调这条道路是经济学在它产生时期在历史上走过的道路。其二是"超感觉的物"——无人身的理性,这是以黑格尔为代表的"概念辩证法"的起点。正如黑格尔自己所言,"逻辑学是以纯粹思想或纯粹思维形式为研究对象"②。也就是说,黑格尔的辩证法是以抽象的概念、思维和逻辑为对象和出发点,辩证法就是思维逻辑的自我运动和自我发展,是围绕着概念在不停息地旋转——"正—反—合"的圆圈式运动。在此意义上,黑格尔的概念自我运动的辩证法在思维领域完成和实现了在现实领域里无法达到的圆满,最终实现了概念的自我驯服。对此,马克思一针见血地指出:"黑格尔陷入幻觉,把实在理解为自我综合、自我深化和自我运动的思维的结果。"③ 黑格尔的概念辩证法变成了"纯粹的概念神话"(卢卡奇语)。由此可见,古典政治经济学与古典哲学分享着共同的逻辑出发点和思想前提——"抽象",只不过前者是抽象的"物",后者是抽象的"概念"。也就是说,古典政治经济学和古典哲学的共同缺陷在于不理解"抽象"的实质:"抽象或观念,无非是那些统治个人的物质关系的理论表现。"④

在此基础上,马克思强调自己《资本论》的辩证法的"新起点"既不是作为"可感觉物"的简单的人口,也不是作为"超感觉物"的无人身的理性,而是"可感觉而又超感觉的物"——"商品"。在《资本论》第一卷的开篇,马克思就指出,资本主义生产方式占统治地位的社会的"财富",表现为"庞大的商品堆积",单个的商品表现为这种财富的元素形式,因此,我们的研究就从"分析商品开始"⑤。在《资本论》的视野

---

① 《马克思恩格斯全集》第 30 卷,人民出版社 1995 年版,第 41 页。
② [德] 黑格尔:《小逻辑》,贺麟译,商务印书馆 1996 年版,第 83 页。
③ 《马克思恩格斯全集》第 30 卷,人民出版社 1995 年版,第 42 页。
④ 《马克思恩格斯全集》第 30 卷,人民出版社 1995 年版,第 114 页。
⑤ 马克思:《资本论》第 1 卷,人民出版社 2004 年版,第 47 页。

里,作为辩证法的新起点的"商品",已不再是一种简单的"物",而是蕴含着一种更深层的"关系"。在《资本论》第一卷中,马克思就以木头做成桌子为喻来深刻而形象地阐明了从"分析商品开始"的独特性和必要性。木头做成的桌子本来就是一种极其普通的"劳动产品",而一旦作为在市场上交换的"商品"出现,就会充满了"形而上学的微妙"和"神学的怪诞",因而具有了"谜一般的性质"。也就是说,在资本主义生产关系中,商品已不仅仅是单纯的"物",而是物与物背后人与人之间的"社会关系",它是超越一切宗教、政治、民族和语言的限制的,人与人之间的一切关系都淹没在商品化的交换关系之中,"商品化"成为资本主义的"结构趋势"。① 在商品的这一"结构趋势"的力量和作用下,商品所有者也就是世界的主宰者,人们彼此间的真实的社会关系最初不过是他们作为商品所有者的关系。在价值规律主宰的资本主义的商品交换过程中,表面平等的商品交换关系掩盖的却是不平等的非人化的奴役、压迫和剥削关系。人与人之间的不平等关系颠倒为物与物之间的平等关系,由此导致在资本主义社会中,"人们作为商品交换者彼此之间的相互关系就采取了物与物之间关系的形式,仿佛后者自身有着奇妙的特性,并使它们具有价值,或者仿佛价值似乎也成为商品自然的、物理的属性"②。资本家与工人之间的不平等关系被商品的平等交换给抹平了,而这又导致不仅是作为商品占有者的资本家,就连出卖自己劳动力的雇佣劳动者,也都不重视"劳动"而重视"商品":"劳动产品被货币形式所占用这种事实产生了一个幻觉:货币或黄金是固有的、天生的财富之源。"人们不但不尊重生产商品的劳动,反而顶礼膜拜劳动的产物——商品及其货币表现——金钱。在此意义上,人与人之间的关系都被商品化和物化了,人的世界变成了商品的世界。正是商品的世界及其完成形式——货币形式,"用物的形式掩盖了私人劳动的社会性质以及私人劳动者的社会关系,而不是把它们揭示出来"③。由此导致这个社会关系借以伪装成物与物之间联系的过程是人们不能认识我们生活于其中的社会的根本原因。对此原因,古典政治经济学家和古典哲学家要么意识不到,要么语焉不

---

① [美]詹姆逊:《辩证法的效价》,余莉译,中国社会科学出版社2014年版,第345页。
② [波]科拉科夫斯基:《马克思主义的主要流派》第一卷,唐少杰等译,黑龙江大学出版社2015年版,第280页。
③ 马克思:《资本论》第1卷,人民出版社2004年版,第93页。

详。而通过"政治经济学批判"揭示出物与物背后的人与人之间真实的社会关系,却正是《资本论》辩证法的"新起点"。

对《资本论》辩证法的"新起点"的独特性和伟大意义,马克思自己是有着充分的理论自觉的。早在1847年的《雇佣劳动与资本》中,马克思就明确指出:"黑人就是黑人。只有在一定的关系下,他才成为奴隶。纺纱机是纺棉花的机器。只有在一定的关系下,它才成为资本。脱离了这种关系,它也就不是资本了,就像黄金本身并不是货币,砂糖并不是砂糖的价格一样。"① 在这里,马克思其实已明确意识到要在具体的社会关系中揭示、分析和把握政治经济学所要研究的对象,而不是要么像古典政治经济学家那样陷入具体事物中不能自拔,要么像古典哲学家那样又以超出具体事物而自我满足。即便是在晚年"最后的政治经济学批判"——《评瓦格纳的"政治经济学教科书"》中,马克思还特别强调自己在《资本论》中对商品、货币、资本、价值、劳动、利润、剩余价值等关键概念的分析和研究,都是从分析一定的经济结构和社会关系得出的,而不是从空谈这些概念和词汇得出的。② 也就是说,马克思不同于古典经济学家和古典哲学家的根本点在于,他不是以要研究和分析的对象及其概念为出发点,就对象谈对象或就概念谈概念,而是以分析和研究这些对象及其概念的现实社会关系来说明对象的性质和特点。对《资本论》辩证法"新起点"的实质和意义,恩格斯也曾有过深刻的认同和赞扬:"经济学研究的不是物,而是人和人之间的关系,归根到底是阶级和阶级之间的关系;可是这些关系总是同物结合着,并且作为物出现。诚然,这个或那个经济学家在个别场合也曾觉察到这种联系,而马克思第一次揭示出这种联系对于整个经济学的意义,从而使最难的问题变得如此简单明了,甚至资产阶级经济学家现在也能理解了。"③ 为此,列宁也强调《资本论》辩证法的高明之处在于,马克思总是在经济学家看到物的地方,看到人与人之间的关系。

在古典政治经济学和古典哲学这里,辩证法的起点不论是"具体的物"还是"抽象的物",它们表面差别的背后却是一种深刻的一致,都是

---

① 《马克思恩格斯文集》第1卷,人民出版社2009年版,第723页。
② 《马克思恩格斯全集》第19卷,人民出版社1963年版,第414页。
③ 《马克思恩格斯文集》第2卷,人民出版社2009年版,第604页。

一种"实体性思维"。而在《资本论》的辩证法这里,其"新起点"不再是作为某种物或概念的实体,而是实体背后的关系,辩证法体现的是一种"关系性思维"。马克思在《资本论》第一卷的序言中强调的既不是"显微镜",也不是"化学试剂",而是"抽象力"的辩证法,本质上就是一种"内在关系"的辩证法。正是借助于这一"内在关系"的辩证法,《资本论》才在人类历史上第一次科学解答了资本与劳动的关系,亦即科学解答了资本主义与共产主义的关系。在此意义上,我们完全可以说《资本论》就是马克思的"双城记"。① 正是通过揭示物与物背后的人与人之间的社会关系,《资本论》的辩证法才得以把资本主义社会现存的一切看得清楚明白,从而对其进行了最无情的批判。可以说,《资本论》辩证法起点的更新,必然意味着辩证法本质的更新。

二 从"非批判的"到"批判的和革命的":《资本论》辩证法的"新本质"

在古典政治经济学这里,其分析和论证国民财富的性质和原因的方法,是马克思所批评的"非批判的实证主义":"经济学家们都把分工、信用、货币等资产阶级生产关系说成是固定的、不变的、永恒的范畴。"② 也就是说,古典经济学家是在用经济范畴的永恒性和普遍性来说明和论证资本主义生产方式和社会制度的现实性和合理性。即便是古典政治经济学的"最后的伟大的代表李嘉图,终于有意识地把阶级利益的对立、工资和利润的对立、利润和地租的对立当作他的研究的出发点",但由于"他天真地把这种对立看作社会的自然规律",③ 而不是看作社会的历史规律,最后也必然陷入了马克思所批评的"政治经济学的形而上学"。因此,"资产阶级关系就被乘机当作社会一般的颠扑不破的自然规律偷偷地塞了进来"④。这样,资产阶级关系就在古典政治经济学这里获得了它永

---

① [美]奥尔曼:《辩证法的舞蹈——马克思方法的步骤》,田世锭、何霜梅译,高等教育出版社2006年版,第1页。
② 《马克思恩格斯文集》第1卷,人民出版社2009年版,第598页。
③ 马克思:《资本论》第1卷,人民出版社2004年版,第16页。
④ 《马克思恩格斯全集》第30卷,人民出版社1995年版,第28页。

恒性、合法性的外衣。实际上，资产阶级关系只是历史发展的一定阶段的社会关系，而不是永恒的自然关系；政治经济学是"历史的科学"，而绝不是"供给我们牛奶的奶牛"（恩格斯语）。

以黑格尔为代表的古典哲学的辩证法，在概念的自我运动中理解和把握世界，把现存的一切事物都看作绝对观念自我运动过程中的具体环节和外在表现，从而实现了对世界及其历史的抽象的、逻辑的和概念的表达，辩证法也因此成了脱离具体内容的任意套用的"刻板公式"。对此，恩格斯曾深刻指出："官方的黑格尔学派从老师的辩证法中只学会搬弄最简单的技巧，拿来到处应用，而且常常笨拙得可笑。对他们来说，黑格尔的全部遗产不过是可以用来套在任何论题上的刻板公式，不过是可以用来在缺乏思想和实证知识的时候及时搪塞一下的词汇语录。"① 在这里，辩证法成了脱离实体内容的"概念游戏"或"刻板公式"，辩证法能够解释一切却不能改变一切。在这一意义上，马克思强调黑格尔的逻辑学只是"精神的货币"，而绝不是"现实的货币"。辩证法成了马克思所批评的"非批判的唯心主义"。对德国古典哲学辩证法的这一"非批判的"本质，卢卡奇也有着深刻的指认：黑格尔"本来要在思想上打碎形式理性主义的（资产阶级的、物化的）思想的局限性，并因而在思想上重建被物化消灭了的人，但在这种表面现象中，它的全部尝试都化为乌有"，其结果"只是达到了对资产阶级社会的完全思想上的再现和先验的推演"②。也就是说，黑格尔辩证法的批判的内容被其非批判的外表给扼杀了。在此意义上，德国古典哲学的辩证法充其量也只能算是一种作为"理性的狡计"的"非批判的唯心主义"（马克思语）或"革命的代数学"（赫尔岑语）。

马克思虽没有写出关于辩证法的专著，但关于辩证法的本质，他却在《资本论》第一卷第二版的跋中有着明确的指认："辩证法，在其合理形态上，引起资产阶级及其空论主义的代言人的恼怒和恐怖，因为辩证法在对现存事物的肯定的理解中同时包含着对现存事物的否定的理解，即对现存事物的必然灭亡的理解；辩证法对每一种既成的形式都是从不断的运动中，因而也是从它的暂时性方面去理解；辩证法不崇拜任何东

---

① 《马克思恩格斯文集》第 2 卷，人民出版社 2009 年版，第 600 页。
② ［匈］卢卡奇：《历史与阶级意识》，杜章智等译，商务印书馆 1996 年版，第 227 页。

西，按其本质来说，它是批判的和革命的。"① 可以说，《资本论》辩证法"批判的和革命的"本质，正是在揭示物与物背后人与人之间的社会关系中具体展开的。对《资本论》辩证法的这一"批判的和革命的"本质，在为《资本论》第一卷所写的书评中，恩格斯曾明确强调，"在这本书中特别引起我们注目的是下面这一点：作者不是像通常所做的那样，把政治经济学的原理看做永远有效的真理，而是看做一定历史发展的结果"②。也就是说，研究政治经济学的方法绝不是像数学方法一样是抽象的和普遍的科学，能够在任何情况下适应于任何命题，而是历史的、发展的和联系的科学。正是由于马克思"在政治经济学领域中也发现了历史的联系"（恩格斯语），《资本论》的辩证法才从不断的运动中，实现了"对现存事物的肯定的理解中同时包含着对现存事物的否定的理解"，辩证法也才成了"批判的和革命的"。

作为"政治经济学批判"，《资本论》辩证法"批判的和革命的"本质主要表现在"拜物教"批判和资本主义生产方式的变革。在《资本论》第一卷中，马克思明确追问：劳动产品一旦采取商品形式就具有"谜一般"的性质，究竟是从哪里来的呢？对此，作为"非批判的唯心主义"的古典哲学和"非批判的实证主义"的古典经济学都没能也无法揭示出来，而只有马克思《资本论》的"辩证法"，通过对资本主义的生产方式以及与其相适应的生产关系和交换关系的深入剖析，才发现"商品形式的奥秘不过在于：商品形式在人们面前把人们本身劳动的社会性质反映成劳动产品本身的物的性质，反映成这些物的天然的社会属性，从而把生产者同总劳动的社会关系反映成存在于生产者之外的物与物之间的社会关系。由于这种转换，劳动产品成了商品，成了可感觉而又超感觉的物或社会的物。……商品形式和它借以得到表现的劳动产品的价值关系，是同劳动产品的物理性质以及由此产生的物的关系完全无关的。这只是人们自己的一定的社会关系，但它在人们面前采取了物与物的关系的虚幻形式。因此，要找一个比喻，我们就得逃到宗教世界的幻境中去。在那里，人脑的产物表现为赋有生命的、彼此发生关系并同人发生关系的独立存在的东西。在商品世界里，人手的产物也是这样。我把这叫作拜

---

① 马克思：《资本论》第 1 卷，人民出版社 2004 年版，第 22 页。
② 《马克思恩格斯全集》第 16 卷，人民出版社 1964 年版，第 244 页。

物教。劳动产品一旦作为商品来生产，就带上拜物教性质，因此拜物教是同商品生产分不开的"①。应该说，"商品拜物教"是资本主义社会的最大秘密，它是资本主义社会的"存在维度"和"客观表现"。可以说，对资本主义社会的本质及其运转规律的剖析和批判，要是离开"拜物教"是不可想象的，商品拜物教掌握着打开当前资本主义的事物图式中"实践政治的钥匙"②。但在马克思看来，古典政治经济学家和古典哲学家共同忽视的就是商品经济所具有的"拜物教"——神学的和形而上学的性质，而《资本论》的辩证法却在商品经济中发现了——商品、货币和资本拜物教——现世的宗教，特别是"在生息资本上，资本关系取得了它的最表面和最富有拜物教性质的形式"③。也就是说，只有资本从"生产资本"到"商业资本"再发展到"生息资本"的阶段，资本才变成了"自动的物神"（马克思语）。在这里，"资本的物神形态和资本物神的观念已经完成"，"货币或商品具有独立于再生产之外而增殖本身价值的能力，——资本的神秘化取得了最显眼的形式"④。因而"拜物教"也随之达到了其最高和最完满的形态。可以说，《资本论》的拜物教批判就是青年马克思宗教批判在经济学领域的继续。在实质性意义上，拜物教批判也是对资本主义的意识形态的最为彻底的批判。因此，《资本论》的"政治经济学批判"既是"德意志意识形态批判"，也是"法兰西意识形态批判"，还是"黑格尔法哲学批判"。

但《资本论》通过其"批判的和革命的"辩证法发现，拜物教的秘密和根源并不在商品的交换领域，而在商品的生产领域，因而只有通过生产方式的变革，彻底消灭资本主义私有制，才能真正消除拜物教。《资本论》的辩证法所展开的生产方式批判和变革，绝不是像空想社会主义者或改良主义者那样，仅仅改变生产关系的"内部分配"，而不改变生产关系本身。也就是说，《资本论》的革命绝不是仅仅把财产权从一个阶级交给另一个阶级，却不改变这种财产权的性质，而是彻底消灭资产阶级所有权——资本主义私有制，重建"个人所有制"："资本主义的私有制，是对个人的、以自己劳动为基础的私有制的第一个否定。但资本主义生

---

① 马克思：《资本论》第 1 卷，人民出版社 2004 年版，第 89—90 页。
② ［美］詹姆逊：《辩证法的效价》，余莉译，中国社会科学出版社 2014 年版，第 382 页。
③ 马克思：《资本论》第 3 卷，人民出版社 2004 年版，第 440 页。
④ 马克思：《资本论》第 3 卷，人民出版社 2004 年版，第 442 页。

产由于自然过程的必然性，造成了对自身的否定。这种否定不是重新建立私有制，而是在资本主义时代的成就的基础上，也就是说，在协作和对土地及靠劳动本身生产的生产资料的共同占有的基础上，重新建立个人所有制。"①这种在资本主义私有制基础上的重建个人所有制，实际上就是对古典经济学的"三大拜物教"和黑格尔概念辩证法之"神秘形式"的"否定之否定"的"生产方式破译"。正是这一"破译"，才使无产阶级第一次意识到自身的地位和需要，唤醒无产阶级联合起来为推翻资本主义、建立共产主义——实现社会基本结构的更新而斗争。所以说，"辩证法不能存在于为未来社会而进行的实际斗争之外"②。作为"在批判旧世界中发现新世界"的《资本论》，其"批判的和革命的"辩证法本质上就是"批判的实证主义"，正是它把辩证法的批判性和革命性落到了实处。为此，恩格斯在为《资本论》第一卷写的评论中强调：马克思高于古典经济学家和古典哲学家的伟大之处在于，"他没有一个地方以事实去迁就自己的理论"③。正是在此基础上，《资本论》才实现了资本与劳动关系的"颠倒"和创建了辩证法的"新范式"。

三 从"资本政治经济学"到"劳动政治经济学"：《资本论》辩证法的"新范式"

古典政治经济学的"实证主义"的辩证法和古典哲学的"神秘形式"的辩证法，一个注重经济事实的分析，一个注重概念逻辑的推演，在表面不同的背后，实际上蕴含着深刻的一致性，那就是二者都是通过借助概念、范畴的普遍性和永恒性，来论证资本主义现实的普遍性和永恒性。在此意义上，古典经济学家和古典哲学家分别在经济领域和哲学领域论证和实现了所谓的"历史的终结"，亦即论证了以资产阶级所有权为基础的资本主义私有制的非历史性和超历史性，这实际上也意味着论证了以雇佣劳动为基础的"资本政治经济学"的非历史性和超历史性。在这里，

---

① 马克思：《资本论》第 1 卷，人民出版社 2004 年版，第 874 页。
② [波] 科拉科夫斯基：《马克思主义的主要流派》第一卷，唐少杰等译，黑龙江大学出版社 2015 年版，第 330 页。
③ 《马克思恩格斯全集》第 16 卷，人民出版社 1964 年版，第 257 页。

不管是实证主义的资本辩证法还是思辨的概念辩证法，都是一种"实体性"的辩证法，都是一种实在主体的自我运动的辩证法，也不管这一实在主体是"资本"还是"精神"。而《资本论》的作为以探讨和变革物与物背后人与人之间关系的"批判的和革命的"辩证法，却是一种打破实体的自鸣得意的"劳动辩证法"。这一"劳动辩证法"的具体表现，实际上就是从"资本政治经济学"到"劳动政治经济学"的辩证法"新范式"的确立。

在根本而重要的意义上，马克思《资本论》的"批判的和革命的"辩证法追踪和分析资本主义的历史和现实，走的既不是古典哲学的精神分析路线，也不是古典经济学的财产所有权路线，而是"在批判旧世界中发现新世界"的劳动解放路线。正是这一路线，开辟和建构了从"资本政治经济学"到"劳动政治经济学"的辩证法的"新范式"。在马克思看来，作为揭示国民财富的性质和原因的古典政治经济学的理论基础的"劳动价值论"，虽然表明财富的真正源泉在于劳动，但这也只是资本主义经济活动的纯粹的"理想类型"，还只是在劳动创造财富的抽象意义上把雇佣劳动制是天然合理的，而看不到劳动的否定性的一面和真正解放的力量。也就是说，古典政治经济学只知"劳动价值论"，而不知"劳动辩证法"。因此，马克思强调要以"劳动辩证法"超越"劳动价值论"，亦即以"劳动的政治经济学"取代"资本的政治经济学"。在《资本论》"政治经济学批判"的视野里，"资本与劳动的关系"是全部现代社会体系围绕旋转的"轴心"。资本与劳动对立本身的解决，不是借助于精神或资本的力量，而是通过"政治经济学批判"，借助于劳动本身的力量才是可行的。在答《世界报》的记者时，马克思就深刻指出：要是我们把我们的战术建立在譬如说穆勒的政治经济学的基础上，很难期望我们能在反对资本的战争中取得胜利，因为穆勒描述了劳动与资本之间的一种关系，我们希望表明，可以建立"另一种关系"。[①] 在此意义上，马克思的"劳动的政治经济学"不可能是建立在穆勒的资本对劳动的统治和支配关系——劳动对资本的从属——的基础上的，而是建立在"另一种关系"——资本对劳动的从属关系的基础上的，而这正是《资本论》的"批判的和革命的"辩证法所做的。在《资本论》中，劳动辩证法的

---

① 《马克思恩格斯全集》第 17 卷，人民出版社 1963 年版，第 685 页。

批判性和解放性力量主要体现在"劳动二重性"和"劳动力成为商品"的发现方面。正是在此基础上，马克思在经济学历史上第一次科学地揭示了剩余价值的真正来源，进而揭开了资本自我增殖的秘密。在此意义上，马克思"劳动的政治经济学"既推翻了古典经济学资本对劳动的绝对支配权，又打破了资本"自我增殖的神话"，同时还给黑格尔概念自我运动的"神秘形式"的辩证法加上了具体的"阶级"和"生产"内容，从而在追求着自己目的的人的劳动中真正打破了"资本的神话"和"辩证法的神话"。

在资本主义社会里，劳动作为塑型的"活火"，是劳动过程与价值增殖过程的统一。正是由于有了活劳动，死的生产资料才具有了新使用价值并获得增殖："它们被劳动的火焰笼罩着，被劳动当做自己的躯体加以同化，被赋予活力以在劳动过程中执行与它们的概念和使命相适合的职能，它们虽然被消费掉，然而是有目的地，作为形成新使用价值，新产品的要素被消费掉，而这些新使用价值，新产品或者可以作为生活资料进入个人消费领域，或者可以作为生产资料进入新的劳动过程。"① 但令人遗憾的是，工人阶级靠出卖劳动力而付出艰辛劳动创造的价值，却并未被工人阶级自己所获得，反而被不劳动的资产阶级无偿占有。通过对资本主义现存的一切的无情批判，马克思揭示出工人阶级并没有也不可能得到他们劳动产品的全部价值——这个原理"像红线一样"贯穿着《资本论》的全书。对此，恩格斯在为《资本论》所写的评论中强调："这部50印章的学术著作，其目的是为了证明：我们的银行家、商人、工厂主和大土地占有者的全部资本，不外是工人阶级的积累起来的无偿劳动！"② 既然资产阶级全部积累起来的"资本"不外是工人阶级的"无偿劳动"，那么显然全部"资本"都应该归还给"劳动者"，而不是为资本家所有。当然，资本家绝不会良心发现，自己主动把作为"无偿劳动"的资本交还给工人阶级，而是必须通过工人阶级自己的联合来夺回自己的劳动果实。为此，在《国际工人协会成立宣言》中，马克思就主张和呼吁建立以"联合劳动"为基础的"劳动的政治经济学"取代以"雇佣劳动"为基础的"资本的政治经济学"。"资本的政治经济学"也就是资

---

① 马克思：《资本论》第1卷，人民出版社2004年版，第214页。
② 《马克思恩格斯全集》第16卷，人民出版社1964年版，第241页。

产阶级政治经济学,它受供求规律的盲目统治;"劳动的政治经济学"也就是工人阶级政治经济学,它由社会认识和社会预见指导社会生产。在此意义上,马克思强调工人自己的"合作工厂"就是"劳动的政治经济学"对"资本的政治经济学"的巨大胜利。"为了有效地进行生产,劳动工具不应当被垄断起来作为统治和掠夺工人的工具;雇佣劳动,也像奴隶劳动和农奴劳动一样,只是一种暂时的和低级的形式,它注定要让位于带着兴奋愉快心情自愿进行的联合劳动。"① 在后来的《资本论》第3卷中,马克思继续主张和强调"资本的政治经济学"向"劳动的政治经济学"的转变:工人自己的"合作工厂"和资本主义的"股份企业",都是"由资本主义生产方式转化为联合的生产方式的过渡形式"。② 作为资本主义社会体系旋转的轴心的资本和劳动之间的对立在这种工厂内已经被扬弃,只不过在前者那里,对立是积极的扬弃;在后者那里,对立是消极的扬弃。在马克思这里,"劳动的政治经济学"取代"资本的政治经济学"的最终目的就是废除雇佣劳动制,实现劳动彻底解放。

对以"资本政治经济学"为代表的实证主义的辩证法,在马克思之前的空想社会主义者,也认识到其借助商品、货币和资本的权力而实现的对人的宰制,并展开了激烈的批判。但是,由于"他们始终是李嘉图主义经济范畴的囚徒"③,所以,空想社会主义者无法突破古典经济学实体主义概念的铁笼,他们的批判也只是外在于"资本政治经济学"的口舌之快,并不能阐明资本与劳动的真实关系,因而也只能是寸步难行。而真正对以雇佣劳动为基础的"资本政治经济学"的批判做出贡献的,正是《资本论》的"劳动辩证法"。在"劳动辩证法"的视野里,"资本的政治经济学"是以雇佣劳动为基础的,而"劳动的政治经济学"是以自由劳动为基础的。因此,"劳动的政治经济学"取代"资本的政治经济学",也就是"自由劳动"取代"雇佣劳动"的过程。在这一过程中,"劳动已经不仅仅是谋生的手段,而且本身成了生活的第一需要……只有在那个时候,才能完全超出资产阶级权利的狭隘眼界"④,也才能彻底废

---

① 《马克思恩格斯文集》第3卷,人民出版社2009年版,第12—13页。
② 马克思:《资本论》第3卷,人民出版社2004年版,第499页。
③ [美]杜娜叶夫斯卡娅:《马克思主义与自由》,傅小平译,辽宁教育出版社1998年版,第89页。
④ 《马克思恩格斯文集》第3卷,人民出版社2009年版,第435—436页。

除雇佣劳动制。正如恩格斯所指出的：在《资本论》出现以后，"已不可能把奴隶劳动、农奴劳动和自由的雇佣劳动在经济上等量齐观了"[①]。也就是说，正是《资本论》的"劳动政治经济学"才突破了资产阶级及其代言人和辩护士把雇佣劳动与奴隶劳动和农奴劳动一样看作自然的和永恒的自我言说，从而为废除雇佣劳动奠立了基础。而在废除雇佣劳动之后，"生产劳动给每一个人提供全面发展和表现自己的全部能力即体能和智能的机会，这样，生产劳动就不再是奴役人的手段，而成了解放人的手段，因此，生产劳动就从一种负担变成一种快乐"[②]。在此意义上，只有《资本论》的"劳动政治经济学"才深入到了劳动的本质中，才使历史上长期被人蔑视的劳动真正成为人之为人的自由自觉活动的本质。可以说，《资本论》的"劳动政治经济学"开辟了一条人通过劳动而获得自由解放的现实性道路。由此，《资本论》才是历史上对劳动的最大赞美，马克思也才成了19世纪唯一叙说了"劳动解放的思想家"（阿伦特语）。

总之，正是在"劳动政治经济学"的构建中，《资本论》之"批判的和革命的"辩证法，才获得了其最新形态和完全的意义，其作为不同于以往辩证法的"新范式"也才最终得以确立，《资本论》就是马克思的"新辩证法"。这种"新辩证法"不仅是自由资本主义的"解剖者"，更是全球资本主义的"牛虻"和未来共产主义的"助产婆"。

---

① 《马克思恩格斯全集》第16卷，人民出版社1964年版，第245页。
② 《马克思恩格斯文集》第9卷，人民出版社2009年版，第311页。

《资本论》：马克思的"空间辩证法"

空间问题是西方马克思主义和当代批判社会理论关注的核心问题。他们大都认为马克思的历史唯物主义缺少或弱化了空间问题，如哈维批评马克思"未能在自己的思想里建立起一种具有系统性和明显地具有地理和空间的观点，这因此破坏了他的政治视野和理论"①。而苏贾则直接把马克思主义定位为"一种去空间化的历史决定论"②。他们主张以空间化的"历史地理唯物主义"来弥补和提升马克思的"历史唯物主义"。实际上，在马克思的《资本论》等诸多著作中都有其独特而丰富的空间理论，马克思就是从时间—空间的角度分析和解剖资本主义社会的。《资本论》不仅是"政治经济学批判"——资本辩证法，而且是"空间政治经济学批判"——空间辩证法。《资本论》打开了马克思历史唯物主义的"希望空间"。

一 劳动："价值增殖过程"与"协作生产"的空间

按照恩格斯的看法，"资本和劳动的关系"，是"全部现代社会体系所围绕旋转的轴心"，而这种关系正是在马克思"毕生的伟大著作"《资本论》中透过其"时—空"一体的"抽象力""第一次得到了科学的说明"，所以《资本论》才能"把现代社会关系的全部领域看得明白而清楚"③。在此基础上，马克思在《资本论》中虽然没有专门论述其空间理论，但却通过对劳动、资本和时间等这些最基本概念的具体阐发，表达

---

① ［美］苏贾：《后现代地理学》，王文斌译，商务印书馆2004年版，第100页。
② ［美］苏贾：《后现代地理学》，王文斌译，商务印书馆2004年版，第6页。
③ 《马克思恩格斯文集》第3卷，人民出版社2009年版，第79页。

了其深刻的空间观点。

在资本主义条件下，劳动过程既是"价值形成过程"，又是"价值增殖过程"。但资本家追求和看重的却主要是价值增殖过程，亦即获取剩余价值的过程。如果我们把价值形成过程和价值增殖过程比较一下，就会发现：价值增殖过程不外是超过了一定点而延长了的价值形成过程，如果价值形成过程超过这一点而持续下去，那就成为价值增殖过程。也就是说，在资本主义社会里，价值增殖空间的扩大，是通过价值形成时间的延长而获得的。而只有在价值增殖过程中，资本家才能获取剩余价值，获得继续生产的动力。资本主义劳动过程中的一切要素，都要服务和服从于价值增殖的生产。当资本家把货币转化为商品，使商品充当新产品的物质形成要素或劳动过程的因素时，当他把活的劳动力同这些商品的死的对象性合并在一起时，他就把价值，把过去的、对象化的、死的劳动转化为资本，转化为自行增殖的价值，转化为一个"有灵性的怪物"，它用"好像害了相思病"的劲头开始去"劳动"[1]。因此，在资本主义条件下，价值增殖都只来源于工人阶级的活劳动，来源于活劳动在量上的剩余，来源于活劳动过程的持续时间的延长。而正是这种活劳动持续时间的延长，才创造和扩大了价值增殖的空间。在这里，资本主义社会化大生产条件下的劳动实现了"以时间换空间"——通过劳动时间的延长而获得了价值增殖——绝对剩余价值的无限空间。

马克思的《资本论》，直接继承和发展了古典经济学的劳动价值论，认为正是工人阶级的劳动——"协作生产"实现了资本主义生产的目的和旨趣——资本的无限增殖。在此意义上，工人阶级的活劳动提供和开辟了资本增殖的无限空间。"资本主义生产实际上是在同一个资本同时雇用人数较多的工人，因而劳动过程扩大了自己的规模并提供了较大量的产品的时候才开始的。人数较多的工人在同一时间、同一空间（或者说同一劳动场所），为了生产同种商品，在同一资本家的指挥下工作，这在历史上和概念上都是资本主义生产的起点。"[2] 所以说，从资本主义生产的起点来看，就已具有了空间的性质，就是一种"空间生产"。而这一空间生产主要是通过组织工人"协作生产"的"空间布局"和"空间调

---

[1] 马克思：《资本论》第 1 卷，人民出版社 2004 年版，第 227 页。
[2] 马克思：《资本论》第 1 卷，人民出版社 2004 年版，第 374 页。

控"实现的。由于"工场手工业把原来分散的手工业结合在一起,它就缩短了制品的各个特殊生产阶段之间的空间距离。制品从一个阶段转移到另一个阶段所需要的时间减少了,同样,用在这种转移上的劳动也减少了"①。这样,"不同的阶段过程由时间上的顺序进行转化为空间上的并存"②。在此基础上,马克思认为资本主义是通过协作生产来实现"以空间换时间",进而提高生产效益的:"许多互相补充的劳动者做同一或同种工作,是因为这种最简单的共同劳动的形式即使在最发达的协作形态中也起着重大作用。……只要有大量的人共同劳动,就可以把不同的操作分给不同的人,因而可以同时进行这些操作,这样,就可以缩短制造总产品所必要的劳动时间。"③ 由此可见,一方面,协作生产可以通过缩短各生产阶段的空间距离而扩大整个劳动的空间范围;另一方面,协作生产也可以与生产规模扩大相比相对地缩小劳动空间范围。在劳动的作用范围扩大的同时劳动空间范围的这种缩小,会大大节约非生产费用。这种劳动空间的相对缩小是由劳动者的集合、不同劳动过程的靠拢和生产资料的积聚造成的。资本主义正是通过这种协作生产来实现"以空间换时间",为资本家获取资本增殖——相对剩余价值创造了最基本的空间条件。在此意义上,哈维称"空间生产"和"空间布局"已成为了马克思《资本论》——"政治经济学批判"的核心因素④。

但资本主义条件下的劳动具有"两面性":在造成人的全面异化的同时,又为人的全面发展创造条件。也就是说,资本主义条件下的工人劳动,在为资本家提供价值增殖空间的同时,也为自己的自由发展创造着新的空间。"全面发展的个人——他们的社会关系作为他们自己的共同的关系,也是服从于他们自己的共同的控制的——不是自然的产物,而是历史的产物。要使这种个性成为可能,能力的发展就要达到一定的程度和全面性,这正是以建立在交换价值基础上的生产为前提的,这种生产才在产生出个人同自己和同别人相异化的普遍性的同时,也产生出个人关系和个人能力的普遍性和全面性。"⑤ 对此,马克思主张通过建立"合

---

① 马克思:《资本论》第1卷,人民出版社2004年版,第398—399页。
② 马克思:《资本论》第1卷,人民出版社2004年版,第399页。
③ 马克思:《资本论》第1卷,人民出版社2004年版,第380页。
④ [美]苏贾:《后现代地理学》,王文斌译,商务印书馆2004年版,第101页。
⑤ 《马克思恩格斯全集》第30卷,人民出版社1995年版,第112页。

作社"来实现这种"全面生产":"如果联合起来的合作社按照共同的计划调节全国生产,从而控制全国生产,结束无时不在的无政府状态和周期性的动荡这样一些资本主义生产难以逃脱的劫难,那么,请问诸位先生,这不是共产主义,'可能的'共产主义,又是什么呢?"① 在此意义上,这种"合作社"正是共产主义的"可能空间"。而在《资本论》中,马克思又把合作工厂与股份企业放在一起给予了高度评价:"资本主义的股份企业,也和合作工厂一样,应当被看作是由资本主义生产方式转化为联合的生产方式的过渡形式,只不过在前者那里,对立是消极地扬弃的,而在后者那里,对立是积极地扬弃的。"也因此,马克思又强调"工人自己的合作工厂,是在旧形式内对旧形式打开的第一个缺口",因为"资本和劳动之间的对立在这种工厂内已经被扬弃"②。对马克思来说,未来的合作工厂——资本主义之外的生产空间,应该被看作生产、建构主体的空间,即培育自由而全面发展的个人的空间。而这种对资本主义"生产空间"的扬弃,实际上就是:"资本主义的私有制,是对个人的、以自己劳动为基础的私有制的第一个否定。但资本主义生产由于自然过程的必然性,造成了对自身的否定。这是否定的否定。这种否定不是重新建立私有制,而是在资本主义时代的成就的基础上,也就是说,在协作和对土地及靠劳动本身生产的生产资料的共同占有的基础上,重新建立个人所有制。"③ 而只有在这种重建的个人所有制基础上,我们才能够建立一个"每个人自由全面发展"的"自由人的联合体"——共产主义这一"希望的空间"才能真正实现。

二 资本:"资本的文明面"与"个人受抽象统治"的空间

"资本"是马克思《资本论》最为关注的核心,"资本之谜"的解答就是"历史之谜"的解答。在《资本论》中,马克思通过"时—空"一

---

① 《马克思恩格斯文集》第3卷,人民出版社2009年版,第159页。
② 马克思:《资本论》第3卷,人民出版社2004年版,第499页。
③ 马克思:《资本论》第1卷,人民出版社2004年版,第874页。

体化的"抽象力",揭示出资本作为"死劳动",其本质就是通过不断吮吸工人阶级的"活劳动"来无限增殖自身。而正是在资本无限增殖自身的过程中,资本既创造了资本的"伟大文明面",又造成了"个人现在受抽象统治"①,亦即资本既创造了自身文明发展的空间,又创造了自身走向灭亡的空间。

在《资本论》的第一手稿——《1857—1858年经济学手稿》中,马克思就深入揭示出了资本的这一双重空间本质:"只有资本才创造出资产阶级社会,并创造出社会成员对自然界和社会联系本身的普遍占有。由此产生了资本的伟大的文明作用;它创造了这样一个社会阶段,与这个社会阶段相比,一切以前的社会阶段都只表现为人类的地方性发展和对自然的崇拜。只有在资本主义制度下自然界才真正是人的对象,真正是有用物;它不再被认为是自为的力量;而对自然界的独立规律的理论认识本身不过表现为狡猾,其目的是使自然界(不管是作为消费品,还是作为生产资料)服从于人的需要。资本按照自己的这种趋势,既要克服把自然神化的现象,克服流传下来的、在一定界限内闭关自守地满足于现有需要和重复旧生活方式的状况,又要克服民族界限和民族偏见。资本破坏这一切并使之不断革命化,摧毁一切阻碍发展生产力、扩大需要、使生产多样化、利用和交换自然力量和精神力量的限制。"② 对此,马克思又在《资本论》中指出:"资本的文明面之一是,它榨取这种剩余劳动的方式和条件,同以前的奴隶制、农奴制等形式相比,都更有利于生产力的发展,有利于社会关系的发展,有利于更高级的新形态的各种要素的创造。"③ 而只有这样,我们才能"去发展社会生产力,去创造生产的物质条件;而只有这样的条件,才能为一个更高级的、以每一个个人的全面而自由的发展为基本原则的社会形式建立现实基础"④。在此意义上,资本既创造了伟大的文明社会,又创造了具有高度文明的人。

但在马克思看来,资本的最终目的只是为了无限增殖自身,而为了增殖自身,就需要突破一切阻碍其增殖的"时—空"界限,所以"资本

---

① 《马克思恩格斯全集》第30卷,人民出版社1995年版,第114页。
② 《马克思恩格斯全集》第30卷,人民出版社1995年版,第389—390页。
③ 马克思:《资本论》第3卷,人民出版社2004年版,第927页。
④ 马克思:《资本论》第1卷,人民出版社2004年版,第683页。

按其本性来说，力求超越一切空间界限"①。因此，创造加速资本增殖的物质条件——提高流通时间——实现"用时间去消灭空间"，对资本来说是极其必要的。"流通时间表现为劳动生产率的限制＝必要劳动时间的增加＝剩余劳动时间的减少＝剩余价值的减少＝资本价值自行增殖过程的障碍或限制。因此，资本一方面要力求摧毁交往即交换的一切地方限制，征服整个地球作为它的市场，另一方面，它又力求用时间去消灭空间，就是说，把商品从一个地方转移到另一个地方所花费的时间缩减到最低限度。资本越发展，从而资本借以流通的市场，构成资本流通空间道路的市场越扩大，资本同时也就越是力求在空间上更加扩大市场，力求用时间去更多地消灭空间。"② 正是资本这一"用时间去消灭空间"，亦即流通时间的相对缩短而增殖空间的相对扩大，创造了资本实现自身增殖的有利"时—空"条件。

虽然资本通过工人阶级的活劳动实现了自身的增殖，但资本的增殖换来的却是工人自身的贬值。工人越劳动，就越陷入资本逻辑的无形统治之中。早在《共产党宣言》中，马克思恩格斯就强调："资产阶级在它已经取得了统治的地方把一切封建的、宗法的和田园诗般的关系都破坏了。它无情地斩断了把人们束缚于天然尊长的形形色色的封建羁绊，它使人和人之间除了赤裸裸的利害关系，除了冷酷无情的'现金交易'，就再也没有任何别的联系了。它把宗教虔诚、骑士热忱、小市民伤感这些情感的神圣发作，淹没在利己主义打算的冰水之中。它把人的尊严变成了交换价值，用一种没有良心的贸易自由代替了无数特许的和自力挣得的自由。"③ 这样，资本就用它无坚不摧的同一性逻辑，既建构了一个摧毁一切坚冰的同质化发展空间，又抹平了人的一切个性化生存的空间：任何一个社会，如果它不想灭亡的话，就必须采取资本主义的生产方式。对此詹姆逊指出，马克思一遍又一遍地坚持认为：资本擦拭了自己的前历史的痕迹（还擦拭了它之前的生产方式存在的痕迹），正如它坚决地把生产的直接痕迹从产品中擦掉一样。④ 这实际上是对资本主义社会的一种

---

① 《马克思恩格斯全集》第 30 卷，人民出版社 1995 年版，第 521 页。
② 《马克思恩格斯全集》第 30 卷，人民出版社 1995 年版，第 538 页。
③ 《马克思恩格斯文集》第 2 卷，人民出版社 2009 年版，第 33 页。
④ [美] 詹姆逊：《重读〈资本论〉》，胡志国、陈清贵译，中国人民大学出版社 2013 年版，第 83 页。

深刻的"空间定位":在资本主义的每一个方面,从全球到地方,社会的空间组织正在得到重构,借以满足处于资本主义社会扩大再生产的空间需要。在此意义上,勒菲弗认为,资本主义的生存就是建基于对一种日显包容性、工具性和从社会角度加以神秘化的空间性的建立,这种空间性隐匿于幻想和意识形态厚厚的面纱中,"借以逃避批判视线"①。

资本创造的这种同质化空间,既是资本自身无限增殖的空间,又是工人被剥削、被压迫的个人生存无限缩小的空间。"资本在具有无限度地提高生产力趋势的同时,又在怎样程度上使主要生产力,即人本身片面化。"②资本作为一个"有灵性的怪物",成了资本主义社会里控制一切的魔力,这种魔力致使资本主义社会变成了资本主宰的"魔幻空间":"一个着了魔的、颠倒的、倒立着的世界。在这个世界里,资本先生和土地太太,作为社会的人物,同时又直接作为单纯的物,在兴妖作怪。"③而人、人的劳动等反而都成了资本增殖自身的工具和手段。在《资本论》中,马克思通过对资本本质的深入分析,逐渐认识到资本为了实现自身无限增殖,就要求资本为劳动和价值的创造确立明确的界限,但这种界限又是和资本要无限度地扩大劳动和价值创造的趋势相矛盾:"资本一方面确立它所特有的界限,另一方面又驱使生产超出任何界限,所以资本是一个活生生的矛盾。"而正是这一矛盾,决定了资本的本质就是"自相排斥",亦即"资本必然自己排斥自己"④。正因如此,马克思看到了"资本不可遏制地追求的普遍性,在资本本身的性质上遇到了限制,这些限制在资本发展到一定阶段时,会使人们认识到资本本身就是这种趋势的最大限制,因而驱使人们利用资本本身来消灭资本"⑤。资本在自我增殖的运动中创造了未来它自己被废弃的空间条件。在此意义上,詹姆逊强调"资本主义在本质上并不生产商品而是生产资本那个悖论"⑥,是颇有见地的。正是资本的这个悖论,促使资本从自身发展的空间走向了自身灭亡的空间,进而创造了人的自由个性发展的空间。但这一空间,"只有当社会生活过程即物质生产过程的形态,作为自由

---

① [美]苏贾:《后现代地理学》,王文斌译,商务印书馆2004年版,第77页。
② 《马克思恩格斯全集》第30卷,人民出版社1995年版,第406页。
③ 马克思:《资本论》第3卷,人民出版社2004年版,第940页。
④ 《马克思恩格斯全集》第30卷,人民出版社1995年版,第405页。
⑤ 《马克思恩格斯全集》第30卷,人民出版社1995年版,第390页。
⑥ [美]詹姆逊:《重读〈资本论〉》,胡志国、陈清贵译,中国人民大学出版社2013年版,第74页。

联合的人的产物,处于人的有意识有计划的控制之下的时候,它才会把自己的神秘的纱幕揭掉"①。这时,资本之谜才得以解答,历史之谜才得以解开,人才最终成为自己社会的主人,从而也成为自然界的主人,进而成为自身的主人——真正获得自由个性发展的广阔空间。而这也正是《资本论》对"希望空间"的解答。

三 时间:"工作日的缩短"与"人类发展"的空间

在资本主义社会,谁充分占有时间,谁就能获得享受财富和自由的广阔空间。对资产阶级来说,他们是通过剥夺、占有和延长工人阶级的必要劳动时间来发财致富的。对此,马克思一针见血地指出:资本主义的社会财富表现为"庞大的商品堆积",但"财富的基础是盗窃他人的劳动时间"②。而对广大工人阶级来说,社会财富的享有和个性自由的获得,也只能靠与资产阶级相反的缩短必要劳动时间而相应延长自由支配时间来实现。在此意义上,资本主义社会里的时间,无论对资产阶级还是无产阶级来说,都实实在在地具有"空间意义",即马克思所强调的"时间是人类发展的空间"。而这一"空间"就是通过缩短工作日而产生的剩余劳动时间来提供的。"并不是为了获得剩余劳动而缩减必要劳动时间,而是直接把社会必要劳动缩减到最低限度,那时,与此相适应,由于给所有的人腾出了时间和创造了手段,个人会在艺术、科学等等方面得到发展",亦即"个性得到自由发展"③。

对此,马克思在《1861—1863年经济学手稿》中指出,不劳动的社会部分的自由时间,是以劳动的那部分人的剩余劳动时间为基础的:"一方的自由发展是以工人必须把他们的全部时间,从而他们发展的空间完全用于生产一定的使用价值为基础的;一方的能力的发展是以另一方的发展受到限制为基础的。"④ 也就是说,"社会的自由时间是以通过强制劳

---

① 马克思:《资本论》第1卷,人民出版社2004年版,第97页。
② 《马克思恩格斯全集》第31卷,人民出版社1998年版,第101页。
③ 《马克思恩格斯全集》第31卷,人民出版社1998年版,第101页。
④ 《马克思恩格斯全集》第32卷,人民出版社1998年版,第214页。

动吸收工人的时间为基础的,这样,工人就丧失了精神发展所必需的空间,因为时间就是这种空间"①。在此意义上,正是剩余劳动时间为人的自由全面发展创造和提供了真正自由支配的时间,亦即人类自由发展的空间。"剩余劳动时间是劳动群众超出再生产他们自己的劳动能力、他们本身的存在所需要的量即超出必要劳动而劳动的时间,这一表现为剩余价值的剩余劳动时间,同时物化为剩余产品,并且这种剩余产品是除劳动阶级外的一切阶级存在的物质基础,是社会整个上层建筑存在的物质基础。同时,剩余产品把时间游离出来,给不劳动阶级提供了发展其他能力的自由支配的时间。因此,在一方产生剩余劳动时间,同时在另一方产生自由时间。整个人类的发展,就其超出人的自然存在所直接需要的发展来说,无非是对这种自由时间的运用,并且整个人类发展的前提就是把这种自由时间作为必要的基础。可见,社会的自由时间的产生是靠非自由时间的产生,是靠工人超出维持他们本身的生存所需要的劳动时间而延长的劳动时间的产生。"② 所以说,正是工人的劳动时间的延长所产生的剩余劳动时间增加,进而提供和创造出了人类自由发展的空间。

　　工人阶级的剩余劳动时间虽然开创了资本增殖的空间,但资本的增殖空间反过来又压缩和剥夺了工人阶级自由劳动的时间。可见,造成这一悖论的都直接与"时间—空间"有关。在马克思这里,"时间"绝不仅仅是资本主义通过延长工人的必要劳动时间来获取利润的空间,而且更是工人阶级获得个性自由而全面发展的空间。"时间实际上是人的积极存在,它不仅是人的生命的尺度,而且是人的发展的空间。"③ 对此,马克思还形象地指出:"一个人如果没有自己处置的自由时间,一生中除睡眠饮食等纯生理上必需的间断以外,都是替资本家服务,那么,他就还不如一头役畜。他不过是一架为别人生产财富的机器,身体垮了,心智也变得如野兽一般。"④ 在此意义上,时间作为人类发展的空间,实际上就是必要劳动时间的相对减少,自由劳动时间的相对增多。由此可见,直接决定人的发展空间大小的是自由时间的多少,而自由时间在量上又与必要劳动时间成反比,与剩余劳动时间成正比。因此,个人和社会的发

---

① 《马克思恩格斯全集》第 32 卷,人民出版社 1998 年版,第 343 页。
② 《马克思恩格斯全集》第 32 卷,人民出版社 1998 年版,第 215 页。
③ 《马克思恩格斯全集》第 47 卷,人民出版社 1979 年版,第 532 页。
④ 《马克思恩格斯文集》第 3 卷,人民出版社 2009 年版,第 70 页。

展、社会产品和财富的享用、社会活动的全面性都取决于"时间的节省"。发展生产力、提高劳动生产率、节约劳动时间就等于增加自由时间，从而扩大个人和社会发展的空间。"从整个社会来说，创造可以自由支配的时间，也就是创造产生科学、艺术等等的时间。"① 创造可以自由支配的时间，也就是"为自由活动和发展开辟广阔天地。时间是发展才能等等的广阔天地"②。在此意义上，"自由时间"因而也就成了个人发展所必不可少的最基本的"空间条件"。对此，马尔库塞站在马克思的立场上指出：在摆脱了资本逻辑统治的要求之后，"劳动时间和劳动能量在量上的减少将使人的生存发生质的变化：决定人的生存内容的，不是劳动时间，而是自由时间"。因此，"自由的第一个前提就是缩短劳动时间，使得纯粹的劳动时间量不再阻止人类的发展"③。这表明，马尔库塞不仅领悟了马克思在《资本论》中，通过"政治经济学批判"阐述其经济学理论时提出的"时间学说"的"空间哲学"意义，而且领悟了马克思的时间学说与自由学说之间的内在辩证关系。

在马克思这里，劳动时间的节约就是自由发展空间的扩大。"在劳动强度和劳动生产力已定的情况下，劳动在一切有劳动能力的社会成员之间分配得越平均，一个社会阶层把劳动的自然必然性从自身上解脱下来并转嫁给另一个社会阶层的可能性越小，社会工作日中用于物质生产的必要部分就越小，从而用于个人的自由活动，脑力活动和社会活动的时间部分就越大。"④ 在此意义上说，"节约劳动时间等于增加自由时间，即增加使个人得到充分发展的时间"⑤。所以，通过必要劳动的减少，亦即工作日的缩短，人的自由全面发展就能获得更加真实和广阔的空间。正因如此，马克思才指出："时间的节约，以及劳动时间在不同的生产部门之间有计划的分配，在共同生产的基础上仍然是首要的经济规律。这甚至在更加高得多的程度上成为规律。"⑥ 而这一规律，实际上正是共产主义社会的生产规律："那时，财富的尺度决不再是劳动时间，而是可以自

---

① 《马克思恩格斯全集》第 30 卷，人民出版社 1995 年版，第 379 页。
② 《马克思恩格斯全集》第 26 卷Ⅲ，人民出版社 1974 年版，第 281 页。
③ 转引自俞吾金《马克思时空观新论》，《哲学研究》1996 年第 3 期。
④ 马克思：《资本论》第 1 卷，人民出版社 2004 年版，第 605 页。
⑤ 《马克思恩格斯全集》第 31 卷，人民出版社 1995 年版，第 107 页。
⑥ 《马克思恩格斯全集》第 30 卷，人民出版社 1995 年版，第 123 页。

由支配的时间。"① 在此基础上,时间的节约不仅是首要的"经济规律"和"财富的尺度",而且是人之自由个性实现的最根本的"空间规律"和"发展尺度"。为此,马克思在《资本论》中强调:"事实上,自由王国只是在必要性和外在目的规定要做的劳动终止的地方才开始;因而按照事物的本性来说,它存在于真正物质生产领域的彼岸。"所以,"这个领域内的自由只能是:社会化的人,联合起来的生产者,将合理地调节他们和自然之间的物质变换,把它置于他们的共同控制之下,而不让它作为一种盲目的力量来统治自己;靠消耗最小的力量,在最无愧于和最适合于他们的人类本性的条件下来进行这种物质变换"。只有在此基础上,"在这个必然王国的彼岸,作为目的本身的人类能力的发挥,真正的自由王国,就开始了。但是,这个自由王国只有建立在必然王国的基础上,才能繁荣起来。工作日的缩短是根本条件"②。对马克思来说,只有当生产是人的个性和能力的释放和培养,而不是直接或通过剥削他人的劳动产品来谋取生存的一种手段的时候,人才会获得完全的自由——亦即实现"用那种把不同社会职能当作互相交替的活动方式的全面发展的个人,来代替只是承担一种社会局部职能的局部个人"③。在此意义上,"工作日的缩短"为人的自由个性的全面实现创造和提供了最为广阔的发展空间——缩短工作时间就是扩大自由空间。

总之,在《资本论》中,马克思的理论旨趣与其说是"时间的",不如说是"空间的"。他关键抓住的就是作为从"必然王国"向"自由王国"飞跃之前提和基础的"工作日的缩短"——自由时间的获取,亦即自由空间的展开。《资本论》将历史时间的建构与社会空间的生产紧密地结合在一起,是一种更富弹性和张力的社会批判理论——空间化的政治经济学批判。正因如此,马克思的《资本论》是在与自由主义经济学、西方马克思主义和当代批判社会理论完全不同层次上的对资本主义社会的空间分析和空间阐释。《资本论》才是真正的"社会—空间"辩证法,才是马克思历史唯物主义的"希望空间"。

---

① 《马克思恩格斯全集》第 31 卷,人民出版社 1998 年版,第 104 页。
② 马克思:《资本论》第 3 卷,人民出版社 2004 年版,第 928—929 页。
③ 马克思:《资本论》第 1 卷,人民出版社 2004 年版,第 561 页。

抽象力：《资本论》的"认识论"

在《资本论》的研究中，学者们从本体论、存在论、价值论和方法论等方面对其进行了多维解读，但相对忽视了其认识论的解读。虽然法国的阿尔都塞较早就对《资本论》进行了"认识论"解读，但他主要是从"认识论断裂"的意义上解读的，并没有真正揭示出《资本论》认识论的独特性和重大思想史意义。其实，在《资本论》第一卷第一版序言中，马克思就曾强调："分析经济形式，既不能用显微镜，也不能用化学试剂。二者都必须用抽象力来代替。"[①] 同时，他又明确指出："人们对《资本论》中应用的方法理解得很差，这已经由对这一方法的各种互相矛盾的评论所证明。"因为评论者一方面责备马克思"形而上学地研究经济学"，另一方面又责备他"只限于批判地分析既成事实，而没有为未来的食堂开出调味单（孔德主义的吗？）"。[②] 实际上，不仅马克思的同时代人，就是马克思之后的所谓马克思主义者，也依然不理解马克思《资本论》的认识论，为此，列宁专门强调："辩证法也就是（黑格尔和）马克思主义的认识论。"[③] 在此意义上，我们完全可以说对《资本论》"方法"的误解，实际上并不是方法本身出了问题，而是对作为"政治经济学批判"的《资本论》之"认识论"产生了误解。而对《资本论》的认识论的理解，不应从"认识论断裂"的意义上，而必须是在近代哲学"认识论转向"的意义上，并从马克思自己所强调的"抽象力"上来阐释。

---

① 马克思：《资本论》第1卷，人民出版社2004年版，第8页。
② 马克思：《资本论》第1卷，人民出版社2004年版，第19页。
③ 《列宁全集》第55卷，人民出版社2017年版，第308页。

一 近代哲学的"认识论转向":从"客体性逻辑"到"主体性逻辑"

表面上看,西方近代哲学在古代哲学追求"本体"的基础上,实现了"认识论转向",亦即从断言本体转向了反省对本体的"认识",形成了"没有认识论反省的本体论无效"的理论自觉。但对于这一转向,人们更多的是在哲学"研究对象"不同的意义上进行区分:古代哲学研究"本体"问题,近代哲学研究"认识"问题,这还只是一种外在的理解和把握。而更深层的是,这一转向意味着一种人们理解和把握世界的基本方式——"认识方式"的转变,或者说是一种"认识逻辑"的深刻区分和转变。实际上,这一转向凸显的是人的主体地位,表现为从"客体性逻辑"到"主体性逻辑"的转变,或者说是从"形式逻辑"到"思辨逻辑"的转变。正是这一内在的主体地位的凸显和认识逻辑的转变,才使近代哲学的研究面貌焕然一新了。

虽然作为近代哲学之父的笛卡尔最早发出了"我思故我在"呐喊,开启了近代认识论转向的先河:"从此哲学用不着到神学那里乞求进行思维的批准,它现在可以作为一种独立的科学和神学相提并论了。"[①] 但真正推动和实现这一转向和变革的,还是作为近代第一大哲的康德。正是休谟的怀疑论,惊醒了康德:"我坦率地承认,就是休谟的提示在多年以前首先打破了我教条主义的迷梦,并且在我对思辨哲学的研究上给我指出来一个完全不同的方向。"[②] 因此,从古代形而上学独断论和教条主义迷梦中惊醒的康德,开辟出认识论研究的新方向就是通过对认识对象(现象和物自体)和认识能力(感性、知性和理性)的"划界",在现象界保证了人的认识——先天综合判断的普遍必然有效,在本体界保证了人的信仰和自由——悬搁知识为信仰和自由留下地盘。康德认为,"通过对理性本身,即人类先天认识能力的批判考察,确定它有哪些先天的即具有普遍性和必然性的要素,以及这些要素的来源、功能、条件、范围

---

① [德]海涅:《论德国宗教和哲学的历史》,海安译,商务印书馆2000年版,第56页。
② [德]康德:《未来形而上学导论》,庞景仁译,商务印书馆1997年版,第9页。

和界限，从而确定它能认识什么和不能认识什么，在这基础上对形而上学的命运和前途作出最终的判决和规定①。从而实现了人为自然立法和人为自己立法的认识论"哥白尼式革命"。可以说，康德所实现的认识论"哥白尼式革命"的实质就是理性独断的形而上学的终结，它使那种用单纯的、直观的和抽象的思维规定断言世界的本质或本体的知性思维方式或知性形而上学成为无效。就此，康德的"认识论转向"确实具有划时代的伟大历史意义。在实质而重要的意义上，康德的"划界"思维，区分的并不仅是认识对象和认识能力，而是凸显了认识主体，学会了尊重人。康德相信自己的哲学"能替一切人恢复其为人的共同权利"②，其目的就在于揭示和论证人怎样通过"认识"而变为"上帝"——上帝也只是人为了凸显自己的认识能力而创造出来的。也就是说，在康德的认识论转向这里，认识对象不是自然而然存在的，而是人为选择的结果，也就是发挥主体能动性的结果："我们关于物先天地认识到的只是我们自己放进它里面去的东西。"③ 正是这一能动性的发挥，康德突破了古代独断的本体论思维方式的束缚，实现了从"客体性逻辑"到"主体性逻辑"的根本转变。对此，德国著名诗人海涅称康德的认识论革命是"砍掉了自然神论头颅的大刀"④。在此意义上，我们确实可以说罗伯斯庇尔只杀死了一个国王和几千个法国人，而康德却处决了上帝。在康德的认识论革命这里，哲学不仅可以与神学相提并论，而且是在反对神学了。为此，马克思称康德哲学为"法国革命的德国理论"。而康德之后作为德国古典哲学之集大成者的黑格尔，更一针见血地指出："一切问题的关键在于：不仅把真实的东西或真理理解和表述为实体，而且同样理解和表述为主体。"⑤ 这既是黑格尔"实体即主体"的真实意义和表达，也是近代认识论转向本质的另一种解释和表达。

但仅仅凸显认识主体的能动性还不够，还需在认识形式或认识逻辑上实现根本转变，亦即从"形式逻辑"到"思辨逻辑"的转变。在这一

---

① [德] 康德：《纯粹理性批判》"中译本序"，邓晓芒译，人民出版社2017年版，第2页。
② 转引自 [英] 康浦·斯密《康德〈纯粹理性批判〉解义》，韦卓民译，华中师范大学出版社2000年版，第39页。
③ [德] 康德：《纯粹理性批判》，邓晓芒译，人民出版社2017年版，第16页。
④ [德] 海涅：《论德国宗教和哲学的历史》，海安译，商务印书馆2000年版，第101页。
⑤ [德] 黑格尔：《精神现象学》上卷，贺麟、王玖兴译，商务印书馆1997年版，第10页。

转变过程中，黑格尔居功甚伟。在《精神现象学》中，黑格尔具体分析了认识的三种思维形式——表象思维、形式推理和思辨思维。"表象思维的习惯可称为一种物质的思维，一种偶然的意识，它完全沉浸在材料里，因而很难从物质里将它自身摆脱出来而同时还能独立存在。与此相反，另一种思维，即形式推理，乃以脱离内容为自由，并以超出内容而骄傲。"而这三种思维中黑格尔最看重的，则是"思辨思维"："在这里，真正值得骄傲的是努力放弃这种自由（指形式推理脱离内容的自由——引者），不要成为任意调动内容的原则，而把这种自由沉入内容，让内容按照它自己的本性，即按照它自己的自身而自行运动，并从而考察这种运动。"① 在黑格尔这里，他实际上是看到了表象思维和形式推理一个沉浸在材料里不能自拔，另一个以脱离材料而自鸣得意，二者分别都走向了各自的极端。而他要做的，就是让这两个极端达成和解，亦即让认识的内容和认识的形式达成和解。而能完成此重任的，就是他所看重和推崇的让自由沉入内容并按内容自由运动的"思辨思维"。所以说，黑格尔思辨思维的"奥秘在于能够反映事情本身的真理，揭示的是事情本身在思维形式中的客观真理性问题"②。也就是说，黑格尔的思辨思维是在认识的内容与形式的和解与统一中获得了认识的客观真理性。或者说，黑格尔是在概念或理论的领域使人的思维获得了客观真理性，只是达到了精神和自由的概念。因此，在凸显主体性逻辑的概念领域，黑格尔的思辨思维使近代哲学的认识论转向得以最充分彰显和完成了。但在马克思看来："人的思维是否具有客观的真理性，这不是一个理论的问题，而是一个实践的问题。应该在实践中证明自己思维的真理性，即自己思维的现实性和力量，自己思维的此岸性。关于思维——离开实践的思维——的现实性或非现实性的争论，是一个纯粹经院哲学的问题。"③ 在此意义上，黑格尔仅在理论的领域解决这一问题，其结论必定还是"抽象的"和不彻底的。

在此基础上，马克思的《资本论》作为"政治经济学批判"，它既不是站在"非批判的实证主义"的古典政治经济学的"表象思维"的立场

---

① [德]黑格尔：《精神现象学》上卷，贺麟、王玖兴译，商务印书馆1997年版，第40页。
② 孙利天、郭夏：《〈资本论〉中认识论与辩证法关系再析》，《哲学动态》2019年第2期。
③ 《马克思恩格斯选集》第1卷，人民出版社2012年版，第134页。

上,也不是站在"非批判的唯心主义"的近代哲学的"形式推理"的立场上,而是站在实现了认识论转向的德国古典哲学"思辨思维"的立场上。为此,我们才能理解恩格斯为什么会强调"德国的工人运动是德国古典哲学的继承者"①。也就是说,要理解和把握《资本论》的认识论,必须是在近代哲学认识论转向所实现和达到的德国古典哲学主体性逻辑和思辨思维的基础上,这是我们必须坚持和遵守的原则立场和应有高度。所以,在实质性意义上,"是在前康德的哲学原则和哲学思维方式中理解马克思主义哲学,还是在后康德的哲学原则和哲学思维方式中理解马克思主义哲学,就成为马克思主义哲学研究中的原则区别"②。而这一原则区别,直接制约和左右着对《资本论》的认识对象和认识目的以及其认识论的本质和革命意义的理解和把握。

二 《资本论》的"认识对象":资本主义生产方式

在近代西方哲学实现认识论转向之后,由于认识主体的凸显和认识逻辑的转变,认识的对象已不再是与人无关的作为纯粹的客观性存在的"自在之物",而是人的认识能力所能把握到的作为与人发生一定关系而存在的"为我之物"。正如马克思所言,"凡是有某种关系存在的地方,这种关系都是为我而存在的"③,而与人无关的自然存在实际上也是无。所以说,在《资本论》这里,其认识对象并不是与人无关的"客观存在"——"物质生产资料"本身,也不是"抽象概念"——"无人身的理性"本身,而是作为"为我之物"的商品交换关系掩盖下的"资本主义生产方式"本身:"我要在本书研究的,是资本主义生产方式以及和它相适应的生产关系和交换关系。"④ 在这里,我们既要把"认识对象"与"自在对象"区分开来,更要把《资本论》的认识对象与古典政治经济学和德国古典哲学的认识对象区别开来。在此基础上,我们方能真正理解

---

① 《马克思恩格斯选集》第1卷,人民出版社2012年版,第265页。
② 孙利天:《马克思主义哲学研究认识论转向的意义》,《江苏社会科学》2008年第4期。
③ 《马克思恩格斯选集》第1卷,人民出版社2012年版,第161页。
④ 马克思:《资本论》第1卷,人民出版社2004年版,第8页。

和把握《资本论》的独特认识对象及其意义。

实际上，被马克思批评为"非批判的实证主义"的古典政治经济学，在近代认识论转向之后，依然主要从经验和实证出发，把感性实在和具体事物当作研究对象，忽视或无视思维规定和思维规律的存在。对此，马克思在作为《资本论》第一手稿的《1857—1858年经济学手稿》中，对其进行了细致的分析和批判：认识对象"从实在和具体开始，从现实的前提开始，因而，例如在经济学上从作为全部社会生产行为的基础和主体的人口开始，似乎是正确的。但是，更仔细地考察起来，这是错误的。如果我，例如，抛开构成人口的阶级，人口就是一个抽象。如果我不知道这些阶级所依据的因素，如雇佣劳动、资本等等，阶级又是一句空话。而这些因素是以交换、分工、价格等等为前提的。比如资本，如果没有雇佣劳动、价值、货币、价格等等，它就什么也不是"[①]。在这里，马克思高于经济学家们看到，认识对象表面的客观实在背后，蕴含着诸多支撑其得以客观存在的具体"历史"和"社会关系"因素，离开了这些具体的历史和社会关系因素，认识对象也就失去了其客观实在性，仅仅是一个抽象概念。而要把握认识对象的客观实在性，又必须揭示出其背后的历史和社会关系因素。综上可见，马克思对认识对象的把握，一方面是从认识的内容和认识的形式二者统一意义上来理解的，而不是抛开或脱离认识的具体形式，去直接妄断认识的对象；另一方面，马克思又是从辩证逻辑而不是形式逻辑来理解和把握认识对象的，认识对象不是纯粹形式的，而是具有丰富的社会历史内容。也就是说，马克思是从内容与形式相统一或存在规律与思维规律相统一的辩证逻辑来研究和把握认识对象的。为此，马克思才明确指出《资本论》的研究对象就是机器大生产与资本主义私有制相统一的"资本主义生产方式"。在《资本论》这里，作为研究和认识对象的"资本主义生产方式"，是与其要分析的"经济形式"——劳动产品的商品形式或商品的价值形式密切相关的。在此意义上，我们说《资本论》考察和研究的对象，虽然是从具体的可感"物"——"单个商品"入手，但其最终目的绝不是认识商品本身，而是揭示商品平等交换关系背后所掩盖的人与人之间的不平等关系，亦即阐明为什么普普通通的可感觉的"劳动产品"一旦变成"商品"，就会

[①] 《马克思恩格斯全集》第30卷，人民出版社1995年版，第41页。

成为"可感觉而又超感觉的物",并充满了"形而上学的微妙和神学的怪诞"①,反过来让人顶礼膜拜——商品拜物教。可以说,《资本论》研究的具体对象从商品到货币再到资本(从生产资本到商业资本再到生息资本)、从地租到利息和利润再到剩余价值(从剩余价值的生产到实现再到分配),无一不是透析和把握这一"社会关系"的结果。

在《资本论》这里,作为认识对象的资本主义生产方式以及与之相适应的"生产关系和交换关系",体现的是物与物背后人与人的关系,而这一关系仅靠感性直观是无法理解和把握的。实际上,"资本主义生产方式"作为一种特殊的认识对象,并不是普遍必然永恒的,而只是与一定的社会历史发展阶段相适应的一种"生产方式"。也就是说,资本主义社会中资本自我增殖的所谓"客观真理性",只有在资本主义的生产方式中才会被实践地建构起来。因此,作为"非批判的实证主义"的古典政治经济学,根本看不到或理解不了生产方式的本质,因而独断地认为只有两种生产方式——人为的和天然的,封建主义生产方式是人为的,而资本主义生产方式是天然的。所以资本主义生产方式不是历史上的过渡发展阶段,而是社会生产的最高的和最后的形式,它天然合理、普遍有效、永恒存在,历史在资本主义生产方式这里"终结"了。在此意义上,古典政治经济学在经济领域里实现了黑格尔在哲学领域里完成的"历史的终结",二者都在"抽象"——直观抽象和思辨抽象——对历史作抽象的和独断的表达的意义上合流了。对此,马克思在《资本论》中还专门以"价值形式"为例,对古典政治经济学进行了批判:"古典政治经济学的根本缺点之一,就是它从来没有从商品的分析,特别是商品价值的分析中,发现那种正是使价值成为交换价值的价值形式。恰恰是古典政治经济学的最优秀的代表人物,像亚·斯密和李嘉图,把价值形式看成是一种完全无关紧要的东西或在商品本性之外存在的东西。"由此导致古典政治经济学"把资产阶级生产方式误认为是社会生产的永恒的自然形式"②。在这里,马克思发现和揭示了古典政治经济学对虚幻永恒性的"偏好"。古典政治经济学由于看不到或不理解生产方式所蕴含的人与人之间关系的本质,亦即是以理解物的方式来理解人,因而也就陷入了马克思批评

---

① 马克思:《资本论》第1卷,人民出版社2004年版,第88页。
② 马克思:《资本论》第1卷,人民出版社2004年版,第98—99页。

的"政治经济学的形而上学"独断论的困境。

对于"资本主义生产方式"作为《资本论》的认识对象的独特性,我们还可以借用马克思对黑格尔体系构成要素的分析来进一步理解:"在黑格尔的体系中有三个因素:斯宾诺莎的实体,费希特的自我意识以及前两个因素在黑格尔那里的必然的矛盾的统一,即绝对精神。第一个因素是形而上学地改了装的、脱离人的自然。第二个因素是形而上学地改了装的、脱离自然的精神。第三个因素是形而上学地改了装的以上两个因素的统一,即现实的人和现实的人类。"① 按此说法,作为古典政治经济学的认识对象的"市民社会"就是"形而上学地改了装的、脱离人的自然",作为德国古典哲学认识对象的"抽象概念"就是"形而上学地改了装的、脱离自然的精神",而"资本主义生产方式"作为《资本论》的认识对象,体现的就是"现实的人和现实的人类"之间的关系。马克思的《资本论》作为"政治经济学批判",就是通过对作为"现实的人和现实的人类"之间关系体现的"资本主义生产方式"的深入剖析和批判,最终既超越了古典政治经济学直观抽象的独断论——非批判的实证主义困境,也超越了德国古典哲学思辨抽象的独断论——非批判的唯心主义困境。

《资本论》的认识对象之所以与古典政治经济学和德国古典哲学不同,还因为《资本论》政治经济学批判的目的与它们也根本不同。在《资本论》的序言中,马克思明确强调:该书的"最终目的就是揭示现代社会的经济运动规律"②。而这一规律,只有通过具体分析和把握商品(货币和资本)的生产、交换、分配、消费等诸多环节的必然性才能揭示出来的,而绝不是直观的、现成地摆在那里仅凭感觉经验就能看得到、摸得着的。也就是说,作为"政治经济学批判",《资本论》所要把握和揭示的现代社会的经济运动规律,绝不是经验的真理或感性的确定性,而是概念的真理或理性的确定性。或者说,《资本论》所要认识和把握的对象及其规律,是"理性具体"而不是"感性具体"。诚如黑格尔所言:"哲学并不考察非本质的规定,而只考察本质的规定;它的要素和内容不是抽象的或非现实的东西,而是现实的东西,自己建立自己的东西,在

---

① 《马克思恩格斯全集》第 2 卷,人民出版社 1957 年版,第 177 页。
② 马克思:《资本论》第 1 卷,人民出版社 2004 年版,第 10 页。

自身中活着的东西，在其概念中实际存在着的东西。"① 在此意义上，《资本论》要分析和研究"资本主义生产方式"及其运动规律，是为了获得"本质的规定"和"现实的东西"，它所要揭示的真理是内涵的逻辑而不是形式的逻辑。这一本质规定性和逻辑，说到底就是要通过"政治经济学批判"，揭示出建立在古典政治经济学抽象劳动价值论基础上表面自由平等的等价交换的"价值规律"，如何走向了实际不自由不平等的掠夺和剥削的"剩余价值规律"。马克思通过对作为人与人之间关系体现的资本主义生产方式的具体分析，在古典政治经济学"劳动一般"的基础上，揭示出了"劳动的二重性"——抽象劳动和具体劳动——这一"理解政治经济学的枢纽"②，破解了古典政治经济学劳动价值论的抽象性和模糊性，论证了剩余价值真实的"可变资本"——"劳动力"来源及其增殖规律和剥削本质这一"爆炸性问题"，从而给了资产阶级及其辩护士永远翻不了身的致命打击。在此意义上，如果说古典政治经济学的"劳动价值论"是"肯定性"的辩证法——非批判的实证主义，那么马克思的"劳动价值论"就是"否定性"的辩证法——批判的实证主义。唯其如此，《资本论》所揭示的资本主义的经济运动规律——剩余价值规律才成为批判地解决全部问题的"关键"，并且能"缩短和减轻分娩的痛苦"③。所以，在《资本论》的"政治经济学批判"这里，古典政治经济学的"抽象实在论"和德国古典哲学的"抽象思辨论"，都无法揭示和把握资本主义生产方式的本质及其规律，而只能由《资本论》的"批判的和革命的"辩证法——"抽象力"才能完成。

三 《资本论》的"认识论革命"：从"抽象"到"抽象力"

作为"政治经济学批判"，《资本论》与古典政治经济学和德国古典哲学的区别，不仅在于认识对象和认识目的，还在于认识方法。而《资

---

① [德]黑格尔：《精神现象学》上卷，贺麟、王玖兴译，商务印书馆1997年版，第30页。
② 马克思：《资本论》第1卷，人民出版社2004年版，第55页。
③ 马克思：《资本论》第1卷，人民出版社2004年版，第10页。

本论》的认识方法,就是马克思自己强调的既区别又联系于"抽象实在论"和"抽象思辨论"的"抽象力"——批判的和革命的辩证法。在实质性意义上,《资本论》的认识论革命,不在于其"抽象力"不同于古典政治经济学的"实在论"——直观抽象(经验抽象),而在于其"抽象力"不同和超越于德国古典哲学的"抽象"本身——思辨抽象(先验抽象)。"我的辩证方法,从根本上来说,不仅和黑格尔的辩证方法不同,而且和它截然相反。"① 对此,英国新辩证法学派的代表人物阿瑟深刻指出:"如果说《资本论》是辩证法的真正财富,那么这并不是由于某种抽象普遍方法的应用,而是因为物质自身的运动要求相应逻辑范畴的表达。"② 可以说,这就是"抽象力"作为《资本论》的认识论(辩证法)的实质所在,也是马克思破解"抽象"之谜所在。

其实,早在1845年春的"包含着新世界观的天才萌芽的第一个文献"(恩格斯语)《关于费尔巴哈的提纲》(以下简称《提纲》)中,马克思就不仅鲜明地表达了自己的"新世界观",而且深刻地表达了自己的"新认识论":"从前的一切唯物主义——包括费尔巴哈的唯物主义——的主要缺点是:对对象、现实、感性,只是从客体的或者直观的形式去理解,而不是把它们当做人的感性活动,当做实践去理解,不是从主体方面去理解。因此,结果竟是这样,和唯物主义相反,唯心主义却把能动的方面发展了,但只是抽象地发展了,因为唯心主义当然是不知道现实的、感性的活动本身的。"③ 在这里,马克思是通过批判和区别于旧唯物主义只是从客体出发直观地看待认识对象和唯心主义,只是从主体出发抽象地看待认识对象的各自不同的认识特点和认识方式,来具体区分和阐释自己从主客体统一出发的实践的、感性活动的"新认识论"的。

如果说,马克思在《提纲》中只是从理论层面对其认识论的实质和特点进行阐释;那么,等到他对古典政治经济学进行了系统研读之后,就开始通过与古典政治经济学对认识方法的不同理解的具体比较中来阐释其认识论。在《哲学的贫困》中,马克思就专门以"政治经济学的形而上学"为题,对蒲鲁东《贫困的哲学》中任意"搬弄"和"套用"作

---

① 马克思:《资本论》第1卷,人民出版社2004年版,第22页。
② [英]阿瑟:《新辩证法与马克思的〈资本论〉》,高飞等译,北京师范大学出版社2018年版,第5页。
③ 《马克思恩格斯选集》第1卷,人民出版社2012年版,第137页。

为"抽象"的黑格尔的辩证法而导致含混不清的方法从七个方面进行了批判和说明。在马克思看来,"经济范畴只不过是生产的社会关系的理论表现,即其抽象。真正的哲学家蒲鲁东先生把事物颠倒了,他认为现实关系只是一些原理和范畴的化身"①。但实际上正相反,不是"抽象"——原理和范畴产生了人们现实的社会关系,而是人们按照自己的物质生产方式建立相应的社会关系,又按照自己的社会关系创造了"抽象"——相应的观念、原理和范畴。对此,马克思得出结论:"既然把任何一种事物都归结为逻辑范畴,任何一个运动、任何一种生产行为都归结为方法,那么由此自然得出一个结论,产品和生产、事物和运动的任何总和都可以归结为应用的形而上学。黑格尔为宗教、法等做过的事情,蒲鲁东先生也想在政治经济学上如法炮制。"② 在这里,作为小资产阶级的社会主义者蒲鲁东,其政治经济学方法依然受"抽象"统治。在《1857—1857年经济学手稿》中,马克思又通过批判古典政治经济学仅仅从现实事物出发的"抽象实在论"的认识方法,深入说明了自己具体与抽象统一的认识论:"如果我从人口着手,那么,这就是关于整体的一个混沌的表象,并且通过更切近的规定我就会在分析中达到越来越简单的概念;从表象中的具体达到越来越稀薄的抽象,直到我达到一些最简单的规定。于是行程又得从那里回过头来,直到我最后又回到人口,但是这回人口已不是关于整体的一个混沌的表象,而是一个具有许多规定和关系的丰富的总体了。"③ 在这里,马克思区分了两种不同的认识道路——"从具体到抽象"和"从抽象回到具体"。马克思强调"从具体到抽象"的第一条道路是经济学在它产生时期在历史上走过的道路,而"从抽象回到具体"的后一种方法显然是科学上正确的方法。因为在他看来,"具体之所以具体,因为它是许多规定的综合,因而是多样性的统一。因此它在思维中表现为综合的过程,表现为结果,而不是表现为起点,虽然它是现实的起点,因而也是直观和表象的起点。在第一条道路上,完整的表象蒸发为抽象的规定;在第二条道路上,抽象的规定在思维行程中导致具体的再现"④。从具体到抽象和从抽象再回到具体,表面

---

① 《马克思恩格斯选集》第1卷,人民出版社2012年版,第222页。
② 《马克思恩格斯选集》第1卷,人民出版社2012年版,第220页。
③ 《马克思恩格斯全集》第30卷,人民出版社1995年版,第41页。
④ 《马克思恩格斯全集》第30卷,人民出版社1995年版,第42页。

上看是一种重复和循环，但实际上却是一种发展和上升。在这里，抽象还是那个抽象，但具体已不再是先前那个"具体"了。正是这一"具体"与"抽象"之间关系的混淆，不但导致古典政治经济学家看不到或不理解"抽象"的实质和意义——李嘉图的抽象是"形式的"、"本身是虚假的"和"极不完全的"，[1] 就连德国古典哲学的集大成者黑格尔——其抽象也"陷入幻觉，把实在理解为自我综合、自我深化和自我运动的思维的结果，其实，从抽象上升到具体的方法，只是思维用来掌握具体、把它当作一个精神上的具体再现出来的方式。但决不是具体本身的产生过程"[2]。他们共同的错误，不在于抽象方法的运用，而在于把思维把握到的具体或精神上再现的具体，当作了现实中的具体，由此导致"在这种抽象中，对象所有的具体历史规定性都被一笔勾销了"[3]。这才是问题的"症结"所在。而作为"抽象力"的《资本论》的认识论，无非就是要透过本质的"具体"存在读出（在这个词的真正意义上）"抽象"的本质。[4] 所以说，《资本论》认识论的伟大意义，就在于实现了"抽象"的革命。实际上，在马克思看来："观念的东西不外是移入人的头脑并在人的头脑中改造过的物质的东西而已。"[5] 在此意义上，现实中的具体只是"移入头脑的东西"，而思维中的具体则是"头脑中改造过的东西"，而"抽象力"正是把二者区别和联系起来的桥梁。借用马克思自己的说法，本来"人体解剖对于猴体解剖是一把钥匙"，但古典政治经济学和德国古典哲学却把关系颠倒了，错把"猴体"当成了"人体"。

在《资本论》的"政治经济学批判"这里，虽然马克思既反对古典政治经济学的"抽象实在论"，称之为"非批判的实证主义"；也反对德国古典哲学的"抽象辩证法"，称之为"非批判的唯心主义"。但马克思并未简单地将它们抛弃，而是将二者有机结合在一起，形成了自己独特的实在论与辩证法相统一的科学的政治经济学研究方法——"抽象力"——批判的实证主义。因此，马克思自己才特意强调：只有用"抽

---

[1] 《马克思恩格斯全集》第34卷，人民出版社2008年版，第115页。
[2] 《马克思恩格斯全集》第30卷，人民出版社1995年版，第42页。
[3] ［苏］伊利延科夫：《马克思〈资本论〉中抽象和具体的辩证法》，郭铁民等译，福建人民出版社1986年版，第214页。
[4] ［法］阿尔都塞：《读〈资本论〉》，李其庆、冯文光译，中央编译出版社2001年版，第5页。
[5] 马克思：《资本论》第1卷，人民出版社2004年版，第22页。

象力"来代替"显微镜"和"化学试剂",才能真正分析和把握资本主义生产方式及其生产关系和交换关系。马克思所强调的这个"从具体到抽象"和"从抽象到具体"相统一的"抽象力",实际上就是《资本论》中"研究的方法"和"叙述的方法"相统一的辩证法。为此,在《资本论》第一卷第二版的跋中,马克思才认可俄国学者考夫曼对自己《资本论》的研究方法的批评:"研究方法是严格的实在论的,而叙述方法不幸是德国辩证法的。"[①] 在这里,考夫曼不自觉地分别抓住和揭示出了马克思《资本论》研究方法的"两个方面",只不过硬性地将二者分割开来了。但在马克思看来,二者是内在统一的"一个东西":"当然,在形式上,叙述方法必须与研究方法不同。研究必须充分地占有材料,分析它的各种发展形式,探寻这些形式的内在联系。只有这项工作完成以后,现实的运动才能适当地叙述出来。这点一旦做到,材料的生命一旦在观念上反映出来,呈现在我们面前的就好像是一个先验的结构了。"[②] 这才是《资本论》的"抽象力"——作为"研究的方法"和"叙述的方法"相统一的辩证法的真实意义,也是马克思《资本论》所实现的认识论的革命性变革所在。古典政治经济学和德国古典哲学的错误,就在于要么用"研究的方法"(实在论)取代"叙述的方法"(抽象论),要么用"叙述的方法"取代"研究的方法",割裂了二者的联系和统一,而《资本论》的"抽象力"正是二者有机结合的结果。对此,列宁后来在《哲学笔记》中明确指出:虽说马克思没有遗留下"大写字母的逻辑",但他遗留下"《资本论》的逻辑",我们必须运用这一逻辑来解决实际问题。[③] 列宁甚至因此得出结论:"不钻研和不理解黑格尔的全部逻辑学,就不能完全理解马克思的《资本论》,特别是它的第 1 章。因此,半个世纪以来,没有一个马克思主义者是理解马克思的!!"[④] 在这里,列宁之所以有如此论断,就是因为一方面,他深刻认识到《资本论》的研究对象的特殊性——在经济学家看到物与物的地方马克思看到了人与人的关系,而物与物背后人与人的关系,不仅古典政治经济学家和庸俗经济学家们认识不到——他们"仍然留在黑暗之中,成为那些只是经济实践的意识形

---

① 马克思:《资本论》第 1 卷,人民出版社 2004 年版,第 20 页。
② 马克思:《资本论》第 1 卷,人民出版社 2004 年版,第 21—22 页。
③ 《列宁全集》第 55 卷,人民出版社 2017 年版,第 290 页。
④ 《列宁全集》第 55 卷,人民出版社 2017 年版,第 151 页。

态概念或经验主义概念的俘虏"①,就算那些自诩所谓"马克思主义者",同样也认识不到;另一方面,列宁更深刻认识到:"在《资本论》中,唯物主义的逻辑、辩证法和认识论(不必要三个词:它们是同一个东西)都应用于一门科学,这种唯物主义从黑格尔那里吸取了全部有价值的东西并发展了这些有价值的东西。"② 在这里,列宁明确指出《资本论》的认识论革命,是奠立在黑格尔的"抽象"——逻辑学基础上,并深入发展和推进了其合理性的结果。在马克思这里,作为逻辑、辩证法和认识论三者一致的"抽象力",已经彻底超越了古典政治经济学的"抽象实在论"和德国古典哲学的"抽象辩证法":"抽象力"既不是思想活动,也不是主观心理现象,更不是单纯思维实践,而是通过现实的生产关系和交换关系发生和实践的,它已经具有了现实的客观真理性。也就是说,古典政治经济学和德国古典哲学都在一定程度上误解或误用了"抽象",它们的"抽象"只是一种"'抽象'的抽象"——自我抽象(强制的或思辨的),而马克思《资本论》的"抽象力"却是一种"'具体'的抽象"——实践抽象(现实的和历史的)。所以说,《资本论》的"抽象力"已经实现了对古典政治经济学"直观抽象"和德国古典哲学"思辨抽象"的胜利的和富有内容的批判和超越。

由此可见,作为"政治经济学批判"的《资本论》,其巨大的认识论革命意义,既不在于像古典政治经济学家那样"直观地"看待现实,也不在于像黑格尔那样"抽象地"叙述辩证法的一般运动形式,而在于通过其综合两者的"抽象力",使辩证法由神秘的、时髦的东西变成了引起资产阶级及其辩护士的恼怒和恐怖的批判和改造资本主义社会的革命武器。也正因如此,恩格斯才指出:《资本论》的"认识论"使作为全部现代社会体系所围绕旋转的"轴心"的"资本和劳动的关系",第一次得到了"科学的说明";正是借助这一抽象力,马克思到达了观察资本主义现实世界和秘密的制高点,得以"把现代社会关系的全部领域看得明白而清楚"③,从而揭开了笼罩着商品世界的一切"魔法妖术"和全部神秘性。在此意义上,近代哲学的认识论转向,不是在斯密《国富论》或康

---

① [法]阿尔都塞:《读〈资本论〉》,李其庆、冯文光译,中央编译出版社 2001 年版,第 170 页。
② 《列宁全集》第 55 卷,人民出版社 2017 年版,第 290 页。
③ 《马克思恩格斯选集》第 2 卷,人民出版社 2012 年版,第 70 页。

德"先验论"和黑格尔"逻辑学"这里,而是在马克思《资本论》这里,才得以真正完成并获得了它完全的意义。由此,我们也就不难理解列宁为何强调:"辩证法也就是(黑格尔和)马克思主义的认识论:正是问题的这一'方面'(这不是问题的一个'方面',而是问题的实质)普列汉诺夫没有注意到,至于其他的马克思主义者就更不用说了。"① 在这里,我们完全可以借用列宁的说法得出如下结论:"抽象力"就是《资本论》的认识论——这也不是问题的一个"方面",而是问题的"实质"。

---

① 《列宁全集》第55卷,人民出版社1990年版,第308页。

《资本论》：马克思的"批判理论"

在一定意义上，马克思的一生就是在"批判资本主义"中度过的。从青年时期的"黑格尔法哲学批判"到"神圣家族批判"和"德意志意识形态批判"，再到黄金时期的"政治经济学批判"和"哥达纲领批判"，以及晚年批判瓦格纳的"政治经济学教科书"，马克思从哲学、宗教、意识形态、经济和政治等全方位对资本主义进行了无情的批判。马克思的理论本质上就是一种"对现存的一切进行无情的批判"，并"在批判旧世界中发现新世界"的批判理论。而这一"批判理论"的最集中体现，就是马克思为之牺牲了"健康、幸福和家庭"的作为"政治经济学批判"的《资本论》。

一 "政治经济学的形而上学"批判：政治经济学的辩证法

在《精神现象学》中，黑格尔区分了三种思维：表象思维、形式思维和思辨思维，认为只有区别于表象思维和形式思维的思辨思维，才是真正的"让内容按照它自己的本性，即按照它自己的自身而自行运动，并从而考察这种运动"[①]的哲学概念思维。在黑格尔这里，思辨思维既超越了表象思维的"抽象的肯定"，又超越了形式思维的"空洞的否定"，从而实现了对事物的"否定之否定"的理解。这也正是马克思后来高度肯定的黑格尔作为推动原则和创造原则的"否定性的辩证法"。但由于黑格尔过分看重和抬高概念和逻辑的力量，让现实服从于逻辑而不是相反，最终走上了泛逻辑主义，只是实现了对现实的抽象的、逻辑的和思辨的

---

① ［德］黑格尔：《精神现象学》上卷，贺麟、王玖兴译，商务印书馆1997年版，第40页。

表达。由此导致黑格尔在面对现实经济问题时,"通过把具体条件替换为它们的抽象概念,把自我增殖的价值替换为绝对否定性,而把资本这一具有历史规定性的体系转化为无时间的逻辑王国,从而将资本的辩证运动过程永恒化了"①。在此意义上,庸俗经济学家和蒲鲁东主义者在经济问题上确实是黑格尔哲学方法的"传人"。

对古典经济学家、庸俗经济学家和蒲鲁东在经济学上对黑格尔哲学思辨方法的"套用"和"搬弄",马克思称之为"政治经济学的形而上学"。在实质性意义上,马克思之所以批判蒲鲁东以及古典经济学家和庸俗经济学家,是因为他们并没有真正达到黑格尔思辨思维的水平,仍然是一种沉浸在物质材料里而难以自拔的表象思维,充其量只能算是一种超脱内容的形式推理。早在《1844年经济学哲学手稿》中,初涉经济学的马克思就对国民经济学及与其同一立场的黑格尔进行了批判,接着又在作为《资本论》的"入门读物"——《哲学的贫困》中,马克思专门集中对"搬弄黑格尔"的蒲鲁东进行了深入的揭示和批判,后来又在《政治经济学批判导言》和《资本论》中对古典经济学和庸俗经济学进行了全面的分析和批判,从而具体阐述了《资本论》的政治经济学辩证法。

虽然马克思专门写了本著作——《哲学的贫困》来批判蒲鲁东,但绝不是为了打倒其本人,而是为了必须断然同唯心主义的政治经济学划清界限,"给力求阐明社会生产的真实历史发展的、批判的、唯物主义的社会主义扫清道路"②。为此,马克思才决定不惜写一本著作来揭开"搬弄黑格尔"的蒲鲁东的真实面目。也因此,"在该书中还处于萌芽状态的东西,经过二十年的研究之后,变成了理论,在《资本论》中得到了发挥"③。也是在此意义上,马克思后来才强调《哲学的贫困》和《共产党宣言》一起,成了《资本论》的"入门读物"。在《哲学的贫困》中,马克思集中批判的是蒲鲁东由于"搬弄"黑格尔辩证法而造成的"政治经济学的形而上学"。针对蒲鲁东对黑格尔思辨辩证法的任意"肢解"和随意"套用",马克思一针见血地指出:"蒲鲁东先生的整个辩证法是什么呢?就是用抽象的和矛盾的概念,如稀少和众多、效用和意见、一个

---

① [英]阿瑟:《新辩证法与马克思的〈资本论〉》,高飞等译,北京师范大学出版社 2018 年版,第 10 页。
② 《马克思恩格斯全集》第 19 卷,人民出版社 1963 年版,第 248 页。
③ 《马克思恩格斯全集》第 19 卷,人民出版社 1963 年版,第 248 页。

生产者和一个消费者（两者都是自由意志的骑士）来代替使用价值和交换价值、需求和供给。"① 在这里，蒲鲁东把黑格尔辩证法"正—反—合"的三个环节的"否定之否定"过程，仅仅变成了"正—反"两个环节的"肯定—否定"的二元对立过程，他把辩证法简单化和直观化了。在此基础上，必然导致蒲鲁东撇开劳动和社会关系而对经济关系和经济范畴进行曲解。实际上，经济范畴只不过是现实生产的社会关系的"抽象"，即其理论表现，而作为空论家的蒲鲁东先生却把关系颠倒了，"他认为现实关系只是一些原理和范畴的化身"②。对此，马克思尖锐指出，蒲鲁东先生得出这个臆造的"极端的结论"，他实际上触及的仅仅是那些表达事物的"术语"，而绝不是"事物本身"，"这说明他对修辞学要比逻辑学有才能得多"③。从"政治经济学批判"视野出发，马克思入木三分地批评蒲鲁东仅仅是在玩弄概念和术语，而没有面向事情本身。由此可见，蒲鲁东虽然到处搬弄和套用黑格尔的辩证法，但实际上他并没有真正理解黑格尔辩证法的作为创造原则和推动原则的"否定性"。因此，蒲鲁东仍然与黑格尔站在同一立场，并且"黑格尔为宗教、法等做过的事情，蒲鲁东先生也想在政治经济学上如法炮制"④。在这一意义上，蒲鲁东就是黑格尔思辨哲学在政治经济学上的"传教士"和"代言人"。

由于不懂辩证法，马克思批判作为"政治经济学的形而上学"的国民经济学只是把私有财产在现实中所经历的物质过程，放进抽象的、一般的公式，然后把这些公式当作规律，实际上它并没有指明这些规律是怎样从私有财产的本质中产生出来的，所以它不理解这些规律。因此，国民经济学根本无法"向我们说明劳动和资本分离以及资本和土地分离的原因"⑤。这实际上就是国民经济学对黑格尔逻辑的直接"搬弄"和"套用"而掩盖了现实问题。由于搬弄和套用黑格尔的逻辑，资产阶级经济学家们把现实看作只是逻辑的具体体现而不是相反："经济学家们都把分工、信用、货币等资产阶级生产关系说成是固定的、不变的、永恒的

---

① 《马克思恩格斯全集》第 4 卷，人民出版社 1958 年版，第 87—88 页。
② 《马克思恩格斯文集》第 1 卷，人民出版社 2009 年版，第 602 页。
③ 《马克思恩格斯全集》第 4 卷，人民出版社 1958 年版，第 83 页。
④ 《马克思恩格斯文集》第 1 卷，人民出版社 2009 年版，第 601 页。
⑤ 《马克思恩格斯文集》第 1 卷，人民出版社 2009 年版，第 155 页。

范畴。"① 在此意义上，资产阶级经济学家，包括古典经济学的集大成者李嘉图，都把"资本"和"劳动的资产阶级形式"看作永恒的和自然的（而不是历史的）生产形式，然后又竭力为资本和雇佣劳动作辩护。在这里，资产阶级经济学家们看不到经济范畴实际上是现实社会生产关系的反映，是一定的生产方式的产物。由此可见，国民经济学家与黑格尔完全是逻辑一致的：黑格尔站在国民经济学的立场上，国民经济学站在黑格尔的逻辑延长线上。国民经济学和黑格尔结成了牢固的"神圣同盟"。对此，马克思深刻指出：人们按照自己的社会关系创造了相应的观念、范畴和原理，而这些社会关系又来源于相应的物质生产方式，所以，这些观念、范畴和原理也同它们所表现的社会关系一样绝不是永恒的，而是暂时的、历史的产物。② 而《资本论》所要做的，就是运用政治经济学的辩证法，把经济学放回到它的历史基地上，破除普遍永恒资本的"神话"。

正是在黑格尔思辨辩证法和古典经济学实证性方法的基础上，马克思清醒地认识到进行政治经济学研究，"既不能用显微镜，也不能用化学试剂。二者都必须用抽象力来代替"③。这里的"抽象力"，既超越了沉入物质中而不能自拔的表象思维——非批判的实证主义，也超越了以脱离内容而骄傲的形式推理——非批判的唯心主义，从而是思辨思维与实证方法的统一——批判的实证主义。作为"批判的实证主义"，这种"抽象力"既具有马克思自己在《资本论》的序言中所说的"叙述的方法"的"先验结构"，又立足于"研究的方法"的"客观实在"。因此说，《资本论》本质上既不是一种空洞的唯理论，也不是一种简单的实证论，而是"关乎马克思对观念论中的抽象主义和经验论中直观（事实）的意识形态的人本主义批判"④。在此基础上，马克思特别强调：《资本论》的区别于"神秘形式"的"合理形态"的辩证法之所以会引起资产阶级及其夸夸其谈的"传教士"和"代言人"的恼怒和恐怖，就是因为按辩证法的本质来说，它不崇拜任何东西，而"是批判的和革命的"⑤。也因

---

① 《马克思恩格斯文集》第1卷，人民出版社2009年版，第598页。
② 《马克思恩格斯文集》第1卷，人民出版社2009年版，第603页。
③ 马克思：《资本论》第1卷，人民出版社2004年版，第8页。
④ ［美］麦卡锡：《马克思与古人》，王文扬译，华东师范大学出版社2011年版，第334页。
⑤ 马克思：《资本论》第1卷，人民出版社2004年版，第22页。

此，英国新辩证法派代表人物阿瑟明确指出：作为政治经济学批判的《资本论》辩证法的"真正财富"和实质，"并不是由于某种抽象普遍方法的应用，而是因为物质自身的运动要求相应逻辑范畴的表达"[①]。所以在《资本论》中，马克思确实实现了以唯心主义的方式——思辨辩证法反对旧唯物主义——古典经济学和庸俗经济学，又以新唯物主义——政治经济学批判来反对唯心主义——德国古典哲学。

二　"劳动价值论"批判：价值规律的"二律背反"

以斯密为代表的古典经济学，在超越重商主义和重农学派的基础上，首次提出了劳动价值论。在《国富论》中，斯密明确表明了"劳动价值论"的两个基本规定：一是劳动创造价值，一切物品的"真实价格"，乃是"获得它的辛苦和麻烦"，世上所有财富，都不是用"金银"而是用"劳动"购买的；二是等量劳动获取等量价值，"一定劳动量的价值"交换有"同量劳动价值的物品"，无论在何时何地，对于劳动者都可以说"等量劳动"有"同等的价值"。[②] 在这里，斯密既解决了价值的劳动来源问题，又说明了衡量价值的劳动标准问题。由此可见，在古典经济学这里，劳动价值论的两个基本规定——"劳动创造价值"和"等量劳动获得等量价值"，实际上也是劳动价值论的"两个教条"，一直制约和左右着从斯密到李嘉图的古典经济学的发展。古典经济学的劳动价值论虽然揭示出了财富的来源问题，但却无法理解和说明劳动的二重性，因而不能区分"生产中耗费的劳动"和"交换中购买到的劳动"，亦即无法区分"创造价值的劳动"和"衡量价值的劳动"。对此，马克思指出："斯密用商品中所包含的劳动时间来决定商品价值，但是，他又把这种价值规定的现实性推到亚当以前的时代。换句话说，从简单商品的观点看来他以为是真实的东西，一到资本、雇佣劳动、地租等等比较高级和比较

[①] ［英］阿瑟：《新辩证法与马克思的〈资本论〉》，高飞等译，北京师范大学出版社2018年版，第5页。

[②] ［英］斯密：《国民财富的性质和原因的研究》上卷，郭大力、王亚南译，商务印书馆2012年版，第26、27、29页。

复杂的形式代替了这种商品时,他就看不清了。"① 由此可见,斯密不理解劳动的社会性质及劳动二重性,他把"生产中耗费的劳动"和"交换中购买到的劳动"、"创造价值的劳动"和"衡量价值的劳动"混为一谈了,他的劳动价值论说到底是"二元论"的。由此导致劳动对人之自由解放的真实意义,在斯密这里还是模糊不清的。李嘉图对此虽然也有所觉察,但由于固守劳动价值论的"两个教条",他仍然是徘徊不前的。而通过提出"劳动的二重性"来超越古典经济学劳动价值论的"两个教条",正是马克思《资本论》的伟大创举。

实际上,古典经济学的劳动价值论只是论证了财富的源泉问题,进而为资本家发财致富披上了合法性外衣。所以在古典经济学这里,劳动价值论是具有实证性和肯定性的。而马克思劳动价值论批判的"真正要义关注的是关于资本家生产的本质这样一个基本争论"②,即论证资本主义生产的剥削本质。在马克思这里,劳动价值论是否定性的和批判性的。对此,罗尔斯却比一些所谓马克思主义者更深谙其意:马克思劳动价值论的"主旨",就是通过挖掘资本主义秩序之外在表象下的深层结构,使人们能够了解工人劳动时间的花费轨迹,从而发现那些使剩余价值——工人阶级的未付酬劳动——能够被剥夺以及剥夺多少的各种"制度安排"③。也就是说,在马克思这里,作为财富来源的"劳动价值论"必然要走向财富剥削的"剩余价值论"。马克思与古典政治经济学的根本区别就在于剩余价值理论。

可以说,《资本论》的"政治经济学批判",也是一种"劳动价值论批判",这一批判所要解决的根本问题,绝不是一种关于公正价格的理论,而是揭示作为表面上等价交换的价值规律为何走向了实际的不等价交换的剩余价值规律。这实际上就是建立在古典经济学劳动价值论基础上的价值规律的"二律背反":劳动价值论不是有关"衍生价格"的——那是浪费时间,而是批判古典政治经济学所谓劳动价值论基础上的价值

---

① 《马克思恩格斯全集》第 31 卷,人民出版社 1998 年版,第 453 页。
② [美]罗尔斯:《政治哲学史讲义》,杨通进等译,中国社会科学出版社 2011 年版,第 343 页。
③ [美]罗尔斯:《政治哲学史讲义》,杨通进等译,中国社会科学出版社 2011 年版,第 342 页。

规律之异化与拜物教的颠倒而疯狂的机制。① 尽管古典政治经济学的价值规律能够批判封建的社会秩序，但它们本身却不能为资本主义的历史批判提供基础。在马克思看来，古典经济学的劳动价值论在表面的流通或交换领域是自由平等的：劳动力的买和卖是在商品交换或流通领域的界限以内进行的，那里占统治地位的只是自由、平等、所有权和边沁，这个领域确实是天赋人权的真正伊甸园。② 但马克思却深刻认识到表面平等的"用等价物交换等价物"的价值规律背后的实际不平等："按照商品生产中占统治地位的价值规律，'剩余价值'归资本家，而不归工人。"③ 在此基础上，古典政治经济学所谓价值规律也就合乎逻辑地走向了剩余价值规律，而剩余价值规律必然会导致贫富两极分化：在一极是资产阶级财富的积累，同时在另一极则是受劳动折磨、奴役的工人阶级——在把自己的产品作为资本来生产的阶级方面的粗野、无知、道德堕落和贫困积累。④ 而两极分化的结果，就是马克思强调的资产阶级自掘坟墓并培养了自己的掘墓人——无产阶级。在今日金融资本狂欢的时代，全球范围内的这"两个积累"依然有增无减。对此，法国学者皮凯蒂在《21世纪资本论》中，利用资本主义近三百年发展的历史资料和经济数据来进一步分析证明了资本的增殖规律 $r > g$（资本收益率大于经济增长率）。

对于价值规律走向剩余价值规律的内在原因，古典经济学家看不到也不承认，唯有马克思通过提出"劳动二重性"将其揭示了出来。在《资本论》中，马克思区分了创造商品价值的抽象劳动和创造商品使用价值的具体劳动，揭示出劳动与资本的交换中，劳动力是被全价购买的，其价值也被视为是严格服从包括劳动力本身在内的所有商品的劳动价值论的，因此，劳动者得到充分偿付的是他的劳动力而不是劳动。马克思的这种解释解决了古典政治经济学未能系统阐明的问题，即由实现于产品中的劳动与该产品应得的劳动不相等所造成的问题。也就是说，古典经济学的劳动价值论所造成的"等价交换"的价值规律走向"不等价交换"的剩余价值规律的"二律背反"，在《资本论》的"劳动二重性"

---

① ［英］阿瑟：《新辩证法与马克思的〈资本论〉》，高飞等译，北京师范大学出版社2018年版，第15页。
② 马克思：《资本论》第1卷，人民出版社2004年版，第204页。
③ 《马克思恩格斯全集》第19卷，人民出版社1963年版，第428页。
④ 马克思：《资本论》第1卷，人民出版社2004年版，第743—744页。

中得到了很好的解决，而这既是马克思的伟大发现，也是"批判地理解问题的全部秘密"①。对此，英国新辩证法学派的代表阿瑟深刻指出，《资本论》的巨大成就就在于：马克思深刻揭示出"甚至当资本家支付了使生产得以进行的全部投入的全部价值时，剩余价值依然在这个过程中产生了"②。

可以说，在古典经济学劳动价值论的实证性背后，有一个否定性的过程。在此意义上，雇佣劳动与其说是"生产性劳动"，不如说是"反生产性劳动"，因为工人实际地或潜在地拒斥资本迫使他们劳动的企图。所以，马克思高于其他经济学家之处的巨大功绩就在于他"把劳动价值论重释为否定性的辩证法"③，揭示出了劳动价值论的自我否定性。所以，《资本论》"劳动价值论批判"的"全部意图"，就是要揭示和证明资产阶级的必然灭亡和无产阶级的必然解放"何以内含于劳动价值论中，以及何以具体化于资本主义的实践中"④。这实际上正是《资本论》对古典政治经济学的批判和超越的真正实质所在。对此，马克思强调这是工人阶级的"劳动政治经济学"对资产阶级的"资本政治经济学"的伟大胜利。在此意义上，我们确实可以说，在《资本论》这里，"劳动价值论"不是"关于价值的劳动理论"——价值的劳动来源——问题，而是"关于劳动的价值理论"——劳动的自由解放——问题。

三 "拜物教"批判：破除资产阶级意识形态的"幻象"

在马克思这里，《资本论》的"劳动价值论"批判和"政治经济学的形而上学"批判，必然要走向"拜物教"批判，亦即资产阶级意识形态批判。在马克思看来，资产阶级意识形态有两个本质规定：一是颠倒

---

① 《马克思恩格斯〈资本论〉书信集》，人民出版社1976年版，第242页。
② ［英］阿瑟：《新辩证法与马克思的〈资本论〉》，高飞等译，北京师范大学出版社2018年版，第57页注②。
③ ［英］阿瑟：《新辩证法与马克思的〈资本论〉》，高飞等译，北京师范大学出版社2018年版，第64页。
④ ［美］列奥·施特劳斯、约瑟夫·克罗波西主编：《政治哲学史》（第三版），李洪润等译，法律出版社2009年版，第819页。

的和虚幻的意识，二是掩盖和否认矛盾。在此意义上，"价值规律"（看不见的手）和"政治经济学的形而上学"都是资本主义最大的意识形态。如果说在《德意志意识形态》时期，马克思主要是把意识形态和哲学批判联系在一起，对其进行了理论的说明。那么在《资本论》时期，马克思则通过"拜物教"批判，将它与产生于资本主义生产方式之中的典型化资本主义意识形态联系在一起，才实现了对资产阶级意识形态的釜底抽薪式批判。因此说，我们应该在作为"政治经济学批判"的《资本论》中，而不是在作为"唯物主义观点和唯心主义观点对立"的《德意志意识形态》中来理解和把握马克思的意识形态批判之真谛。

虽然"意识形态"这个术语在《资本论》中并不像在《德意志意识形态》中常见，但马克思在《资本论》中关于资本主义生产方式的细致分析，特别是对商品拜物教的分析，对于我们理解资本主义意识形态的运作和马克思的意识形态批判，却具有根本性意义。苏联学者鲁宾指出："拜物教理论的本质是马克思全部经济学体系，特别是他的价值理论的基础。"[①] 在《资本论》第一卷中，马克思就以"木头变成桌子"为例，形象地说明了商品拜物教的实质。木头做成桌子，可桌子还是一个普通的可感觉物的木头，但桌子一旦作为商品出现，它就转化为一个可感觉而又超感觉的"物"，成了一种很古怪的东西，从而"充满形而上学的微妙和神学的怪诞"。在此意义上，马克思强调：人们在商品的世界里膜拜自己人手的产物，正像在宗教世界里人们膜拜自己头脑的产物一样，马克思把这叫作"拜物教"。所以，"劳动产品一旦作为商品来生产，就带上拜物教性质，因此拜物教是同商品生产分不开的"[②]。而对于拜物教得以产生和形成的真正原因，马克思高于资产阶级经济学家认识到：商品形式和它借以得到表现的劳动产品的价值关系，只是人们自己的一定的社会关系，它是同劳动产品的物理性质以及由此产生的物的关系完全无关的，但它却在人们面前采取了物与物的关系的虚幻形式。[③] 在马克思政治经济学批判的视野里，这一人与物之间关系的颠倒的虚幻形式，也正是资本主义社会拜物教的实质，而拜物教又是资本主义意识形态的实质。

---

① 转引自赵敦华《马克思哲学要义》，江苏人民出版社2018年版，第338页。
② 马克思：《资本论》第1卷，人民出版社2004年版，第90页。
③ 马克思：《资本论》第1卷，人民出版社2004年版，第89—90页。

所以说，资本主义社会不仅表现为实质性的资产阶级生产方式，还表现为观念性的资产阶级意识形态的拜物教。马克思认为，资本主义社会的最基本的"颠倒"，即死劳动控制活劳动这一事实，必然会产生出相应的颠倒的观念或歪曲的意识，这种观念或意识"由于真正流通过程的各种转化和变形而进一步发展了"①。可以说，资产阶级意识形态以歪曲和颠倒的形式表达了资本主义社会的基本现实：资产阶级意识形态所鼓吹的自由和平等的表象，正是其具有压迫性和不平等属性的资本主义生产关系的产物。资产阶级一方面用商品等价交换形式的平等和自由瓦解和替代了高高在上的宗教形式的意识形态控制；另一方面自己却又变成了作为"抽象"——商品——"非神圣形象"对人的统治的牺牲品。即便是作为"商品世界的完成形式"的货币和"拜物教的完成形态"的资本，同样是"用物的形式掩盖了私人劳动的社会性质以及私人劳动者的社会关系，而不是把它们揭示出来"②。可以说，资产阶级意识形态就是用来为现代社会这些公开而明显的新型统治关系提供合法性的工具。但资本主义的商品拜物教，只是资产阶级意识形态的初级阶段，资本拜物教才是其最高阶段。也就是说，只有发展到"生息资本"时，资本才真正变成了马克思所说的"自动的物神"，才"取得了它的最表面和最富有拜物教性质的形式"③，拜物教才获得了它完全的意义。因此，确实可以说拜物教在资本主义社会实际上承担了某种"宗教的角色"。

作为资本主义社会意识形态根本体现的拜物教，一方面体现了人与物颠倒的社会关系；另一方面拜物教又以虚幻的形式掩盖了劳动与资本、工人与资本家之间的矛盾。早在批判蒲鲁东《贫困的哲学》的《哲学的贫困》中，马克思就明确批评指出：资产阶级经济学家认为只有"天然的"和"人为的"两种制度，作为"天然的"资产阶级制度是与作为"人为的"封建制度相对立的。国民经济学家之所以说现存的资产阶级生产关系是天然的，是想以此说明正是这些关系才使发展生产力和生产财富得以按照自然规律进行，这些关系是不受时间影响的自然规律。因此，"以前是有历史的，现在再也没有历史了"④。正因如此，国民经济学家就

---

① 马克思：《资本论》第3卷，人民出版社2004年版，第53—54页。
② 马克思：《资本论》第1卷，人民出版社2004年版，第93页。
③ 马克思：《资本论》第3卷，人民出版社2004年版，第440页。
④ 《马克思恩格斯文集》第1卷，人民出版社2009年版，第612页。

在现实的经济领域里实现了黑格尔在思辨的思想领域里所谓"历史的终结",国民经济学与黑格尔哲学要么是非历史的,要么是超历史的,它们最终殊途同归了。后来在政论性著作《路易·波拿巴的雾月十八日》中,马克思又批评法国的社会民主派犯了同样的错误:"社会民主派的特殊性质表现在它要求民主共和制度并不是为了消灭两极——资本和雇佣劳动,而是为了缓和资本和雇佣劳动的对抗并使之变得协调起来。"[①] 在此,马克思看到了资产阶级意识形态的虚假性以及其掩盖和缓解资本与劳动之间矛盾的最终目的。这与马克思政治经济学批判的宗旨背道而驰。在马克思深入经济学历史的研究之后,更是全面而深刻地认识到了资产阶级意识形态否认资本与劳动之间矛盾的实质。马克思批判资产阶级及其夸夸其谈的经济学领域的辩护士和代言人"就在于伪造最简单的经济关系,特别是在于不顾对立而硬说是统一"[②],甚至古典经济学的集大成者李嘉图也不懂得他所论述的资本和劳动之间的矛盾的真实意义,而庸俗经济学家更是"千方百计力图通过空谈来摆脱反映矛盾的思想"[③]。由此可见,资产阶级及其代言人和辩护士的最终目的,都是为了借助于伪装起来的意识形态来掩盖现实中的矛盾,让人们对以资本为代表的"非神圣形象"顶礼膜拜。可以说,正是由于意识形态,导致资本家和工人都"不能透过假象来认识这个过程的内在本质和内在结构"[④]。在此意义上,我们确实可以说资产阶级意识形态掩盖了"表面过程的地下暗流"。正是针对资产阶级意识形态的这一隐秘性质,马克思意识到了破除其虚幻性任务的艰巨。为此,马克思在《资本论》中以工人与机器的关系为例,特别强调了完成这一任务的艰巨性:工人要学会把自己的攻击从物质生产资料本身转向物质生产资料的社会使用形式,从而学会把机器和机器的资本主义应用区别开来,是需要经验和时间的。[⑤]

在马克思这里,资产阶级意识形态作为一种对现实的颠倒的虚幻反映,它既掩盖了自己产生于其中的社会矛盾,也借此保证了自己存在的合法性。所以,要想消灭意识形态,仅仅靠消灭观念是不够的,还应消

---

① 《马克思恩格斯全集》第8卷,人民出版社1961年版,第152页。
② 《马克思恩格斯全集》第26卷Ⅱ,人民出版社1973年版,第571页。
③ 《马克思恩格斯全集》第26卷Ⅲ,人民出版社1974年版,第557页。
④ 马克思:《资本论》第3卷,人民出版社2004年版,第189页。
⑤ 马克思:《资本论》第1卷,人民出版社2004年版,第493页。

灭观念得以产生的现实社会关系："要从人们的意识中消除这些观念，只有靠改变条件，而不是靠理论上的演绎。"① 因此，只有当造成资产阶级意识形态的社会矛盾被实践地解决的时候，它才能得以消失。在马克思看来，资本主义私有制正是资产阶级意识形态得以产生的基础和温床。为此，马克思主张必须在扬弃资本主义私有制的基础上，通过工人阶级的协作生产来共同占有生产资料而"重建个人所有制"②，以此才能揭露剥夺者，才能揭掉作为拜物教的资产阶级意识形态的"神秘纱幕"，亦即摧毁了关于自由、平等和私有财产之间隐秘联系的这种"意识形态的幻觉"，才能彻底消灭资产阶级意识形态。马克思虽然很少正面教育工人阶级如何培养阶级意识，但他的《资本论》就是一面镜子，映射出了资本主义非人道的剥削在工人阶级身上留下的非人性的、陈旧肮脏的阶级烙印。工人阶级要想解放自己，不但要消灭资本主义私有制，还要克服和抛弃自己身上一切落后和肮脏的东西。对此，马克思特别强调：革命之所以必需，一是因为除了革命，没有任何其他的办法能够推翻统治阶级；二是因为推翻统治阶级的工人阶级，只有在革命中才能抛掉自己身上的一切陈旧的肮脏东西，才能胜任重建社会的工作。③ 所以，工人阶级只有解放全人类，才能真正解放自己。在此意义上，我们确实可以说《资本论》就是"一本培育工人阶级的阶级意识的生动教科书"④。按恩格斯的说法，正是《资本论》第一次使现代无产阶级意识到自身的地位和需要，意识到追求自身解放的条件。因此可以说，《资本论》的"政治经济学革命"也是一场"意识形态革命"。在意识形态革命的意义上，《资本论》的副标题"政治经济学批判"，完全可以更换为"德意志意识形态批判"或"法兰西意识形态批判"。所以说，正是在《资本论》的意识形态批判和阶级革命的唤醒下，无产阶级与资产阶级之间剩余价值的争夺必将演化成一场无产阶级追求自身解放的阶级斗争。也因此，作为工人阶级解放的"圣经"的《资本论》，才成了未来共产主义的"助产婆"。

---

① 《马克思恩格斯全集》第3卷，人民出版社1960年版，第45页。
② 马克思：《资本论》第1卷，人民出版社2004年版，第874页。
③ 《马克思恩格斯文集》第1卷，人民出版社2009年版，第543页。
④ 赵敦华：《马克思哲学要义》，江苏人民出版社2018年版，第363页。

《资本论》："政治经济学批判"的逻辑转换

在一定意义上，马克思没有"政治经济学"，只有"政治经济学批判"。1859年在柏林出版的作为马克思"一生的黄金时代的研究成果"就命名为《政治经济学批判》，而这一标题后来又成了《资本论》的副标题。作为"政治经济学批判"的《资本论》，不是致力于阐明如何建构共产主义的经济学，而是致力于揭示资本主义经济学的缺点和问题，论证资本主义生产方式的矛盾性和暂时性。而这一"政治经济学批判"的主题变换和革命性变革，主要就是通过从"劳动价值论的逻辑"向"剩余价值论的逻辑"转变实现的。对此，在《资本论》第一卷出版前夕（1867年8月24日）致恩格斯的信中，马克思曾专门强调自己的《资本论》一书"最好的地方"有两点：一是提出了"劳动的二重性"，二是研究了作为一般形态的"剩余价值"。[①] 由此可见，《资本论》的真正创建并不在于肯定了古典政治经济学的"劳动价值论"，而是在古典政治经济学劳动价值论基础上提出了"劳动的二重性"，并以此为基础改造和完善了劳动价值论，进而将"劳动价值论"升华为关于资本主义生产方式之特殊规律的"剩余价值论"。《资本论》的"政治经济学批判"是对古典政治经济学劳动价值论富有内容的超越和根本的逻辑转换，由此才使"政治经济学"这门科学发生了"彻底的革命"。

一　古典政治经济学"劳动价值论"的"两个教条"

在古典政治经济学之前，重商主义认为"货币"是财富的标志，作

[①] 《马克思恩格斯〈资本论〉书信集》，人民出版社1976年版，第225页。

为货币来源的"流通领域"是财富的源泉。而其后的重农学派虽然有所进步,否认流通领域是财富的源泉,认识到"生产领域"才是财富的源泉,但它也只是把农业生产当成是财富的唯一源泉,而否认其他形式的生产的意义。在经济学的历史上,真正把商品的价值和劳动联系起来的,是古典政治经济学。古典政治经济学产生于17世纪中叶,完成于19世纪初,其实质是产业资本代替了商业资本的统治,让"生产"而不是"流通"成为财富的基础和源泉。古典政治经济学首先是通过批判重商主义而确立自己的基本理论的。不同于重商主义,古典政治经济学把商业资本统治时期的一个独立的经济现象"流通",当作生产的从属因素,重商主义的财富观和货币观被重新探讨。在古典政治经济学这里,国民财富的性质和原因不再是外在的"货币",而是内在的"生产"。为了论证资本主义工业生产方式的优越性,代表产业资本家利益的古典经济学家在重商主义者所描述的流通领域的货币现象背后,去寻找资本主义生产的本质和其内在规律。就价值问题而言,古典政治经济学认为有必要透过重商主义的市场价格这个"流通表象",深入到生产领域中寻求其形成的"自然基础"。在此基础上,它才发现了作为一切国民财富源泉的"劳动"是决定价值的最终因素,"劳动价值论"终于代替"货币财富论"出现了。劳动价值论的出现,既标志着经济学理论探讨从"流通关系"到"生产关系"的过渡,也标志着古典政治经济学的产生。正如马克思所言:"我所说的古典政治经济学,是指从威·配第以来的一切这样的经济学,这种经济学与庸俗经济学相反,研究了资产阶级生产关系的内部联系。"①

在劳动价值论创建之前,"劳动"似乎是一个十分简单的范畴,好像和财富(价值)无关。如货币主义就把财富看成自身之外的"他物",看成是完全客观的东西存在于货币之中。同货币主义相比,重商主义的很大进步在于把财富的源泉从对象转移到主体的活动——商业劳动,但是,他们仍然只是把这种活动本身理解为局限于取得货币的活动——从流通过程独立化为商业资本运动时呈现出的表面现象,因此,他们只是抓住了劳动的假象,而不能发现劳动创造财富的本质。同重商主义相对立的重农学派,把劳动的一定形式——农业生产——看作创造财富的劳动,

---

① 马克思:《资本论》第1卷,人民出版社2004年版,第99页。

不再把对象本身看作裹在货币的外衣之中，而是看作产品一般和劳动一般的成果了。在重农学派这里，劳动价值论实际上已经要呼之欲出了，但仍犹抱琵琶半遮面。在此基础上，亚当·斯密却大大地前进了一步，他抛开了创造财富的活动的一切规定性，既不是农业劳动，又不是商业劳动，也不是工业劳动，而既是这种劳动，又是那种劳动，或者干脆就是劳动本身。"有了创造财富的活动的抽象一般性，也就有了被规定为财富的对象的一般性，这就是产品一般，或者说又是劳动一般。"① 所以说，正是以斯密为创始人的古典政治经济学，真正开始了从"流通过程"向"生产过程"的过渡，实现了从"劳动"而不是"货币"来探讨国民财富性质和来源的先河。古典政治经济学这一步迈得虽然艰难，却是意义巨大。由此，以"劳动价值论"为基础的现代经济科学才得以诞生："真正的现代经济科学，只是当理论研究从流通过程转向生产过程的时候才开始。"②

在经济学史上，亚当·斯密被称为"国民经济学的路德"，他第一次撇开了具体劳动的特殊形式，宣称任何一个生产部门的劳动——劳动一般，都是国民财富的源泉。在被称为"资产阶级的圣经"的《国富论》中，斯密明确提出了自己"劳动价值论"的两个规定：一是劳动创造财富，"任何一个物品的真实价格"，乃是"获得它的辛苦和麻烦"，"世间一切财富，原来都是用劳动购买而不是用金银购买的"；二是等量劳动获取等量财富，"一定劳动量的价值"交换有"同量劳动价值的物品"，"劳动是衡量一切商品交换价值的真实尺度"。③ 在这里，斯密完全站在产业资产阶级的立场，一方面批判了重商主义者所主张的只有对外贸易才是财富的来源的观点，认为"劳动是第一性价格"，是最初用以购买一切货物的代价，强调获得它的"辛苦和麻烦"；另一方面又矫正了重农主义者所持的只有农业劳动才创造财富的偏见，强调商品的价值，恰恰等于它使他们（商品所有者）能够购买或支配的"一定劳动量的价值"。令人遗憾的是，由于对"价值量"的分析几乎吸引了斯密的全部注意力，所以他的劳动价值论主要是在探讨商品和商品之间交换的"量"的比例关

---

① 《马克思恩格斯全集》第 30 卷，人民出版社 1995 年版，第 45 页。
② 马克思：《资本论》第 3 卷，人民出版社 2004 年版，第 376 页。
③ [英] 斯密：《国民财富的性质和原因的研究》上卷，郭大力、王亚南译，商务印书馆 2012 年版，第 26、27 页。

系下,亦即在探讨什么是"交换价值的原始源泉"下展开的。然而,斯密根本不能,也无法明确区分和说明"投下的劳动量"和"交换的劳动量"各自的作用和相互关系。但与先前的古典政治经济学学派不同,斯密已开始在"效用"和"购买力"的意义上自觉区分作为"物品效用"的使用价值和作为"购买力"的交换价值,初步认识到商品具有"二重性",这是斯密的巨大历史功绩。但"效用"不能成为交换价值的源泉,因此斯密的"交换价值的原始源泉"所意味的恰恰就是商品的"购买力"。对此李嘉图曾指出:"亚当·斯密如此精确地说明了交换价值的原始源泉,他要使自己的说法前后一贯,就应该认为一切物品价值的大小和它们的生产过程中所投下的劳动量成比例;但他自己却又树立了另一种价值标准尺度,并说各种物品价值的大小和它们所能交换的这种标准尺度的量成比例。"① 可见,在斯密这里劳动价值论是具有"投下的劳动量"和"交换的劳动量"这"双重来源"的。在此意义上,斯密的劳动价值论甚至也被称为"二元论"。在经济学的发展史上,斯密虽然超越了其前人,把商品的价值归结为一般的劳动及其数量关系,但他并不了解这种"劳动"的社会性质,仍然缺少对其进行深入的"质"的区别和分析,因而他在进一步考察是什么劳动决定商品的价值、劳动怎样衡量商品的价值时,就陷入了不可避免的混乱。所以,斯密无法把"创造价值的劳动"和"衡量价值的劳动"区分开来:"斯密仍在迷宫般未经区分和未加消化的思想中犹豫不定地摸索着前进。"② 但斯密关于劳动价值论的"两个规定",却成了其后的古典政治经济学难以逾越的"两个教条",一直在左右着古典政治经济学的发展。

从斯密到李嘉图,劳动价值论的这"两个教条"虽然是抽象的和概念化的,但却是古典政治经济学始终遵循的"最高原理"。作为古典政治经济学的集大成者和完成者,李嘉图是在斯密劳动价值论的基础上进一步发展的,他坚持了劳动决定商品价值的最高原理,但一直反对斯密把商品的价值决定于生产商品所必需的相应劳动量与劳动的报酬混同起来。在《政治经济学及赋税原理》一书中,李嘉图明确强调劳动是一切价值

---

① [英]李嘉图:《政治经济学及赋税原理》,郭大力、王亚南译,商务印书馆1976年版,第9页。

② [美]恩斯特·温特曼:《〈资本论〉普及简读本》,吕博译,金城出版社2011年版,第102—103页。

的基础：商品的价值或其所能交换的任何另一种商品的量，不取决于付给这种劳动的报酬的多少，而取决于其生产所必需的相对劳动量。① 对此，李嘉图又进一步明确指出：一切商品，规定其交换价值的永远不是拥有生产资料之人的"较小量劳动"，而是不享有生产资料之人的"较大量劳动"。② 在这里，李嘉图把决定商品价值的必需的劳动量，主要归结为雇佣劳动者的"较大量劳动"，而不是物化为生产资料的"较小量劳动"，这既在一定程度上克服了斯密"投下的劳动量"和"交换的劳动量"一起决定商品价值的"二元论"，又同时比较明确地区分了生产耗费的劳动和购买得到的劳动，认识到在生产过程中，物化在生产资料中的劳动通过转移和直接生产耗费劳动一起决定商品的价值。所以，李嘉图的劳动价值学说是"资产阶级经济学在其不可逾越的发展界限内的虽不充分但是最好的分析"③。但是，李嘉图和斯密一样，过于迷恋劳动和价值的数量关系，最终还是把不同种类的劳动间质的差别归结为量的差别，对创造价值的劳动的社会性质仍缺乏深入分析。正是由于"李嘉图对于创造交换价值或表现为交换价值的劳动的姿容，它的特殊的决定性，即劳动的性质，没有去研究。……在他看来，自始就只有价值量成为问题。他以为诸商品的价值之比，等于它们生产上必要的诸劳动量之比"④。由此导致李嘉图在劳动价值论问题上也仍然是徘徊不前的，在本质上，他仍然坚持和完善着劳动价值论的"两个教条"，并没有比斯密高明和前进多少。

由此可见，作为为资产阶级利益代言的古典政治经济学的劳动价值论，虽然体现了经济学的重大进步，但仍存在着诸多局限："古典政治经济学的根本缺点之一，就是它从来没有从商品的分析，特别是商品价值的分析中，发现那种正是使价值成为交换价值的价值形式。恰恰是古典政治经济学的最优秀的代表人物，像亚·斯密和李嘉图，把价值形式看成一种完全无关紧要的东西或在商品本性之外存在的东西。"⑤ 而之所以

---

① ［英］李嘉图：《政治经济学及赋税原理》，郭大力、王亚南译，商务印书馆1976年版，第7页。
② ［英］李嘉图：《政治经济学及赋税原理》，郭大力、王亚南译，商务印书馆1976年版，第60页。
③ 陈岱孙：《从古典经济学派到马克思》，北京大学出版社1996年版，第72页。
④ 马克思：《剩余价值学说史》第2卷，郭大力译，上海三联书店2009年版，第5页。
⑤ 马克思：《资本论》第1卷，人民出版社2004年版，第98—99页。

如此，在马克思看来，这一方面是由于古典政治经济学家过多沉迷于对"商品价值量"的分析；另一方面是他们把资产阶级生产方式这一特殊生产类型当成了"永恒的自然形式"。正是此局限，导致古典政治经济学不能说明在资本主义生产方式下价值的实质和经济学范畴的历史性，不能辨别价值和交换价值的辩证关系，也不能在商品二重性的基础上发现劳动的二重性，更不能认识到等价交换的价值规律如何转化为不等价交换资本主义占有规律——剩余价值规律，从而揭露资本主义的生产关系及其交换关系的奴役和剥削本质。对于这些问题，马克思之前的政治经济学家要么束手无策，要么只是说一些或写一些毫无意义的空话；而那些批评资产阶级经济学的所谓社会主义者，也仅仅是指出矛盾而已，他们谁也没能解决这个矛盾。实际上，劳动价值论本身不仅有量的自然方面，而且还有质的社会方面："既有如亚当·斯密所见到的产品数量关系；又有马克思首先发现的另一种关系，即隐藏在数量关系背后的一种特定的，由历史条件决定的生产者之间的关系。"① 但不无遗憾的是，古典政治经济学的劳动价值论虽然阐释了商品价值的劳动起源，却又掩饰了剥削和剩余价值的存在，截断了从劳动价值论通向剩余价值论的桥梁。所以说，在古典政治经济学这里，劳动价值论与剩余价值论是矛盾的和不相容的。而只有马克思《资本论》的"政治经济学批判"，才在古典政治经济学陷入困境和止步不前的地方，揭示出了"劳动的二重性"，继续探寻了剩余价值的生产过程，并一直追溯到它的真实根源，从而揭开了资本主义生产方式之谜。在马克思看来，单靠古典政治经济学的劳动价值论，并不能为理解和解释资本主义生产方式提供合理与有效的理论基础，必须通过"劳动的二重性"对其进行彻底的改造和完善。

二 《资本论》"劳动二重性"对"劳动价值论"的推进

　　古典政治经济学虽然发现了劳动价值论，揭示了国民财富的性质和起源，并以商品的"真实价格"与"名义价格"或其"劳动价格"与

---

① [美]斯威齐：《资本主义发展论》，陈观烈、秦亚男译，商务印书馆2006年版，第42页。

"货币价格"的形式,初步区分了商品的"使用价值"和"交换价值",但它却没能发现和说清楚究竟是什么样的"劳动"创造了价值,什么样的"劳动"衡量了价值,亦即无法区分"具体劳动"和"抽象劳动"。在《国富论》中,斯密强调:"一个人占有某货物,但不愿自己消费,而愿用以交换他物,对他来说,这货物的价值,等于使他能购买或能支配的劳动量。因此,劳动是衡量一切商品交换价值的真实尺度。"① 在这里,"劳动"一词指的是"购买或能支配的劳动"——具体劳动,而"交换价值的真实尺度"——抽象劳动,也就意味着"购买或能支配的劳动",其结论就是"具体劳动"等于"抽象劳动"。紧接着斯密又指出:任何一个物品的真实价格,即要取得这物品实际上所付出的代价,乃是获得它的辛苦和麻烦;以货币或货物购买物品,正如我们用自己的劳动取得一样,就是用劳动购买;它们含有一定劳动量的价值,我们用以交换其他当时被认为有同量劳动价值的物品;劳动是最初用以购买一切货物的代价,是"第一性价格"。② 在这里,"劳动"一词指的是"辛苦和麻烦",即生产时所耗费的必要劳动,而"物品的真实价格"则意味着耗费的一般劳动。这样,作为"辛苦和麻烦"的劳动——具体劳动和"物品的真实价格"的劳动——抽象劳动,显然具有截然不同的含义。但在具体的叙述和阐释过程中,斯密却将二者时而等同、时而替换,最终混淆了二者。

李嘉图虽然继承了斯密关于商品的价值来源于一般劳动的劳动价值论,并认可其商品二重性的初步划分,但他一直反对斯密在劳动本身问题上的混淆。李嘉图比较明确地区分了"投在商品的直接生产过程中的劳动"和"投在实现该种劳动所需要的一切器具或机器上的劳动",③ 在劳动价值论上李嘉图确实比斯密前进了一步。但是,由于李嘉图看不到"各种劳动化为当作它们的计量单位的简单劳动的不同比例,是在生产者背后由社会过程决定的,因而在他们看来,似乎是由习惯决定的"④。所

---

① [英]斯密:《国民财富的性质和原因的研究》上卷,郭大力、王亚南译,商务印书馆2012年版,第26页。

② [英]斯密:《国民财富的性质和原因的研究》上卷,郭大力、王亚南译,商务印书馆2012年版,第26—27页。

③ [英]李嘉图:《政治经济学及赋税原理》,郭大力、王亚南译,商务印书馆1976年版,第19页。

④ 马克思:《资本论》第1卷,人民出版社2004年版,第58页。

以，作为古典政治经济学最杰出代表的李嘉图，也没能分清劳动的二重性。尽管他认识到商品的价值不仅决定于直接耗费在商品生产上的活劳动，而且也决定于包含在生产资料和原料中的死劳动，但当需要说明新价值的创造和原有价值的转移如何进行时，他就无能为力了。对此，马克思明确指出李嘉图体系有两大难点：第一个难点是，如何说明资本和劳动的交换怎样和"价值规律"相一致；第二个难点是，如何说明等量资本，不管它们的有机构成如何，总提供相等的利润，或提供一般利润率。[1] 由此可见，李嘉图依然无法突破古典政治经济学劳动价值论的"两个教条"。因此，在李嘉图这里，他的劳动价值论依然不能明确区分抽象劳动和具体劳动，更不能说明工人在生产过程中如何既用活劳动创造价值，又把物化在生产资料中的劳动转移到商品中去。可见，从斯密到李嘉图，古典政治经济学的最大缺陷就在于不能明确和合理地"分解"劳动。为此，马克思深刻指出："古典政治经济学在任何地方也没有明确地和十分有意识地把表现为价值的劳动同表现为产品使用价值的劳动区分开。"[2] 而对劳动的这一自觉区分，正是马克思《资本论》的一大贡献。

在劳动价值论问题上，马克思的《资本论》确实是继承了古典政治经济学的理论，是斯密—李嘉图学说的必然发展：当马克思声称社会确定一般交换比率的原则是蕴含在每一种商品中的劳动量，包括存储于生产中使用的工具或机器中的劳动量时，他只是在踏着李嘉图的足迹（并且沿着斯密开辟的道路）前进而已。[3] 但马克思的进步在于，《资本论》绝不是简单地拷贝和重复古典政治经济学，而是改造和推进了古典政治经济学。这一改造和推进，主要体现在在古典政治经济学"商品二重性"的基础上发现了"劳动二重性"。对此马克思本人曾明确强调：经济学家们毫无例外地都忽略了这样一个简单的事实——既然商品具有使用价值和交换价值这一"二重性"，那么，体现在商品中的劳动也必然具有"二重性"，而像斯密、李嘉图等人那样只是单纯地分析劳动，就必然处处都碰到不能解释的现象。实际上，这就是"批判地理解问题的全部秘密"[4]。

---

[1] 马克思：《剩余价值学说史》第3卷，郭大力译，上海三联书店2009年版，第157页。
[2] 马克思：《资本论》第1卷，人民出版社2004年版，第98页。
[3] [美]海尔布隆纳：《马克思主义：支持与反对》，马林梅译，东方出版社2014年版，第69页。
[4] 《马克思恩格斯〈资本论〉书信集》，人民出版社1976年版，第250页。

而马克思则围绕这一"批判地理解问题的全部秘密",在《资本论》中通过对"劳动二重性"——抽象劳动和具体劳动——的深入揭示和分析,阐明了价值的形成及其交换的可能:一切劳动,一方面是相同的或抽象的人类劳动,亦即人类劳动力在生理学意义上的耗费,它形成商品价值;另一方面是具体的有用的劳动,亦即人类劳动力在特殊的有一定目的的形式上的耗费,它生产使用价值。① 在马克思这里,劳动的二重性决定了商品的二重性,劳动是抽象劳动和具体劳动的统一,相应地,商品就是价值和使用价值的统一。正是这一"劳动二重性"的发现,才使"商品的二重性"——价值和使用价值——得到了合理的说明,才使古典政治经济学劳动价值论抽象的"两个教条"得到了克服和破除,也才使劳动价值论得以改造和推进,并获得了它完全的意义。对此,马克思声明:"商品中包含的劳动的这种二重性,是首先由我批判地证明的。这一点是理解政治经济学的枢纽。"② 实际上,马克思一直对自己做出的劳动二重性的这一区分而感到骄傲。即便是逝世前,马克思在其"最后的政治经济学批判"(《评阿·瓦格纳的"政治经济学教科书"》)中还依然强调:在分析商品的时候,自己并不限于考察商品所表现的二重性,而是立即进一步验证了商品的这种二重性体现着生产商品的劳动的二重性,即创造使用价值的劳动的具体形式——有用劳动,和作为一般劳动力消耗的劳动——抽象劳动;进而论证了剩余价值本身是从"劳动力"特有的"特殊的"使用价值中产生的,如此等等。③ 由此可见,正是"劳动二重性"的区分,才使马克思在"劳动力"作为商品的特殊使用价值——具体劳动——中发现了剩余价值的真实来源,从而根本否定了古典政治经济学认为地租和利润等来源于土地和生产资料而与"劳动"无关的观点。马克思架起了劳动价值论通向剩余价值论的桥梁。

正是由于紧紧抓住了"劳动二重性"这一"理解政治经济学的枢纽",马克思才拥有了既不同于"显微镜",也不同于"化学试剂"的把握资本主义生产方式本质的"批判武器",才彻底回答和解决了古典政治经济学的劳动价值论同剩余价值论不相容的难题和矛盾。在古典政治经

---

① 马克思:《资本论》第1卷,人民出版社2004年版,第60页。
② 马克思:《资本论》第1卷,人民出版社2004年版,第55页。
③ 《马克思恩格斯全集》第19卷,人民才出版社1963年版,第414页。

济学劳动价值论基础上,马克思通过"劳动二重性"的划分,揭示出"表现为最初活动的等价物交换,已经变得仅仅在表面上是交换,因为,第一,用来交换劳动力的那部分资本本身只是不付等价物而占有的他人的劳动产品的一部分;第二,这部分资本不仅必须由它的生产者即工人来补偿,而且在补偿时还要加上新的剩余价值"①。在这里,生产过程的结果是同商品流通过程的价值规律完全矛盾的。劳动力的价值在工人那里仍然表现为工资形式,而劳动力的使用价值却掌握在资本家手里。正是劳动力进行了有用的劳动,才把生产资料的价值转移出去,生产出自己价值的等价物,最后还创造出剩余价值。但工人获得的工资仅是自己劳动力的交换价值,而不是自己劳动的剩余价值。古典政治经济学家对此虽有所意识,但却不能明确地揭示。所以,正是"工资并不等于全部产品这一事实迫使李嘉图(偶尔还有斯密)去寻找另一个公式,它将价值生产能力归因于作为凝固的劳动的资本"②。也就是说,古典政治经济学家只是将(剩余)价值的来源归结为死劳动——资本,而不是活劳动——工人。但这却是马克思批判和否定古典政治经济学劳动价值论的根本原因所在。马克思在批判李嘉图的劳动价值论时就明确指出,以私人交换为基础的劳动具有如下特征:劳动的社会性质被歪曲地当作物的"属性";社会关系被当作诸物(产品、使用价值、商品)互相之间的关系。我们这位拜物教徒却把这个假象当作现实,并且事实上相信物的交换价值是由它们作为物的属性决定的,完全是物的"自然属性"。对此,马克思紧接着还进一步讽刺:但直到现在,也没有一个自然研究者曾经发现,鼻烟草和画像由何种自然属性依照一定比例相互成为"等价物"③。由此可见,紧紧抓住假象的李嘉图虽然没能澄清其劳动价值论中一些基本的经济学范畴,如抽象劳动、商品价值、工资、交换价值与剩余价值之间真实的分析性与结构性差异,但其真正错误却在于他没能在其理论中形成现代劳动概念的历史性和结构性基础。也就是说,其交换价值理论并没有同时承担起一种抽象劳动理论,他并没有真正理解在资本主义

---

① 马克思:《资本论》第 1 卷,人民出版社 2004 年版,第 673 页。
② [美]克罗波西:《政治哲学史》(第三版),李洪润等译,法律出版社 2009 年版,第 814 页。
③ 马克思:《剩余价值学说史》第 3 卷,郭大力译,上海三联书店 2009 年版,第 114—115 页。

社会中劳动的社会本质与历史形式。李嘉图分析劳动的方法是形而上学式的，而不是历史性的。① 因此，它导致了一种对商品的价值和价格的纯粹数量上的理解和解释，即一种基于商品中所包含的劳动数量来加以实证论的说明。马克思拒斥了李嘉图等有关利润、工资和价值的古典解释，因为在他看来，这些解释在说明实现于商品中的劳动和商品应得的劳动之间的差别时，未能得出利润依赖于剥削的结论，而这正是马克思所深信不疑并在《资本论》中竭力论证的。

实际上，从斯密和李嘉图到马克思，劳动价值论的真正要义关注的是关于资本主义生产方式的本质这样一个最为根本的核心问题。但在这一核心问题上，古典政治经济学家主要强调土地、资本和劳动的同等重要性。与之相反，马克思却把资本主义生产方式中的主体和核心的角色赋予了广大工人阶级及其劳动。正是这种对劳动价值论的"社会性质的分析，而不是什么主观成见或伦理原则，使马克思把劳动看作是价值的实体"②。在此意义上，马克思的劳动价值论，绝不仅仅是为了说明价值的来源问题，其"劳动价值论的主旨，是挖掘资本主义秩序之外在表象下的深层结构，使我们能够了解劳动时间的花费轨迹，并发现那些使得工人阶级的未付酬劳动或剩余价值能够被剥夺以及剥夺多少的各种制度安排"③。可以说，马克思对古典政治经济学富有内容的批判和超越，就在于其劳动价值论不再仅仅是一种关于价值来源的学说，而是一种关于资本主义生产方式及其内在矛盾性的主张、动力和作用的客观规律分析。马克思以古典政治经济学的劳动价值论为基础和起点，但给它以准确而明白的表述，并加以发挥，以他自己独创的、精辟的批判性风格，用来分析资本主义生产方式，这才是马克思实现的对斯密和李嘉图的劳动价值论之严密的论证和透彻的发展。由此可见，在马克思这里其劳动价值论内在地蕴含着和必然通向剩余价值论；或者说，剩余价值论是其劳动价值论必然的、合理的理论发展和逻辑延伸。正是剩余价值的发现，提供了解决古典政治经济学尚未解决的难题的"钥匙"。因此，"剩余价值"问题才是马克思《资本论》关注和分析的核心及实现政治经济学伟大革

---

① ［美］麦卡锡：《马克思与古人》，王文扬译，华东师范大学出版社 2011 年版，第 275 页。
② ［美］斯威齐：《资本主义发展论》，陈观烈、秦亚男译，商务印书馆 2006 年版，第 45 页。
③ ［美］罗尔斯：《政治哲学史讲义》，杨通进等译，中国社会科学出版社 2011 年版，第 342 页。

命之真正所在。

三 从"劳动价值论"到"剩余价值论"的逻辑转换

马克思《资本论》对古典政治经济学的批判和超越，是由对古典政治经济学的劳动价值论的辩证否定——创立剩余价值论——而实现的。古典政治经济学的主要功绩之一，就是在劳动价值学说的基础上，探讨了利润、地租等价值的分割，并把价值的起源问题从流通领域转到生产领域。但是，古典政治经济学家都没有提出剩余价值这一完整的独立范畴，他们都只是在剩余价值的各种具体转化形式，如利润、利息、地租等，进行了不同程度的研究，根本不能揭示剩余价值的实质及来源，而这是一切资产阶级经济学家都犯的错误。正如马克思批评的：李嘉图从来没有考虑到剩余价值的"起源"问题。在他看来，资本主义生产方式是社会生产的自然形式，因而他把剩余价值看作资本主义生产方式固有的东西。他在谈到劳动生产率的时候，只是在其中寻找决定剩余价值量的原因，而不是寻找剩余价值存在的原因。对于这个问题，李嘉图学派只是回避，而没有解决。这些资产阶级经济学家实际上具有正确的本能，懂得过于深入地研究剩余价值的起源这个"爆炸性问题"是非常危险的。[①] 但对于资产阶级经济学家回避的这个非常危险的"爆炸性问题"，却成了马克思的《资本论》最为关注和竭力解决的核心问题——通过剩余价值的发现揭露资本主义生产方式的特殊规律和资本增殖的秘密：资本作为死劳动，像吸血鬼一样"只有一种生活本能，这就是增殖自身，创造剩余价值，用自己的不变部分即生产资料吮吸尽可能多的剩余劳动"[②]。而资本作为"吸血鬼"不断攫取剩余价值的本能，必然导致资本主义社会的两极分化，一极是财富的积累，另一极是贫困的积累，从而导致资本主义自掘坟墓、自取灭亡。在这里，马克思正是通过从"劳动价值论"转向"剩余价值论"，才避免了以往经济学家的错误，才解开了

[①] 马克思：《资本论》第 1 卷，人民出版社 2004 年版，第 590 页。
[②] 马克思：《资本论》第 1 卷，人民出版社 2004 年版，第 269 页。

"资本之谜"和"历史之谜"。也因此,剩余价值学说才既是马克思一生最伟大的"两大发现"之一,也是马克思"经济理论的基石"。

在实质而重要的意义上,马克思对经济学所做的独特贡献,并不是劳动价值论,甚至也不是把劳动价值论应用于劳动力这种商品,而是他的以下主张:资本家在正常的需求条件下所购买的劳动力,其使用价值是比劳动力本身所具有的交换价值来得更大的交换价值的源泉,并认为利润、地租和利息是从劳动力以交换价值用劳动力所生产的交换价值这两者之间的差额中得来的。① 也就是说,马克思经济学的独特贡献在于第一次明确揭示出剩余价值的劳动力来源及其阶级剥削本质。由此可见,马克思政治经济学的伟大革命,就是在古典政治经济学劳动价值论的基础上,发现和创建了剩余价值论。对此,马克思在《资本论》第一卷出版后致恩格斯的一封信中明确强调:"过去的一切经济学一开始就把表现为地租、利润、利息等固定形式的剩余价值特殊部分当作已知的东西来加以研究,与此相反,我首先研究剩余价值的一般形式。"② 由于古典政治经济学家只是看到剩余价值所表现的特殊形式——地租、利润、利息等,而不能从这些特殊形式中把它们抽离出来作为一个一般形式的独立经济学范畴。更重要的是,由于古典政治经济学家认为封建制度是人为的,资本主义制度是天然的,所以他们只关注剩余价值量的变化原因,而从不考虑剩余价值的起源,更根本无法触及剩余价值的阶级本质。为此,马克思在批评斯密和李嘉图对剩余价值的理解时指出:"斯密对于剩余价值,在事实上,虽然在一个确定的和其特殊形态有别的范畴上研究,但在表现上没有这样做。他是把剩余价值和进一步发展的利润形态,直接混而为一了。这个缺点,在李嘉图以及一切他的后继者的场合,是保留着。这个缺点,引起了许多不一贯,许多不能解决的矛盾,许多无思想的见解。对于这种不一贯和矛盾,李嘉图学派只能经院式的,用一种空洞的语句,尝试去解决。粗率的经验主义,激变为谬误的形而上学,经院主义了。"③ 在这里,斯密和李嘉图的共同错误在于:他们不是明确探讨利润或地租等种种特殊剩余价值形态,将其抽象和上升为独立的一

---

① [美]悉尼·胡克:《对卡尔·马克思的理解》,徐崇温译,重庆出版社1989年版,第174页。
② 《马克思恩格斯〈资本论〉书信集》,人民出版社1976年版,第250页。
③ 马克思:《剩余价值学说史》第1卷,郭大力译,上海三联书店2009年版,第122页。

般形态，而是把那种种特殊形态直接当作剩余价值的一般形态，当作"劳动者在原料上面应用的劳动"的扣除额来考察。可以说，古典政治经济学家虽不能明确地分割"劳动"，却能相对明确地分割"（剩余）价值"。但这一"分割"的结果，却使剩余价值这一完整的独立形态及其剥削本质被以利润或地租之名所分化和掩盖，并同时被数量化进而形而上学化了。

在马克思这里，价值和价格的量化问题并非《资本论》真正的关注所在。马克思没有兴趣去探究商品的使用价值问题，或者凝结在商品中的劳动时间的数量问题。马克思的兴趣在于考察劳动产品之为商品的历史和社会机制的基础——一个基于商品交换、抽象劳动与利润的经济体系得以可能的历史条件与结构条件。问题不在于一个特定商品中凝聚了多少劳动，而在于是什么样的社会劳动形式使得一种商品和货币得以可能。正如马克思自己所言："困难不在于了解货币是商品，而在于了解商品怎样、为什么、通过什么成为货币。"① 这才是马克思的核心关注所在，也是其劳动价值理论的真正目的所在——不是去确定一个商品的价格，而是确定商品生产背后真实的经济—社会原因。而要实现这一目标，就必须超越古典政治经济学"劳动价值论的逻辑"而揭示和建构一种"剩余价值论的逻辑"。实际上，马克思在《资本论》中并没有给出一套直接的劳动价值论逻辑来建立其对资本的批判，而毋宁说通过其政治经济学批判，把从斯密到李嘉图的传统劳动价值论重新改写进入一种社会学的、历史的价值理论当中，从而发展出一种反映阶级关系的剩余价值论逻辑：马克思"在李嘉图使用利润这个名词的地方使用了剩余价值"②。由此可见，只有像马克思这样对资本主义社会现存的一切进行无情批判的人，才能够和敢于在古典政治经济学止步的地方接踵而起，推动"劳动价值论的逻辑"走向"剩余价值论的逻辑"。也就是说，与古典政治经济学乃至现代西方经济学相比较来说，马克思揭示资本对劳动的奴役和剥削关系的"劳动价值论"，实际上已经是"剩余价值论"了。

通常被看作马克思经济学理论的真正革命性组成部分的剩余价值学

---

① 马克思：《资本论》第 1 卷，人民出版社 2004 年版，第 112 页。
② ［法］阿尔都塞：《读〈资本论〉》，李其庆、冯文光译，中央编译出版社 2001 年版，第 194 页。

说，以其在马克思那里出现的完满形式——既不是简单的经济计算的范例（它核算出资本主义按规定对工人所进行的诈骗），也不是从道德上利用经济学要求资本家退还工人"完全的劳动收入"中被侵吞的部分，更确切地说，它作为经济学理论是由此出发的：资本家通过公平的交易"正常地"获得在其企业中由他利用的雇佣工人的劳动力；在此交易中工人在工资里换进了对于他出卖的"商品"来说完全的等价物。资本家在此交易中的优势不是产生于经济，而是产生于享有特权的社会地位。资本家作为实际的生产手段的垄断占有者，把为了按其经济"价值"（交换价值）买到的劳动力，按其特殊的使用价值而用于生产商品。[①] 这就是古典政治经济学家所谓通过劳动的"公平交易"而自然而然获得的剩余价值的实质和秘密。正是马克思对这一剩余价值实质和秘密的发现，在根本上揭示和阐明了古典政治经济学所谓等价交换之价值规律的"悖论"——剩余价值和剥削的并存。本来，随着资本主义制度的建立，在劳动价值论基础上作为以等价交换为原则的商品生产占据支配地位，但是，在现实的资本主义生产关系和交换关系下，却出现了表面的商品交换平等和实际的劳动力交换不平等，亦即所谓价值规律与不等价交换现实的矛盾。斯密对这个"悖论"采取了由劳动价值论转向以"劳动的支配权"为基础的价值论的态度，这样一来，就把价值规律的真正实现归结于前资本主义了。李嘉图虽然前进了一步，阐述了商品的等价交换与劳动力商品的不等价交换之间的区别，并把它当作"价值规律的例外"来叙述，但他未能说明这个"例外"是怎样与价值规律相一致的——资本和劳动的交换如何同"价值规律"相符合、价值是怎样转化为生产价格的。[②] 而马克思则在《资本论》中，通过对资本主义生产方式以及和它相适应的生产关系和交换关系的深刻剖析，准确地揭示和说明了资本家无偿占有工人的劳动产品的现代不平等现象，指出所谓自由、平等、所有权和边沁主义，只是资产阶级及其代言人的一个幌子和骗局，是为了保证在不违反价值规律的情况下，从劳动者身上榨取剩余价值。由此可见，虽然古典政治经济学的以劳动价值论为基础的价值规律的确是等价交换的规律，但一旦它得以实现并居于主导地位，便暴露出其资本主义

---

① ［德］柯尔施：《卡尔·马克思》，熊子云、翁廷真译，重庆出版社1993年版，第98页。
② 马克思：《剩余价值学说史》第3卷，郭大力译，上海三联书店2009年版，第157页。

占有和剥削规律的实质,亦即必然会从劳动价值论走向剩余价值论。但对这一最本质而重要的根本问题,古典政治经济学虽然接触到了边缘,却由于其阶级立场所限,最终难以指出问题的实质而陷入自我矛盾的困境。对此马克思强调:"古典政治经济学几乎接触到事物的真实状况,但是没有自觉地把它表现出来。只要古典政治经济学附着在资产阶级的皮上,它就不可能做到这一点。"① 而真正做到这一点,并从古典政治经济学的困境中开辟新出路,将剩余价值自觉地完整揭示和阐述出来的,正是剥开资产阶级的皮的作为"政治经济学批判"的《资本论》。

《资本论》的根本任务,就是揭示资本主义生产方式中获取剩余价值的所有商品交换背后深层的特殊经济运动规律和支配逻辑。在马克思这里,剩余价值不单是劳动的产物,而且是存在于资本主义经济体系中的支配结构的产物。也就是说,《资本论》的政治经济学批判指向的是要瓦解古典政治经济学以攫取剩余价值为目的的整个"拜物教"进路,以期发展出政治经济学具体的社会历史范畴,并借此解开"资本"作为普遍永恒概念的魔咒,进而发现和揭示"剩余价值"的秘密。在此意义上,我们确实可以说"马克思版本的劳动价值规律戏剧性地解开了一个古老的关于市场的谜(人们何以能从公平交易中获利?)"② ——剩余价值之谜。剩余价值问题才是马克思"四大卷"(其中第四卷直接就以"剩余价值理论"命名)《资本论》关注和研究的核心主题。为此,恩格斯既强调关于"剩余价值"的一章是《资本论》第一卷中写得"最光辉的两章"之一,又在《资本论》第二卷的序言中发问:为什么马克思的剩余价值理论,好像"晴天霹雳"震动了一切文明国家,而所有其他资产阶级政治经济学家(包括社会主义前辈们)的理论,却没有发生过什么作用呢?③ 因为正是由于剩余价值及其两种形式——绝对剩余价值和相对剩余价值的发现,使现代资本主义生产方式及其特殊的运动规律,在《资本论》这里"豁然开朗了"。马克思第一次揭开了剩余价值的庐山真面目,并在此基础上第一个合理阐明了工资理论,第一次指出和说明了资本主义积累史的基本特征和历史趋势。所以,剩余价值之谜的解决是马克思

---

① 马克思:《资本论》第1卷,人民出版社2004年版,第622页。
② [美]詹姆逊:《重读〈资本论〉》,胡志国、陈清贵译,中国人民大学出版社2013年版,第9页。
③ 马克思:《资本论》第2卷,人民出版社2004年版,第19页。

《资本论》"划时代的功绩":"这个问题解决使明亮的阳光照进了经济学的各个领域,而在这些领域中,从前社会主义者也曾像资产阶级经济学家一样在深沉的黑暗中摸索。"①

《资本论》对古典政治经济学实际的批判与超越,是李嘉图以后的资产阶级经济学所不能达到的。因为《资本论》的政治经济学批判中所涉及的实质问题,不再是资产阶级经济学继续发展的阶段同它以往阶段的对立,而是经济科学的历史与理论的"主题转变"和"逻辑转换"。而这一主题和逻辑的变换,实际上就是从古典政治经济学的"劳动价值论逻辑",向马克思《资本论》的"剩余价值论逻辑"的转变。正是剩余价值的发现,资本主义社会的劳动、价值、商品、货币、资本、利润、地租、工资等经济范畴才得到了合理的阐释及其历史性内涵,也最终使"资本和劳动的关系"在《资本论》这里"第一次得到了科学的说明"(恩格斯语)。由于《资本论》的出版,使得马克思第一次在经济学史上发现并科学地解释了剩余价值规律——"现代资本主义生产方式以及以它为基础的占有方式的机制"和"整个现代社会制度得以确立起来的核心"。② 资本主义的一切秘密都被暴露无遗了,剩余价值学说成了射向资产阶级及其代言人脑袋的"最厉害的炮弹"(马克思语)。所以说,剩余价值规律的发现才是经济学上"最伟大的革命颠覆"。马克思不是用"劳动价值论的逻辑"来解释"剩余价值论",而是用"剩余价值论的逻辑"来解释"劳动价值论"。也就是说,马克思真正是用"人体"解剖"猴体"而不是相反。在此意义上,促使马克思创作《资本论》的不是"劳动价值论",而是"剩余价值论"。正是借助剩余价值学说,《资本论》才实现了对古典政治经济学的根本改造和彻底超越,才最终使政治经济学"这门科学发生了真正的革命"(列宁语)。也因此,《资本论》才成了"工人阶级的圣经"和共产主义的"助产婆"。

---

① 《马克思恩格斯文集》第 9 卷,人民出版社 2009 年版,第 212 页。
② 《马克思恩格斯文集》第 9 卷,人民出版社 2009 年版,第 214 页。

下篇：辩证法与历史唯物主义

马克思的"生产辩证法"

作为后马克思思潮的重要代表人物，法国的鲍德里亚对马克思"生产"理论的批判和攻击，无疑具有重大杀伤力。因为鲍德里亚的批判是从马克思立论的"阿基米德点"——"生产"本身出发的。但令人遗憾的是，由于立场和视野所限，鲍氏抓住的这一基点，却是建立在对马克思"生产"概念的误读、误释和误判的基础上的，最终只能算是"猴体对人体的颠倒性透视"（张一兵语）。在此，我们有必要结合马克思和鲍德里亚各自对生产概念的具体阐释，深入还原和凸显马克思"生产"理论应有的内在张力。

一 生产之"镜"：鲍德里亚对马克思"生产"概念的误读

鲍德里亚在《生产之镜》的开篇序言就模仿马克思《共产党宣言》的口吻指出："一个幽灵，一个生产的幽灵在革命的想象中徘徊。它到处支持着没有约束的生产浪漫主义。"① 从鲍德里亚的这一论断可以看出，本来作为马克思批判资本主义政治经济学体系的"生产"，却失去了其应有的批判性和超越性，反而成了与资产阶级政治经济学"同谋"的"生产幽灵"和"生产浪漫主义"，亦即一种"意识形态的幻象"。在鲍德里亚这里，马克思批判的武器成了被批判的对象："正是生产的概念，需要进行根本的批判。"②

在鲍德里亚看来，马克思"生产"概念存在的最大问题，就是生产

---

① ［法］鲍德里亚：《生产之镜》，仰海峰译，中央编译出版社2005年版，第1页。
② ［法］鲍德里亚：《生产之镜》，仰海峰译，中央编译出版社2005年版，第3页。

由批判和革命的武器变成了"革命的幽灵"和"生产的幻觉"——"永远是让生产符合其理想使用价值的幻觉。"[①] 在以"生产逻辑"对抗"资本逻辑"的过程中,马克思希望通过生产逻辑使人们相信自己是在出卖劳动力时被异化的,这样,在审视更为激进的前提时,他们相信自己作为劳动力可能被异化,而通过自己的劳动创造财富时是"没有异化的"。因此,鲍德里亚强调在这种对资本的激进逻辑分析中,马克思的生产理论同西方理性主义观点仍然保持着一种"人类学的共识",马克思的生产理论有助于"资本的诡计"[②]。也就是说,马克思用来反对资本秩序的分析工具,正是资本精心阐述的最巧妙的意识形态幻象。在此基础上,"由于把自己理解为超越了资产阶级政治经济学的生产的合理化形式,马克思锻造的武器转而反对他自身,并使他的理论成为政治经济学的辩证顶峰"。所以,虽然"马克思对政治经济学进行了激进的批判,但仍然处于政治经济学的形式之中"[③]。马克思立足于"生产"对资产阶级政治经济学展开的"政治经济学批判",实际上依然是在资产阶级政治经济学——资本逻辑的延长线上继续推进的。在此意义上,鲍德里亚认为马克思"生产的幌子"遮住了它致命的内在矛盾,只是提供了一种描述的理论,一种复制的逻辑。马克思生产的否定性和批判性与它所否定和批判的对象莫名其妙地纠缠在一起,生产的逻辑与资本的逻辑"同流合污"了。

在鲍德里亚看来,生产的逻辑与资本的逻辑在马克思这里是同一个逻辑,都是形而上学的逻辑,都是一种意识形态的控制和恐怖。因此,"为了质疑这个使我们屈从于政治经济学命运和价值恐怖主义的过程,重新思考耗费和象征交换,就必须把马克思所发展的生产和劳动概念,当作与一般价值体系相关联的意识形态概念加以分析"[④]。历史唯物主义、辩证法、生产方式、劳动力——正是通过这些概念,马克思主义理论打碎了资产阶级思想中抽象的普遍概念(自然和进步、人与理性、形式逻辑、劳动、交换等)。然而,马克思主义又以"批判的"帝国主义将这些概念普遍化了。所以,马克思主义的概念也没有跳出"纯粹形而上学的陷阱"。也就是说,"历史唯物主义不可能超越政治经济学的模式来理解

---

① [法] 鲍德里亚:《象征交换与死亡》,车槿山译,译林出版社 2006 年版,第 41 页。
② [法] 鲍德里亚:《生产之镜》,仰海峰译,中央编译出版社 2005 年版,第 12 页。
③ [法] 鲍德里亚:《生产之镜》,仰海峰译,中央编译出版社 2005 年版,第 33 页。
④ [法] 鲍德里亚:《生产之镜》,仰海峰译,中央编译出版社 2005 年版,第 29 页。

过去，就像它不可能实现对原始社会的解码一样，同样它也不可能面对未来。它越来越不可能描绘出真正超越政治经济学的革命前景。它'辩证地'挣扎在资本的死胡同里，就像它挣扎在对象征的误解中一样"①。而为了超越这一意识形态幻象和跳出纯粹形而上学的陷阱，鲍德里亚又强调"必须打破生产之镜，因为在这面镜中反映着整个西方的形而上学"②。在此基础上，鲍德里亚认为马克思的生产概念既失去了解释力，又失去了革命性，所以自己不得不宣布："我们将与马克思主义决裂，这种马克思主义培养了分析资本主义困境而不是革命道路上的专家。"③ 在鲍德里亚这里，作为革命家的马克思成了一个"半截子"的革命者。

在一定意义上，马克思是从宗教领域开始资本主义批判的。对马克思来说，正是通过政治经济学批判才完成了对宗教的批判，因为只有政治经济学才是激进的，才能揭示出真正的矛盾，最终解决宗教问题。正像宗教批判对马克思来说已经完成一样，对鲍德里亚来说，政治经济学批判也已基本完成。在这个意义上，鲍德里亚认为沿着马克思革命活动的足迹，我们必须走向根本不同的层面，即超越政治经济学批判，使政治经济学的最终消解成为可能，而这个层面就是以象征交换及其理论——"符号政治经济学批判"来批判全部意识形态范围内"生产之镜"的形而上学。在这里，鲍德里亚抬出了他自认为可以替代和拯救马克思"生产幽灵"的"救世主"。实际上，生产之"镜"的隐喻在鲍德里亚这里是反映整个西方形而上学的"西洋镜"，而在马克思这里却是体现人的自由自觉本质的"透视镜"。对此，早在《詹姆斯·穆勒〈政治经济学原理〉一书摘要》中，马克思就已指出："我们的生产同样是反映我们本质的镜子。"④ 后来，在《德意志意识形态》中马克思又强调：人是什么样的，"这同他们的生产是一致的——既和他们生产什么一致，又和他们怎样生产一致"⑤。这就启示我们，对人的本质的任何探讨都无法离开人的生产这面"镜子"。在这一点上，鲍德里亚倒是抓住了马克思问题的"根本"，但不幸却"跑偏"了。

---

① ［法］鲍德里亚：《生产之镜》，仰海峰译，中央编译出版社2005年版，第72页注①。
② ［法］鲍德里亚：《生产之镜》，仰海峰译，中央编译出版社2005年版，第29页。
③ ［法］鲍德里亚：《生产之镜》，仰海峰译，中央编译出版社2005年版，第32页。
④ 《马克思恩格斯全集》第42卷，人民出版社1979年版，第37页。
⑤ 《马克思恩格斯文集》第1卷，人民出版社2009年版，第520页。

所以，鲍德里亚对马克思生产之"镜"的"幽灵化"和"意识形态化"理解，严重误读和背离了马克思生产概念的真实本质（对此本质我们将在本文第三部分进行具体阐释）。鲍德里亚把"生产"从物质生产领域转移到象征交换领域，把生产的本质理解为象征交换的"符码"，实现从"政治经济学"到"符号政治经济学"的转变。这才是真正的和最大的"生产形而上学"，因为"符号政治经济学"仍然是价值的商品规律扩展到符号范围接受检验的结果。鲍德里亚仍没有跳出他自己所竭力批判的生产逻辑。因此，鲍德里亚用自己的武断方式来硬性地想象和批判马克思的生产理论，其结果必然导致他用来批判马克思的武器，又不自觉地对准了他自己。

二　"符号"的生产：鲍德里亚的"生产形而上学"

在对马克思生产概念误读的基础上，鲍德里亚认为，"马克思没有对生产形式进行根本的分析，对表现形式他也没有做出更多的分析"，所以，"以生产和生产的革命性公式的名义，对表现秩序进行激进批判已毫无意义"[①]。为此，鲍德里亚认为我们处在生产的末期，劳动不再是生产性的了，要"把生产作为代码来分析"，从而实现了对马克思的"生产"进行"符号化"和"象征化"的后现代阐释："除了作为方式的生产自主化之外，还应该让生产的代码也显现出来。这是生产在今天获得的维度，即在'唯物主义'历史结束时获得的维度。"[②] 正是在生产的这一"符号维度"的基础上，鲍德里亚实现了对马克思"政治经济学批判"——"生产浪漫主义"的"解构"，进而建构了自己的"符号政治经济学批判"——"生产形而上学"。

在鲍德里亚看来，虽然马克思的政治经济学批判摧毁了资本主义社会"经济人"的虚构，但马克思是通过"生产"这一"主导图式"来做到这一点的。人们通过自己的生产（劳动）生产着价值，而这正是"根

---

① [法]鲍德里亚：《生产之镜》序言，仰海峰译，中央编译出版社2005年版，第5页。
② [法]鲍德里亚：《象征交换与死亡》，车槿山译，译林出版社2006年版，第13页。

据价值、终极目的和生产,对所有的人类品质、偶然的欲望、以及交换进行编码的另一种完全任意的协定和一种模拟模式"——劳动不再是一种力,它成为各种"符号中的符号"。在此意义上,鲍德里亚强调:"生产只不过是一个符码,这个符码强加着这种解码方式,这种解码方式既没有终极目的、密码,也没有价值。"① 而生产作为"符码",在鲍德里亚看来,马克思扮演了"重要的角色"。正是马克思将生产方式的概念明确激进化和合理化了,他赋予生产方式"高贵的革命头衔",在很大程度上,正是因为与马克思的无条件关联,"生产"概念才获得了它的巨大成功。但在《生产之镜》中,鲍德里亚却明确指责马克思"生产方式的批判理论没有触及生产原则,生产方式所描述的所有概念,也只是说明了生产内容的辩证的、历史的谱系,并未触及生产的形式"②。可见,鲍德里亚认为在其之前所有对马克思生产理论的批判,都仅仅关注生产的"内容"的批判,而忽略了生产的"形式"。只要生产的形式没有被触及并有所突破,那么批判就未真正达及富有革命性的颠覆。鲍德里亚由此指出了作为形式之生产的一个根本特质:生产(pro-duction)"在其原初含义中,并不是产生(fabricate),而是使某种东西成为可见的或者显现出现(make appear)"③。也就是说,生产并非那些被显现出来的东西、那些概念体系,而是这种特殊的"显现方式",作用于某种事物、使其显现的机制。事物就是在生产的"显现方式"的作用下被构建起来的。这就是生产的普遍图式——作为符码的主导图式。在鲍德里亚这里,作为物质资料的"生产"终于变成了摆脱其肉身的"符码":"生产内容的所有目的性被摧毁了,这使得生产可以像代码一样运转,比如像货币符号一样逃进无限的投机中,脱离生产真实的参照,甚至脱离金本位的参照。"④

鲍德里亚认为,从一般等价规律下物质产品交换的抽象到符码规律下所有交换操作的转变,实际上就是从"政治经济学"到"符号政治经济学"的转变。这个转变涉及从"形式—商品"到"形式—符号"的转

---

① [法]鲍德里亚:《生产之镜》序言,仰海峰译,中央编译出版社2005年版,第3页。
② [法]鲍德里亚:《生产之镜》,仰海峰译,中央编译出版社2005年版,第1页。
③ 转引自夏莹《形而上学的"生产"观念与生产辩证法——论鲍德里亚对马克思"生产"理论的批判及其误读》,《现代哲学》2009年第2期。
④ [法]鲍德里亚:《象征交换与死亡》,车槿山译,译林出版社2006年版,第4页。

变。而这一转变真正颠覆了有关政治、革命、无产阶级和社会阶级的观点，因此，"形式——景观才是决定性的"①。符号的超意识形态以及能指的普遍可操作性——在今天，它到处都被结构语言学、符号学、信息论、控制论等新学科所认可——已被作为这个体系的理论基础代替了旧的政治经济学。这种利用符码象形文字的新意识形态结构，与利用生产能力的旧意识形态结构相比，更加难以辨认。这种操控，利用了符号能生产出意义和差异的能力，比起利用劳动力来更为根本。② 对鲍德里亚而言，在取代马克思生产社会的消费社会里，编码、模型和符号成为由仿真控制的新社会秩序的组织原则，"符码生产"比"物质生产"更具决定性意义。在符号政治经济学体系中，价值图式和普遍平等的图式，不再被限制在"生产"领域，重心已被替代，现代体系的中心已不再是物质生产过程。在此意义上，鲍德里亚认为劳动终结了，生产终结了，政治经济学终结了。实际上，鲍得里亚对马克思生产理论的"符号化"解读策略，与马克思原初的生产理论之间产生了一个根本性的"错位"，那就是把马克思本来的理论与实践之间生动的互相建构过程，变成了一个单纯的理论生产过程，并以这个纯理论生产过程来替代理论与现实的互动过程。③本来，马克思的生产理论是"实证性"与"超越性"的统一，亦即"批判的武器"与"武器的批判"的统一。但鲍德里亚却仅仅用符码生产这一"批判的武器"来批判马克思生产理论的"实证性"，却忽视了马克思生产理论作为"武器的批判"的"超越性"，因而依然是一种马克思所批判的"生产形而上学"。在此意义上，鲍德里亚实际上是在"变相地制造新的意识形态"④。

所以说，问题的焦点并不在于鲍德里亚试图站在生产力或生产话语之外重新定向一种批判和否定话语，而在于他将新的话语赌在作为符码的象征交换的基础之上，试图以象征交换作为替代劳动、生产发展一种新的历史叙事框架。实际上，全部的激进批判和分析如果不能最终指向

---

① [法]鲍德里亚：《生产之镜》，仰海峰译，中央编译出版社2005年版，第107页。
② [法]鲍德里亚：《生产之镜》，仰海峰译，中央编译出版社2005年版，第108页。
③ 张盾：《马克思的六个经典问题》，中国社会科学出版社2009年版，第111页。
④ [英]西姆：《德里达与历史的终结》，王昆译，北京大学出版社2005年版，第51页。

对资本主义生产方式的彻底替代,任何"修正"都只能隔靴搔痒。① 在此意义上,鲍德里亚对马克思生产概念的解构和对象征交换的建构,的确是"在空无上建构空无"(张一兵语)。

三 生产的张力:马克思的"生产辩证法"

鲍德里亚之所以对马克思的"生产"概念产生误读和误解,主要是由于他没弄懂马克思生产理论的张力所形成的真正"生产辩证法"。实际上,在马克思这里"生产"具有物质资料的生产、人的生产、精神生产和社会关系生产这四重内涵。② 而这四重内涵又可概括为两个维度——不仅具有继承古典政治经济学的生产—劳动的"实证性"维度,还具有继承古典哲学的否定—批判的"超越性"维度,二者之间存在着一种必要的内在张力——批判的实证主义。而鲍德里亚本人却主要是抓住马克思生产概念的"实证性"维度,而否定和批判其"超越性"维度,亦即用"批判的武器"代替了"武器的批判",必然陷入自我矛盾之中。

在马克思这里,生产(劳动)首先"是人以自身的活动来中介、调整和控制人和自然之间的物质变换的过程"③。而这一"物质变换的过程"是人类为了生存下去就必须每时每刻都进行而不能停止的必然活动——必要劳动。为此,马克思强调:"我们首先应当确定一切人类生存的第一个前提,也就是一切历史的第一个前提,这个前提是:人们为了能够'创造历史',必须能够生活。但是为了生活,首先就需要吃喝住穿以及其他一些东西。因此第一个历史活动就是生产满足这些需要的资料,即生产物质生活本身,而且,这是人们从几千年前直到今天单是为了维持生活就必须每日每时从事的历史活动,是一切历史的基本条件。"④ 同时,劳动作为"是为了人类的需要而对自然物的占有,是人和自然之间的物质变换的一般条件,是人类生活的永恒的自然条件,因此,它不以

---

① 胡大平:《象征之镜的生产和生产之镜的象征,或马克思和鲍德里亚》,《现代哲学》2007年第2期。
② 俞吾金:《作为全面生产理论的马克思哲学》,《哲学研究》2003年第8期。
③ 马克思:《资本论》第1卷,人民出版社2004年版,第207页。
④ 《马克思恩格斯文集》第1卷,人民出版社2009年版,第531页。

人类生活的任何形式为转移,倒不如说,它为人类生活的一切社会形式所共有"①。也就是说,在创造满足人类需要的物质财富的意义上,作为生产性的劳动永远不会终结,而且还要大力发展。在此意义上,马克思与古典政治经济学遵循的是同一个逻辑,即劳动价值论的生产逻辑。按照这一逻辑,马克思高度赞扬了资本主义的生产(生产力):资产阶级在它的不到一百年的阶级统治中所创造的生产力,比过去一切世代创造的全部生产力还要多,还要大。正是生产劳动推动了人类解放和社会历史进步。在这一点上,阿伦特承认马克思真正反传统的一个侧面主要是对"劳动的赞美":"马克思是19世纪唯一的使用哲学用语真挚地叙说了19世纪的重要事件——劳动的解放的思想家。"②

马克思之所以强调和重视作为物质生产的劳动,就是因为它在人类历史进步中的基础性和决定性作用。当马克思谈到物质生产时已指出:"在一切社会形式中都有一种一定的生产决定其他一切生产的地位和影响,因而它的关系也决定其他一切关系的地位和影响。这是一种普照的光,它掩盖了一切其他色彩,改变着它们的特点。这是一种特殊的以太,它决定着它里面显露出来的一切存在的比重。"③并且强调:"这种活动、这种连续不断的感性劳动和创造、这种生产,正是整个现存的感性世界的基础,它哪怕只中断一年,费尔巴哈就会看到,不仅在自然界将发生巨大的变化,而且整个人类世界以及他自己的直观能力,甚至他本身的存在也会很快就没有了。"④ 而对生产的这一基础地位和决定作用,马克思之前和之后的理论家们却不是无视就是故意忽视。对此,马克思指责"迄今为止的一切历史观不是完全忽视了历史的这一现实基础,就是把它仅仅看成与历史进程没有任何联系的附带因素"⑤。而鲍德里亚对马克思生产理论的"正打歪批",其根源也在于此。马克思的生产理论在创造物质财富的基础上虽与资产阶级政治经济学遵循同一个逻辑,但其理论旨趣和未来走向却是与之对立和相反的逻辑。资产阶级政治经济学走向了

---

① 马克思:《资本论》第1卷,人民出版社2004年版,第215页。
② [美]汉娜·阿伦特:《马克思与西方政治思想传统》,孙传钊译,江苏人民出版社2007年版,第12页。
③ 《马克思恩格斯全集》第30卷,人民出版社1995年版,第48页。
④ 《马克思恩格斯文集》第1卷,人民出版社2009年版,第529页。
⑤ 《马克思恩格斯文集》第1卷,人民出版社2009年版,第545页。

"资本统治的逻辑",而马克思却走向了"自由劳动的逻辑"。

当然,在马克思这里作为人类生存基础的创造物质财富的生产——必要劳动,并不会自发地走向和转变为自由劳动,其中还必须经过扬弃"异化劳动"这个中介环节。马克思生产理论真正批判和超越的,绝不是作为物质财富生产的必要劳动,而是资本主义制度下奴役和压迫人的异化劳动。而马克思生产理论追求的,也不仅仅是停留于物质生产的必要劳动,而是实现人的自由自觉本质的自由劳动。这是马克思从《1844年经济学哲学手稿》到《资本论》矢志不渝的追求。在此意义上,詹姆逊强调"生产的创造性在于它的否定性,而非任何正面或肯定的内容"。因此,他反对将马克思的生产看作"生产主义"或"生产意识形态"。① 而鲍德里亚仅仅抓住马克思生产理论作为必要劳动的肯定—"实证性"维度,在与资产阶级政治经济学的生产逻辑一致的基础上,展开对马克思生产理论的批判,而根本忽视或无视马克思生产理论最重要的作为自由劳动的否定—"超越性"维度。在这一意义上,鲍德里亚的生产批判最终只能是"盲人瞎马",贻笑大方。

其实,在马克思最早接触和研究资产阶级政治经济学的《1844年经济学哲学手稿》中,马克思就通过对比"动物的生产"和"人的生产"而指出了自己生产理论的内在张力和辩证本质:"动物的生产是片面的,而人的生产是全面的;动物只是在直接的肉体需要的支配下生产,而人甚至不受肉体需要的影响也进行生产,并且只有不受这种需要的影响才进行真正的生产;动物只生产自身,而人再生产整个自然界;动物的产品直接属于它的肉体,而人则自由地面对自己的产品。动物只是按照它所属的那个种的尺度和需要来构造,而人却懂得按照任何一个种的尺度来进行生产,并且懂得处处都把固有的尺度运用于对象;因此,人也按照美的规律来构造。"② 也正是因为人的生产是全面的,人才能按照美的规律来生产,也才能超越必然王国而走向自由王国。对此,马克思在《资本论》中强调:"事实上,自由王国只是在必要性和外在目的规定要做的劳动终止的地方才开始;因而按照事物的本性来说,它存在于真正

---

① [美]詹姆逊:《重读〈资本论〉》,胡志国、陈清贵译,中国人民大学出版社2013年版,第73页。

② 《马克思恩格斯文集》第1卷,人民出版社2009年版,第162页。

物质生产领域的彼岸。"因此,"这个领域内的自由只能是:社会化的人,联合起来的生产者,将合理地调节他们和自然之间的物质变换,把它置于他们的共同控制之下,而不让它作为一种盲目的力量来统治自己;靠消耗最小的力量,在最无愧于和最适合于他们的人类本性的条件下来进行这种物质变换"。只有在此基础上,"在这个必然王国的彼岸,作为目的本身的人类能力的发挥,真正的自由王国,就开始了"①。对马克思来说,只有当生产是人的能力的释放和培养,而不是直接或通过剥削他人的交换来谋取生存的一种手段的时候,人才会获得完全的自由。也正因如此,马克思才会强调共产主义是"在迫使个人奴隶般地服从分工的情形已经消失,从而脑力劳动和体力劳动的对立也随之消失之后;在劳动已经不仅仅是谋生的手段,而且本身成了生活的第一需要之后;在随着个人的全面发展,他们的生产力也增长起来,而集体财富的一切源泉都充分涌流之后,——只有在那个时候,才能完全超出资产阶级权利的狭隘眼界"②,才能真正实现。实际上,马克思的生产理论批判的不是作为人类社会历史存在之现实前提的物质资料生产,而是批判资本主义不合理的生产制度安排。

在对待生产(劳动)问题上,马克思对黑格尔的批判,完全适合鲍德里亚。马克思批判"黑格尔是站在现代国民经济学家的立场上的。他只看到劳动的积极的方面,没有看到它的消极的方面"③。只不过鲍德里亚是站在后现代思潮的立场上,与黑格尔相反,他只看到了劳动的"消极方面",而没有看到甚至是故意否定劳动的"积极方面"。同为后现代哲学家,哈贝马斯对马克思生产理论的评价就比鲍德里亚客观和中肯多了。哈贝马斯认为:马克思的政治经济学批判,是以"生产"概念取代了"反思"概念,以"劳动"概念取代了"自我意识"。④ 而鲍德里亚却又退了回去,以"符码"概念取代了"生产"概念,以"象征交换"概念取代了"劳动"。实际上,马克思的政治经济学批判,最终目的是要"撕碎锁链上那些虚幻的花朵,不是要人依旧戴上没有幻想没有慰藉的锁

---

① 马克思:《资本论》第3卷,人民出版社2004年版,第928—929页。
② 《马克思恩格斯文集》第3卷,人民出版社2009年版,第435—436页。
③ 《马克思恩格斯文集》第1卷,人民出版社2009年版,第205页。
④ [德]哈贝马斯:《现代性的哲学话语》,曹卫东等译,译林出版社2004年版,第68页。

链，而是要人扔掉它，采摘新鲜的花朵"①。而鲍德里亚的"符号政治经济学批判"，却依然要人戴着"没有幻想没有慰藉的锁链"，去采摘那些"虚幻的花朵"。所以说，在鲍德里亚坚决地否定了马克思的历史唯物主义之后，端上来的最终还是一盘历史唯心主义的"象征之镜"的"腐肉"，只不过他在上面加了许多鲜艳夺目的"后现代装饰"。②

总之，鲍德里亚仅仅是抓住和批判了马克思作为"批判的武器"的生产理论，而没有看到马克思作为"武器的批判"的生产理论。因此，在对待生产问题上，马克思走的是"扬弃生产而超越生产"的"生产辩证法"之路，鲍德里亚却是"抛弃生产而超越生产"的"生产形而上学"之路。

---

① 《马克思恩格斯文集》第 1 卷，人民出版社 2009 年版，第 4 页。
② 张一兵:《反鲍德里亚》，商务印书馆 2009 年版，第 332 页。

劳动的张力：从斯密、黑格尔到马克思

马克思所实现的伟大的"哲学—经济学"革命，在根本上就是"劳动"的重新发现。而这一重新发现，实际上就是继承斯密"劳动价值论"的现实性，借鉴黑格尔"精神劳动"的超越性，建构取代"财产政治经济学"和"精神现象学"的"劳动政治经济学"，从而开辟从"异化劳动"走向"自由劳动"的人之全面解放的过程。

一 斯密："生产性劳动"和"非生产性劳动"

在西方的基督教传统中，劳动一开始并非就是积极的、肯定的和值得赞扬的创造性活动，反而是一种为了原罪而不得不承受的苦难和惩罚。只是宗教改革之后，特别是近代市民社会兴起之后，它才成了人们生活中创造财富的基础性和支配性的真正"实体"。而在经济学的发展史上，真正把劳动与财富联系起来的，就是以斯密为代表的古典政治经济学。在《国富论》的开篇斯密就强调："一国国民每年的劳动，本来就是供给他们每年消费的一切生活必需品和便利品的源泉。"① 在这里，斯密既突破了货币主义把金钱、重商主义把贸易看作财富源泉的错误观点，也超越了重农主义仅仅把农业生产看作价值的源泉的片面观点，而是抛开劳动的具体形式，把劳动一般或一般劳动看作了价值的源泉。对此，斯密强调："世间一切财富，原来都是用劳动购买而不是用金银购买的。"② 这就是说，劳动作为最初用以购买一切货物的"代价"，是"第一性价格"。

---

① ［英］斯密：《国民财富的性质和原因的研究》上卷，郭大力、王亚南译，商务印书馆2012年版，第1页。
② ［英］斯密：《国民财富的性质和原因的研究》上卷，郭大力、王亚南译，商务印书馆2012年版，第27页。

同时，斯密也指出，"劳动是衡量一切商品交换价值的真实尺度"，"只有劳动才是价值的普遍尺度和正确尺度，换言之，只有用劳动作标准，才能在一切时代和一切地方比较各种商品的价值"①。由此可见，在经济学史上斯密第一个提出了古典政治经济学劳动价值论的"两个教条"：一是劳动创造价值，二是劳动衡量价值。但到底是什么劳动创造了价值？什么劳动可以衡量价值？在斯密这里还是模糊不清的。如果说，在劳动价值论问题上，斯密还没有明确区分开"购买的劳动"和"耗费的劳动"，那么作为斯密的后继者和古典政治经济学的完成者，李嘉图则在斯密的基础上进一步发展了劳动价值论：商品的价值，取决于其生产所必需的相对劳动量，而不取决于付给这种劳动的报酬的多少。② 也就是说，李嘉图想把构成商品"真实价格"的"耗费劳动"和作为"真实尺度"的"购买劳动"区别开。但斯密和李嘉图共同的缺点，就是局限于在交换价值形态下过分关注价值量的分析来探讨和阐明其劳动价值论问题，所以他们势必要陷入混乱和模糊之中。在任何地方，古典政治经济学都没有十分有意识地和明确地把"表现为产品使用价值的劳动"同"表现为价值的劳动"区分开。③ 但不管怎么说，正是斯密首创了劳动价值论。在此意义上，恩格斯把斯密称为"国民经济学的路德"并非言过其实。在劳动价值论的意义上，斯密达到了比以往所有经济学家对劳动的最大肯定和最高赞扬，因而古典政治经济学也成为马克思所谓"启蒙国民经济学"。

通过劳动价值论的提出和"启蒙国民经济学"的建构，斯密确实大大提高和肯定了劳动的历史地位和现实意义。但对斯密来说，并不是所有的劳动都创造价值、增加国民财富，而是有"生产性劳动"和"非生产性劳动"之分："有一种劳动，加在物上，能增加物的价值；另一种劳动，却不能够。前者因可生产价值，可称为生产性劳动，后者可称为非生产性劳动。"④ 在斯密看来，只有制造业工人把劳动投在物上，使物的

---

① [英]斯密：《国民财富的性质和原因的研究》上卷，郭大力、王亚南译，商务印书馆2012年版，第32页。
② [英]李嘉图：《政治经济学及赋税原理》，郭大力、王亚南译，商务印书馆1976年，第7页。
③ 马克思：《资本论》第1卷，人民出版社2004年版，第98页。
④ [英]斯密：《国民财富的性质和原因的研究》上卷，郭大力、王亚南译，商务印书馆2012年版，第304页。

价值增加，才可称为"生产性劳动"；反之，家仆等的劳动却不能增加什么价值，只是"非生产性劳动"。这实际上是斯密完全站在资本家的立场上，仅仅从收回资本并赚取利润亦即实现价值增殖的意义上来看待和限定劳动，并错误地理解了劳动分工的不同形式。因此，斯密看重的是带来利润和创造增殖的生产性劳动，而贬低单纯消费而不增殖的非生产性劳动，他的最终目的是增加私有财产而不是丰富劳动和解放人。对此，马克思在作为《资本论》第四卷的《剩余价值学说史》中，专门对这一区分及其引起的争论进行了深刻的分析和批判：斯密对生产劳动与不生产劳动的区分，"只是从货币所有者或资本家的立场讲的，不是从劳动者的立场讲的"①。很显然，斯密对劳动的这一划分跑偏了。而马克思对劳动的理解，却是从与斯密不同的劳动者的立场上来讲的。所以马克思要建构的是"劳动政治经济学"而不是"国民经济学"或"资本政治经济学"。在劳动者的立场上，马克思认为"劳动之实质的性质，从而，劳动生产物之实质的性质，就其本身说，毫无关于生产劳动与不生产劳动的区别"②。斯密对劳动的生产性和非生产性的区分，实际上只是把劳动作为资本增殖自身的手段，而否定或忽视了劳动作为人之自由本性的解放意义，斯密完全是在为资产阶级获利作合法性论证。对此马克思一针见血地指出：像斯密和李嘉图这样的经济学家的使命，只是将资产阶级生产关系表述为范畴和规律并证明这些范畴和规律比封建社会的范畴和规律更有利于财富的生产，即"只是表明在资产阶级生产关系下如何获得财富"③。也就是说，古典政治经济学家只看到了劳动创造和增加社会财富的方面，而看不到个人在劳动中受资本奴役而丧失自由的方面。所以在《资本论》及其相关文本中，马克思会竭力否定和批判斯密对劳动的简化和粗暴划分。

在斯密这里，劳动虽然具有创造财富的价值之源作用，但总体上劳动还是被当作"苦难"和"诅咒"来看待的。"任何一个物品的真实价格，即要取得这物品实际上所付出的代价，乃是获得它的辛苦和麻烦。"④

---

① 马克思：《剩余价值学说史》第1卷，郭大力译，上海三联书店2009年版，第202页。
② 马克思：《剩余价值学说史》第1卷，郭大力译，上海三联书店2009年版，第203页。
③ 《马克思恩格斯文集》第1卷，人民出版社2009年版，第615页。
④ ［英］斯密：《国民财富的性质和原因的研究》上卷，郭大力、王亚南译，商务印书馆2012年版，第26页。

也就是说，商品的价值是人不得不为之付出的"劳动代价"，而不是人心甘情愿的自愿自觉的活动。在此意义上，马克思认为斯密对劳动的如下论断是正确的：不管是奴隶劳动、徭役劳动还是雇佣劳动这样一些"劳动的历史形式"，"劳动始终是令人厌恶的事，始终表现为外在的强制劳动，而与此相反，不劳动却是'自由和幸福'"①。实际上，由于阶级立场和理论视野所限，斯密更关注的是劳动的"心理感受"而不是其自我实现的"解放意义"，或者说是难以看到和把握其深刻的"解放意义"。对此，马克思倒是有着深刻的洞察："亚·斯密是从心理方面来考察劳动的，是从劳动使个人愉快或不愉快这方面来考察的。"② 但同时马克思也强调，除了个人对自己的活动在情绪方面的关系以外，劳动毕竟还是某种别的东西。这种"别的东西"，正是斯密没有看到或忽视的劳动作为人之为人的自由本性的客观表达。所以，斯密的劳动观只是作为"非批判的实证主义"的"资产阶级制度的生理学"（马克思语）。

以斯密为代表的古典政治经济学家们之所以对劳动有如上理解，主要根源在于他们都是站在资产阶级立场，以实现资本增殖和获利为目的，只是从交换价值来理解劳动及其价值所致。实际上，他们都无法理解和解释作为"看不见的手"的等价交换的"价值规律"，是如何转变为不等价交换的"剩余价值规律"的，亦即不平等是如何在市场的平等之外产生的。对此，马克思自青年时期就有着充分而自觉的认识："以劳动为原则的国民经济学表面上承认人，其实是彻底实现对人的否定。"③ 从根本上看，斯密的作为劳动价值规律的"看不见的手"，实际只是"丢掉封建外观的自然秩序"④。斯密所看重的，仍然只是见物不见人的私有财产关系；他所维护的，仍然只是作为统治阶级的资产阶级的利益。所以说，古典政治经济学"分析劳动的方法是本体论式与形而上学式的——而不是历史性的"⑤。在实质而重要的意义上，我们说《国富论》作为"资产阶级的圣经"，既是经济管理者的手册，更是资产阶级的意识形态。《国富论》摇身一变成了介绍和论证一个人与物颠倒的"奇怪世界"——资

---

① 《马克思恩格斯全集》第 30 卷，人民出版社 1995 年版，第 615 页。
② 《马克思恩格斯全集》第 30 卷，人民出版社 1995 年版，第 618 页。
③ 《马克思恩格斯文集》第 1 卷，人民出版社 2009 年版，第 179 页。
④ 陈岱孙：《从古典经济学派到马克思》，北京大学出版社 1996 年版，第 9 页。
⑤ [美] 麦卡锡：《马克思与古人》，王文扬译，华东师范大学出版社 2011 年版，第 275 页。

本先生和土地太太在疯狂跳舞的世界的"史诗"。在那里,"物骑在鞍上,驱使着人"(爱默生语)。

从本质上说,马克思认为斯密发现的"劳动价值论"及其对劳动本质的理解和劳动形式的区分,只是对重商主义的一种"变形"和"回声",他的"劳动价值论"做的正是商人使用贵金属和货币做的同样的事。他以为发现了劳动是价值的源泉,任务就完成了,但事实上这仅仅是开始。问题不在于"劳动",而在于"劳动者"。生产不是人与机器的关系,而是人与人通过机器中介的关系;物与物的交换反映了在生产中人与人的关系,但同时也模糊了这种关系。斯密的错误在于为"生产性劳动"大唱赞歌时,却忽视了其劳动主体——劳动者。而对劳动者的发现和重视,亦即使古典政治经济学由"财产政治经济学"转变为"劳动政治经济学",正是马克思的以《资本论》为代表的"政治经济学批判"的伟大创举。

二 黑格尔:"积极劳动"和"消极劳动"

作为古典政治经济学创始人,斯密的劳动创造财富及满足人的需要的"劳动观",也被作为德国古典哲学的集大成者黑格尔的精神哲学所承认和汲取。早在《精神现象学》中,黑格尔就把劳动看作一种"陶冶事物"的活动;而在晚期的《法哲学原理》中,黑格尔则完全站在了斯密的立场上:"政治经济学就是从上述需要和劳动的观点出发,……来阐明这些关系和运动的一门科学","这门科学使思想感到荣幸,因为它替一大堆的偶然性找到了规律。"① 可以说,在劳动创造财富、通过纷繁芜杂的经济现象来寻求和建立经济规律的基础和意义上,斯密的劳动范畴在黑格尔这里得到了最好的哲学化的思辨表达。也正是在此前提下,黑格尔的精神哲学转向了对市民社会(政治经济学)的关注和研究。正因此,卢卡奇才强调黑格尔是德国古典哲学家中唯一对古典政治经济学进行研究的人;卡尔·洛维特也认为黑格尔"在哲学上就像除他之外只有马克思做到的那样,认真地对待新生的国民经济学",承认经济学是"一门与

---

① [德]黑格尔:《法哲学原理》,范扬、张企泰译,商务印书馆2007年版,第204—205页。

思想联姻的科学"①。所以说，黑格尔也像他同时代的古典政治经济学家那样，是以肯定和赞成劳动的积极意义为出发点来关注和研究政治经济学的。由于与斯密著作的接触，黑格尔在思想发展上起了一个重要转折："黑格尔把劳动当作人的自我证实的中心方式，把劳动当作实现主观与客观的统一，扬弃僵化的外界客观性和自我发展的推动力。"② 可以说，正是斯密的劳动观启发和推动了黑格尔的哲学发展，并为之提供了"推动原则和创造原则"，而这也正是马克思后来看重和借鉴黑格尔劳动观，并进行创造性转换的实质所在。

卡尔·洛维特曾指出，黑格尔在"耶拿讲演"、《精神现象学》和《法哲学原理》中，有三次以劳动为主题。③ 在耶拿讲演中，黑格尔主要强调劳动是一种"精神的方式"和"理性活动"，而不是动物式的"本能"活动，此时还处于对劳动的"哲学化"理解。在《精神现象学》中，黑格尔通过劳动"陶冶事物"来阐释主人和奴隶之间关系的辩证转换，开始从"哲学"转向"经济学"来理解劳动。而在《法哲学原理》中，受古典政治经济学劳动观的影响，黑格尔已经完全从"经济学"的意义上来理解劳动：作为"造形加工"手段，劳动通过各色各样的过程，加工于自然界所直接提供的物资，这种手段具有价值和实用，而"人通过流汗和劳动而获得满足需要的手段"④。在这里，黑格尔完全就是在重复和转述斯密的"生产性劳动"及其价值论。但由于黑格尔对劳动的阐释和把握，根本上是在完全普遍的精神概念下进行的，所以劳动对他来说既不是特殊意义上的"非生产性劳动"，也不是一般意义上的"生产性劳动"，而是在绝对本体论意义上的"精神劳动"："黑格尔唯一知道并承认的劳动是抽象的精神的劳动。"⑤ 而且他完全站在国民经济学的立场上，只看到了劳动创造财富和实现价值增殖的积极的方面，而看不到劳动奴役人和异化人的消极的方面。也就是说，在黑格尔这里，他看重的是人在劳动中创造财富和满足主观需要的积极意义，而看不到或忽视了人在

---

① ［德］卡尔·洛维特：《从黑格尔到尼采》，李秋零译，生活·读书·新知三联书店2006年版，第365页。
② 贺麟：《黑格尔哲学讲演集》，上海人民出版社1986年版，第42页。
③ ［德］卡尔·洛维特：《从黑格尔到尼采》，李秋零译，生活·读书·新知三联书店2006年版，第358页。
④ ［德］黑格尔：《法哲学原理》，范扬、张企泰译，商务印书馆2007年版，第209页。
⑤ 《马克思恩格斯文集》第1卷，人民出版社2009年版，第205页。

劳动中被奴役、被压迫、被剥削，亦即被异化的消极意义。所以，黑格尔只看到了人在劳动中的自我实现，而看不到人在劳动中的自我异化。这早在《精神现象学》中，谈到奴隶通过劳动证明和实现自身时就体现出来了。在黑格尔这里，奴隶的自为存在和自我实现是与他从事的作为"陶冶事物"之形式的劳动直接统一的："因为这个形式正是他的纯粹的自为存在，不过这个自为存在在陶冶事物的过程中才得到了实现。因此正是在劳动里（虽说在劳动里似乎仅仅体现异己者的意向），奴隶通过自己再重新发现自己的过程，才意识到他自己固有的意向。"① 所以说，在实质性的积极意义上，黑格尔的劳动观就是对斯密之劳动价值论的"观念性模仿"，他仍然是古典政治经济学劳动观的继承者和发扬者，是斯密的忠实学生。

黑格尔虽然受斯密为代表的古典经济学劳动观的影响，特别是在《法哲学原理》中，认可和阐发了劳动创造物质财富和满足人的主观需要的"经济学"意义。但从根本上，由于其唯心主义立场，黑格尔认为精神劳动才是劳动的真正实质，他的劳动观本质上仍然是抽象的、逻辑的和思辨的。对此，马克思早在《1844年经济学哲学手稿》中就进行了明确而深刻的揭示：这种劳动就是笼罩在客体上的主体性，亦即"神秘的主体—客体"，其实质就是绝对主体在自身内部的纯粹的、不停息的旋转。② 在此意义上，黑格尔的劳动只是绝对精神的自我设定和自我运动，仍然缺乏真正的客观性和现实性："自我意识通过自己的外化所能设定的只是物性，即只是抽象物、抽象的物，而不是现实的物。"③ 在精神劳动中，黑格尔只是达到了劳动和自由的概念，而绝不是真实的劳动和自由本身。可以说，在黑格尔绝对精神的自我运动中，劳动依然是抽象的和形而上学的，依然是远离人和敌视人的。这正是黑格尔与斯密劳动观共同的本质。对此，海德格尔曾深刻指出：作为"已预先被思为无条件的制造之自己安排自己的过程"的"劳动的新时代的形而上学本质"，在黑格尔这里实际上就是"通过作为主观性来体会的人来把现实的东西对象

---

① ［德］黑格尔：《精神现象学》上卷，贺麟、王玖兴译，商务印书馆1997年版，第131页。
② 《马克思恩格斯文集》第1卷，人民出版社2009年版，第218页。
③ 《马克思恩格斯文集》第1卷，人民出版社2009年版，第208页。

化的过程"①。所以说，黑格尔的"精神劳动"仍然只是一种"精神现象学"，它最终只是从哲学上或在概念领域建立了劳动这一政治经济学的形而上学范畴——逻辑学是精神的货币，它只是实现了对劳动的抽象化、概念化和逻辑化的思辨表达，而绝不是对人的劳动——自由自觉本性的具体化、客观化和现实化表达。而后者正是马克思对市民社会解剖的"政治经济学批判"所要完成的根本任务。

虽然马克思批评黑格尔站在国民经济学的立场上，只是抓住了劳动的积极方面而忽视了劳动的消极方面，但对于黑格尔以绝对精神的自我运动所表达的劳动的"革命性意义"，还是慧眼识珠，并给予了充分的肯定：尽管人只是以精神的形式出现，但《现象学》还是紧紧抓住人的异化不放，所以它潜在地包含着已经以远远超过黑格尔观点的方式准备好和加过工了的"批判的一切要素"。② 而在黑格尔这里早已"准备好"和"加过工"的，就是马克思明确肯定和借鉴的"黑格尔的《现象学》及其最后成果"——作为创造原则和推动原则的"否定性的辩证法"：黑格尔抓住了劳动的本质，把人的自我产生看作一个过程，把现实的因而是真正的人理解为人自己的劳动的结果。③ 因此说，正是黑格尔的精神劳动，在斯密赋予劳动以现实性维度的基础上，又赋予和体现了劳动所具有的超越性维度，同时也为马克思批判和超越黑格尔提供了最大的可能性。对此，作为黑格尔研究专家的科耶夫也有着深刻的指认："劳动是否定性和自由的真正'显现'，因为劳动使人成为一种辩证的存在，不使人永恒地保持同一，而是使人不断地成为在给定物中和作为给定物的非其所是。"④ 在黑格尔这里，精神劳动才是劳动的本质，自我意识的异化就是人的劳动的现实异化而不是相反，即人的劳动只是自我意识异化的一个环节，劳动完全依附于自我意识，这就是所谓"精神现象学"。而马克思则与之相反，强调自我意识只不过是人的劳动外化过程的一个表现和环节，自我意识依附于劳动。所以在马克思这里，劳动的积极性和超越性绝不是"精神现象学"——精神的自我显现过程，而是"劳动现象

---

① [德]海德格尔：《海德格尔选集》上卷，孙周兴选编，上海三联书店1996年版，第383页。
② 《马克思恩格斯文集》第1卷，人民出版社2009年版，第204页。
③ 《马克思恩格斯文集》第1卷，人民出版社2009年版，第205页。
④ [法]科耶夫：《黑格尔导读》，姜志辉译，译林出版社2005年版，第597页。

学"——世界历史是人通过人的劳动而诞生的过程。马克思通过作为追求着自己目的的人的活动过程的"劳动现象学",实现了对黑格尔作为抽象精神劳动的"精神现象学"的"物质赋形",从而开辟了一条从"异化劳动"走向"自由劳动"的新道路。

三 马克思:"异化劳动"和"自由劳动"

哈贝马斯曾强调,马克思的"政治经济学批判"是以"生产"和"劳动"概念取代了"反思"和"自我意识"。① 可以说,在劳动及其价值问题上,马克思真正把经济学批判和哲学批判内在结合起来了。马克思的劳动观及其革命变革,就是在充分汲取和借鉴了斯密"生产性劳动"的现实性和黑格尔"精神性劳动"的超越性的基础上,进一步扬弃和改造二者而建构起来的。马克思的劳动观,总体上是一种从"异化劳动"到"自由劳动"的关于人之自由全面发展的观点。在马克思这里,劳动不仅是创造财富的手段,也不仅是抽象的意识活动,而是人之自由自觉的活动本质的客观显现。在从劳动方面来探索人的异化的过程中,马克思曾经迈出了把哲学建立在具体的人类活动中的漫长而艰巨的革命性步骤,通过这个步骤,他把自己从抽象的概念中"解放"了出来。②

在以斯密为代表的古典政治经济学家这里,劳动虽具有创造财富和带来利润的价值论作用,并赋予了劳动有史以来真正的客观现实性,但在根本上劳动只是增加物质财富的手段,是人不得不从事和付出的艰辛和代价,劳动还只是人之动物性的一面,还远不是人之为人的自由自觉的活动,而斯密也只认可创造物质财富和实现资本增殖的"生产性劳动"才是真正的劳动,否认其他"非生产性劳动"。在德国古典哲学的集大成者黑格尔这里,一方面他承认和继承了劳动创造物质财富和满足人的主观需要的"经济学"意义;另一方面他又只承认抽象的"精神劳动"才是真正的劳动,从而赋予了劳动以能动的超越性,并把物质劳动看作其

---

① [德]哈贝马斯:《现代性的哲学话语》,曹卫东等译,译林出版社2004年版,第68页。
② [美]丹尼尔·贝尔:《意识形态的终结》,张国清译,江苏人民出版社2001年版,第413页。

绝对精神的自我运动的一个环节。所以，黑格尔精神劳动的超越性，也只是其绝对精神自我异化的体现，只具有主观能动性而不具有客观现实性。在此意义上，斯密的片面劳动观和黑格尔的抽象劳动观都是马克思批判和超越的对象。

在马克思这里，劳动既不仅是斯密作为创造物质财富手段的"生产性劳动"，也不仅是黑格尔作为绝对精神自我运动的"精神劳动"，而是二者的有机结合：劳动是"活的、造形的火"，它表现为物的易逝性和暂时性，这种易逝性和暂时性表现为这些物通过活的时间而被赋予形式；撇开价值增殖过程不谈，在简单生产过程中，物的形式的易逝性被用来造成物的有用性。① 而劳动作为"活的、造形的火"，本质上也就是"人以自身的活动来中介、调整和控制人和自然之间的物质变换的过程"②，它不仅仅是创造财富的手段和抽象的自我意识，更是人之为人的自由自觉本质力量的自我确证和直接体现：动物不把自己同自己的生命活动区别开来，它和自己的生命活动是直接同一的；人则使自己的生命活动本身变成自己意志和意识的对象，有意识的生命活动把人同动物的生命活动直接区别开来。③ 所以马克思才会强调，个人是什么样的，既不是上帝决定的，也不是精神决定的，而是生产劳动决定的：既和他生产什么一致，又和他怎样生产一致，生产是反映人的本质的镜子。而马克思关注的生产是全面的生产，既是物质生产，也是精神生产，还是社会关系的生产，更是人自身的生产。动物只生产自身，它的生产是片面的，而人再生产整个自然界，他的生产是全面的；动物只是按照它所属的那个种的尺度和需要来构造，而人却懂得处处都把固有的尺度运用于对象，懂得按照任何一个种的尺度来进行生产；因此，人也"按照美的规律来构造"④。这种"按照美的规律来构造"的全面的劳动和生产，正是人之自由自觉本性的具体体现。在此意义上，马克思人的自由全面发展的劳动观就超越了斯密作为创造物质财富手段的劳动观。斯密料想不到的是：虽然劳动尺度是由必须达到的个人自己提出的目的和为达到这个目的必须由劳动来克服的那些障碍所提供的，但是克服这种障碍本身，亦即外

---

① 《马克思恩格斯全集》第 30 卷，人民出版社 1995 年版，第 329 页。
② 马克思：《资本论》第 1 卷，人民出版社 2004 年版，第 207 页。
③ 《马克思恩格斯文集》第 1 卷，人民出版社 2009 年版，第 162 页。
④ 《马克思恩格斯文集》第 1 卷，人民出版社 2009 年版，第 162—163 页。

在目的失掉了单纯外在自然必然性的外观,就是自由的实现和实在的自由,而"这种自由见之于活动恰恰就是劳动"①。由此可见,在劳动与人的自由问题上,斯密再往前迈一小步,就接近马克思了。遗憾的是,斯密不能也无法迈出这一小步。但在劳动创造财富和确证人的本质的客观现实性上,马克思还是认可斯密的"劳动价值论"的。所以马克思才指出:"工业的历史和工业的已经生成的对象性存在,是一本打开了的关于人的本质力量的书。"②

但无论是斯密作为创造财富之手段的"生产性劳动",还是黑格尔作为绝对精神自我运动环节的"精神劳动",在本质上都是一种与人之为人的自由自觉本性相反对、相背离的"异化劳动"。正是这种"异化劳动",在为资产阶级创造物质财富的同时,却造成了工人阶级自由本性的丧失。本来作为人之自由本性的内在肯定的劳动,却变成了对人的外在否定。工人的劳动不是内在自由自觉的劳动,而是外在被强制的劳动,工人只有在劳动之外才感到幸福和自在,而在劳动中则感到痛苦和不自在。因此,"劳动的异己性完全表现在:只要肉体的强制或其他强制一停止,人们就会像逃避瘟疫那样逃避劳动"③。劳动本来是人区别于动物的根本标志,但异化劳动却把人降低到了动物的水平,这正是马克思的"政治经济学批判"所要批判和扬弃的。马克思一方面批评国民经济学实际上并没有给劳动提供任何东西,却给私有财产提供了一切,"国民经济学只不过表述了异化劳动的规律罢了"④,它根本不能为我们提供一把理解"劳动和资本分离"的原因的"钥匙";另一方面批评黑格尔只是为人及其历史的运动作了抽象的、逻辑的和思辨的表达,而其全部异化及其消除,也不过是纯粹的、绝对的思维的生产史。有人认为异化劳动只是青年马克思思想不成熟的表现,到成熟时期他就抛弃了这一思想。实际上,异化劳动绝不仅是青年马克思走向黑格尔的残余,而是马克思解剖和分析资本主义的"中枢",资本主义的整个政治—经济体系,都是由它奠基并围绕着它不停地旋转。早在《1844年经济学哲学手稿》中,青年马克思就高于斯密和黑格尔抓住和揭示了"异化劳动"的四重内涵:劳动与其

---

① 《马克思恩格斯全集》第30卷,人民出版社1995年版,第615页。
② 《马克思恩格斯文集》第1卷,人民出版社2009年版,第192页。
③ 《马克思恩格斯文集》第1卷,人民出版社2009年版,第160页。
④ 《马克思恩格斯文集》第1卷,人民出版社2009年版,第166页。

产品的异化、劳动与自身的异化、劳动与人的类本质的异化，以及人与他人关系的异化。正是通过揭示异化劳动的本质和内涵，马克思既抓住和理解了古典政治经济学和古典哲学劳动观各自的片面性，又获得了批判和超越它们的有力武器，从而开辟了一条从"异化劳动"到"自由劳动"的"劳动解放"之路。

在马克思这里，他是通过扬弃劳动而不是抛弃劳动来获得人自身的彻底解放的。在人的自我解放的意义上，劳动不再是奴役、压迫和剥削人的手段，而是成为人的生活的"第一需要"。为此，马克思在《哥达纲领批判》中明确指出：在共产主义社会，个人奴隶般地服从的劳动分工就会消失，"在劳动已经不仅仅是谋生的手段，而且本身成了生活的第一需要之后"[①]，个人也就获得了自由而全面的发展。在为国际工人协会所写的《成立宣言》中，马克思明确称自己的"政治经济学"是取代"财产政治经济学"或"资本政治经济学"的"劳动政治经济学"。[②] 所以，在劳动解放的意义上，马克思的"劳动政治经济学"既是对"财产政治经济学"的胜利，又是古典政治经济学和古典哲学的真正离经叛道者。在古典经济学的现实性与古典哲学的超越性相结合的基础上，马克思通过解剖和分析资本主义的经济现实而揭示和论证了从"异化劳动"到"自由劳动"的"劳动解放"的全面意义，从而建构了取代"财产政治经济学"和"精神现象学"而实现人之自由个性的"劳动政治经济学"。这一"劳动政治经济学"，实际上就是无产阶级和资产阶级之间的阶级斗争以及工人阶级实现自身解放和自我发展的"革命的政治经济学"。虽然阿伦特通过对"劳动"的三分——"劳动、工作和行动"，在解决"生存必然性"的意义上质疑和否定马克思的"劳动"，但对马克思这一"劳动政治经济学"的伟大意义，阿伦特却有着深刻的理解和充分的肯定：马克思真正反传统的一个侧面主要是对"劳动的赞美"，他是唯一的使用哲学用语真挚地叙说了"劳动的解放"这一"19世纪的重要事件"的思想家。[③] 实际上，马克思的劳动绝不仅仅是停留于解决"生存必然性"问题，而是最终超越它去解决"自由必然性"问题。按照事物的本性来说，

---

① 《马克思恩格斯文集》第3卷，人民出版社2009年版，第435页。
② 《马克思恩格斯文集》第3卷，人民出版社2009年版，第12页。
③ [美]汉娜·阿伦特：《马克思与西方政治思想传统》，孙传钊译，江苏人民出版社2007年版，第12页。

"自由王国"存在于真正物质生产领域的彼岸,只是在必要性和外在目的规定要做的劳动终止的地方才开始。① 所以说,只有马克思的《资本论》及其"劳动的政治经济学",才在历史上第一次科学回答和解决了作为"全部现代社会体系所围绕旋转的轴心"(恩格斯语)的资本与劳动的关系,从而开辟了一条通过"劳动解放"而走向人之自由解放的现实性道路。说到底,马克思的劳动理论,绝不是"关于价值的劳动理论",而是"关于劳动的价值理论"。

---

① 马克思:《资本论》第3卷,人民出版社2004年版,第928页。

启蒙的"政治经济学转向":从康德到马克思

"启蒙"(enlightenment),是指"光"或"光明",指人从无知和黑暗中获得觉醒和光亮。所以,启蒙一方面意味着摆脱迷信、蒙昧和偏见,另一方面也意味着理性、教化和自由。在此意义上,从苏格拉底"认识你自己"到笛卡尔"我思故我在",再到康德"大胆运用自己的理性"和马克思"在批判旧世界中发现新世界"都是一种启蒙。因此,启蒙之本义就是一种对压制人的神权和宗教的反抗及对人之自由的追求。也就是说,启蒙就是将"神权"转变为"人权",将"迷信"转变为"理性",亦即将"神之自由"转变为"人之自由"。而在启蒙的这一转变历程中,康德是人之"理性自由"的真正奠基者和推动者,马克思则是人之"自由个性"的伟大追求者和践行者。启蒙从"理性自由"到"自由个性"的演进和转变,实际上也意味着启蒙的"政治经济学转向"。

一 康德的"启蒙之问":敢于明智大胆地运用"人的理性"

近代西方哲学的发展,在"认识论转向"的背后,是一个上帝自然化、人本化和世俗化的理性启蒙过程。作为近代哲学之父的笛卡尔高喊"我思故我在",实际上主张的就是先理性后信仰、先自我后上帝,即人之"理性"取代"上帝"成为现实社会的"统治者"的逐步推进的过程。这一过程,随后又体现为以伏尔泰、卢梭等法国启蒙思想家提出的自由、平等和博爱等口号为标志的激进政治思想,而这一激进政治思想不仅直接孕育了法国大革命,还间接推进了德国古典哲学:法国启蒙

"思想自由开出的一朵重要的具有世界意义的花朵便是德国哲学"①。在此意义上,法国政治启蒙思想的直接理论成果就是推动了追求个人理性自由的德国古典哲学的诞生。自康德开始的德国古典哲学,既处于"启蒙的时代",又反过来继承和推进了启蒙的理想和道路。康德作为德国古典哲学的奠基者,继续在德国高高举起了理性启蒙的大旗,其本人成了著名的启蒙思想家,而其巨著《纯粹理性批判》则树立了一座启蒙的思想丰碑。在此意义上,《实践理性批判》和《判断力批判》都只是其《纯粹理性批判》和启蒙思想的注脚。1784 年,在《纯粹理性批判》出版三年后,康德在《答复这个问题:什么是启蒙》一文中集中回答和阐释了他所理解的"启蒙":"启蒙就是人从他自己造成的不成熟状态中挣脱出来。""因此,启蒙的箴言就是:敢于明智大胆地运用你自己的悟性!"②所以,在康德这里,公开地、勇敢地、无畏地、独立自主地运用自己的理性,从愚昧走向成熟就是启蒙。借用与马克思有忘年之交的德国大诗人海涅的说法,启蒙之理性就"像那永恒的太阳,当它高高在天空稳步前进的时候,用自己的光明照耀着自己的道路"③。对康德来说,"启蒙"的本意就在于人之理性的自我启蒙,其目的在于彰显理性的伟大力量,它唯一承认和追求的东西就是"理性的自由":"对于这种启蒙来说,所需要的就是自由。这里所谓的自由是所有的自由中最无害的自由,即在一切事物中公开运用个人理性的自由。"④ 说到底,在康德看来,敢于大胆明智地运用自己的理性的启蒙就是一种"理性自由之光"和理性自由的"赞歌"。康德之后费希特自我与非我的同一、谢林的绝对同一哲学,都在以不同方式在不同程度上推进着理性之启蒙。特别是德国古典哲学之集大成者黑格尔,把实体理解为主体,以绝对精神自我运动的形式,在全体的自由性和环节的必然性的统一以及理性与现实的和解中推动了人之理性自由在精神领域的最终完成。为此,恩格斯也在康德理性启蒙的基础上认为,启蒙就是一切都必须在理性的法庭面前为自己的存在作辩护或者放弃存在的权利。

在康德看来,启蒙作为人大胆地运用理性"从他自己造成的不成熟

---

① [德] 海涅:《论德国宗教和哲学的历史》,海安译,商务印书馆 2000 年版,第 42 页。
② [德] 康德:《什么是启蒙》,盛志德译,《哲学译丛》1991 年第 4 期。
③ [德] 海涅:《论德国宗教和哲学的历史》,海安译,商务印书馆 2000 年版,第 75 页。
④ [德] 康德:《什么是启蒙》,盛志德译,《哲学译丛》1991 年第 4 期。

状态中挣脱出来",其中最为关键和重要的"不成熟状态"就是"宗教"。因为"宗教的不成熟是所有不成熟中最有害最可耻的",所以康德自己强调,"我把宗教事务当成了启蒙即人从他自己造成的不成熟状态中挣脱出来的重点"①。可以说,启蒙理性摆脱和反抗宗教束缚的这一重任,在德国正是康德自觉地和十分清楚地提了出来。为此,马克思和恩格斯指出:18 世纪的启蒙运动,"不仅是反对现存政治制度的斗争,同时是反对现存宗教和神学的斗争"②。也是在此基础上,后来德国激进的青年黑格尔派,其满口喊着震撼世界词句的激进运动亦是从反对宗教开始的。由此可见,"反对现存宗教和神学的斗争"正是 18 世纪的欧洲作为"启蒙的时代",德法两国启蒙运动所面临的共同任务和一切批判理论的前提。但正如康德所言:"就目前的情况来看,要达到全体人民没有他人指引在宗教事务上能够自信地正确运用他们自己的悟性这样一种境界(或甚而可能被置于这样的境界),我们仍然还有漫长的道路要走。"③ 在此意义上,启蒙并不是空喊几句口号就能完成的——这也是青年马克思后来与青年黑格尔派分道扬镳的主要缘由。康德说我们虽然生活在一个"启蒙的时代",但还不是一个"启蒙了的时代",实现启蒙的理想仍然任重道远。不过,经过康德"纯粹理性批判"之"人为自然立法"和"实践理性批判"之"人为自由立法"的呼吁,上帝的神圣地位和宗教的专制统治已经大大减弱,普遍的理性启蒙的障碍正在逐渐减少,理性自由的前景已经越来越多地展现在人们面前,并朝这个方向不断自由地前进,人们已经看到了理性启蒙的巨大曙光。为此,海涅曾形象而深刻地指出:罗伯斯庇尔只杀死了一个国王和几千个法国人,而康德却处决了上帝——纯粹理性批判就是砍掉上帝头颅的大刀。实际上在康德这里,他之所以能"处决"上帝,是因为"上帝"不是人之上的超越者和独裁者,而是人为了自己的超越本性而赋予自己的信念。在此意义上,作为人之超越性信念的上帝的实存是有条件的,而有着上帝信念的人的实存则是无条件的,这是典型的"人本化的神义论"。唯其如此,人才有资格通过理性去填充由于上帝"缺席"而留下的空白。其结果,现代问题中世俗

---

① [德] 康德:《什么是启蒙》,盛志德译,《哲学译丛》1991 年第 4 期。
② 《马克思恩格斯文集》第 1 卷,人民出版社 2009 年版,第 327 页。
③ [德] 康德:《什么是启蒙》,盛志德译,《哲学译丛》1991 年第 4 期。

与神圣、理性与信仰的悖论在这个既有着世俗根基又通达神圣之维的人身上得以消弭。① 这也正是康德所特别强调"人是目的"的真实旨趣和巨大意义所在。也正是在此基础上，康德认为只有通过理性之启蒙，人才能获得超越上帝的合法地位，才能有希望摆脱上帝而实现世界的"永久和平"。

在康德这里，启蒙所解决的实际上依然是理性与信仰、世俗与神圣这一启蒙问题的根本悖论。为此，康德不惜提出了备受诟病的"划界"思想——限定理性、为信仰留下地盘。但令人遗憾的是，单纯依靠理性批判和划界所带来的启蒙后果，却是理性自由变成了理性专制，"财产自由"也变成了失去财产或无财产的自由，启蒙之理想的永久和平变成了无休止的掠夺战争。而即便是作为把启蒙理性推进到极致的黑格尔的"实体即主体"的"绝对精神"，虽然以最抽象的形式表达了最现实的人类状况，但仍然是涂抹了宗教香油的"无人身的理性"。为此恩格斯深刻指出："同启蒙学者的华美诺言比起来，由'理性的胜利'建立起来的社会制度和政治制度竟是一幅令人极度失望的讽刺画。"② 所以，在康德及黑格尔这里，启蒙之真正的理性自由仍然只是精神的自由，它只存在于理想的彼岸，仍然难以落到实处，充其量只能算是完成了"启蒙的一半"，而这也正是马克思批判和超越康德与黑格尔的理性启蒙，继续深入推进启蒙之处。

二 马克思的"再启蒙"：消解人在"非神圣形象"中的自我异化

马克思是康德之启蒙理性批判精神的继承者这一点应该是没有疑问的。这从马克思自己诸多著作的"命名"就可以体现出来：《黑格尔法哲学批判》、《神圣家族》（或对批判的批判所做的批判）、《德意志意识形态》（对现代德国哲学以及德国社会主义的批判）、《路易·波拿巴的雾月十八日》（也可称为法兰西意识形态批判）、《政治经济学批判》、《哥达

---

① 陈剑澜：《康德的启蒙之问》，《读书》2004 年第 5 期。
② 《马克思恩格斯文集》第 3 卷，人民出版社 2009 年版，第 527 页。

纲领批判》等。在此意义上，日本学者柄古行人甚至认为马克思实现了对康德的"跨越性批判"。同时，马克思与启蒙的紧密继承关系，也得到了后人的广泛认可。"马克思是启蒙运动的崇拜者"（拉宾）、"一个真正的启蒙运动的产儿"（胡克）、"启蒙时期的幸存者"（伯曼）或"马克思是启蒙之子"（阿瑟）等论断，也都证明了这一点。康德的启蒙思想作为"法国革命的德国理论"，马克思对其是给予高度评价和充分认可的。特别是青年马克思，作为一名激进的革命者，也曾深受以康德为代表的德国哲学启蒙精神的影响，向往理性批判和理性自由。这既从马克思在柏林大学读书时就加入了青年黑格尔派——这是深受启蒙精神激励的青年团体，青年马克思与青年黑格尔派一起，追求和向往理性自由体现出来；也从马克思的"博士论文"——在对德谟克利特和伊壁鸠鲁自然哲学的比较中，关注和肯定伊壁鸠鲁的体现理性之自由本性的"原子偏斜说"体现出来——马克思甚至称伊壁鸠鲁为古希腊第一个伟大启蒙者。但马克思对启蒙精神的继承，绝不是简单地照搬照抄，而是实现了启蒙从精神领域向现实领域，特别是政治经济学领域的转向。

与康德呼吁启蒙精神重点是摆脱宗教压制的不成熟状态一致，青年黑格尔派对启蒙精神的继承和鼓吹也是从反对和批判宗教开始的。在青年黑格尔派这里，宗教批判是一个相对安全的领域，而宗教批判在当时的德国之所以是一个相对安全的领域，主要恐怕还是因为自康德以来，反对宗教而追求理性自由的启蒙精神已深入人心，并得到了官方一定程度的许可。青年黑格尔派批判宗教的根据，就是费尔巴哈指出的"上帝是人的本质的对象化"，亦即马克思受费尔巴哈启发强调的：人创造了宗教，而不是宗教创造了人。这其实既是对宗教的批判，也是对启蒙精神的追求。在宗教批判的意义上，马克思继承和推进了康德的启蒙理想——摆脱宗教的束缚和不成熟状态。在马克思看来，宗教本质上是那些"还没有获得自身或已经再度丧失自身的人的自我意识和自我感觉"[①]。但在当时的德国，康德和黑格尔，包括青年黑格尔派所进行的宗教批判，只是唤醒了那些还没有获得自身的人的自我意识和自我感觉——人在"神圣形象"中的自我异化，而宗教批判还包括解放那些再度丧失自身的人的自我意识和自我感觉——人在"非神圣形象"中的自我异化。所以

[①] 《马克思恩格斯文集》第 1 卷，人民出版社 2009 年版，第 3 页。

在德国（包括英法等国），表面上看宗教批判已经完成，实际上宗教批判是不彻底的，它又摇身一变以"拜物教"——商品、货币和资本拜物教的形式在现实社会中存在并获得了合法的统治地位。诚如恩格斯所言："18世纪这个革命的世纪使经济学也发生了革命。然而，正如这个世纪的一切革命都是片面的并且停留在对立的状态中一样，正如抽象的唯物主义和抽象的唯灵论相对立，共和国和君主国相对立，社会契约和神权相对立一样，经济学的革命也未能克服对立。"① 在此意义上，我们确实可以说古典经济学的"革命"仍然是片面的和不彻底的，它和德国哲学一样也只是完成了启蒙的一半，而现实的启蒙仍未完成——正是马克思的"政治经济学批判"使经济学这门科学发生了真正的革命——最终完成了启蒙的另一半。为此马克思强调，德国人只是在思想中和哲学中经历了自己的未来的历史，德国只是当代哲学的同时代人，而不是当代历史的同时代人，可谓一语中的。所以，逐渐冲破单纯理性启蒙的马克思，后来既反对康德和费希特只是在天空飞翔，也不喜欢黑格尔的古怪调子，而只关心地上的事物，启蒙仍需要一场现实领域的彻底革命。

实际上，马克思并不满意德国浪漫派及青年黑格尔派所谓激进启蒙，认为仅仅抓住或停留于作为宗教批判、政治批判或哲学批判等所谓激进的"思想启蒙"，甚至会走向怀疑主义、相对主义和虚无主义，因而既无法理解启蒙之真精神，更无法将启蒙精神真正落到实处。这也正是开始走向社会舞台，在《莱茵报》编辑部工作的马克思，真正面临对"物质利益问题"发表见解时感到所谓启蒙理性的无能为力，促使其开始转向对更加联系现实的"政治经济学"的研究，并强调对市民社会的解剖应该到"政治经济学中去寻求"。因此，马克思主张必须把启蒙关注的视角从天上转到地下，亦即从思想、政治领域转向经济、社会领域，这也正是马克思从哲学批判走向政治经济学批判的根本原因。虽然早在马克思之前，以斯密和李嘉图为代表的古典政治经济学家就在"理性经济人"假设的基础上，在政治经济学领域发展了启蒙思想，但由于古典经济学家骨子里认为只有资本主义制度是自然的和普遍必然永恒的，他们在理性主宰历史的意义上又与古典哲学家"殊途同归"了。在此意义上，我们确实可以说古典政治经济学家在经济领域的启蒙仍然没有真正落到实

---

① 《马克思恩格斯文集》第1卷，人民出版社2009年版，第57页。

处，仍然需要马克思开启一种理性启蒙的"政治经济学转向"。

在政治经济学转向的基础上，马克思指出，转向之后为历史服务的"启蒙哲学"的"迫切任务"就转变为：真理的彼岸世界消逝以后，就要确立此岸世界的真理；人在"神圣形象"中的自我异化被揭穿以后，就要揭露人在"非神圣形象"中的自我异化。于是，对天国的批判变成对尘世的批判，对宗教的批判变成对法的批判，对神学的批判变成对政治的批判。① 而这种批判的实质，就是"撕碎锁链上那些虚幻的花朵，不是要人依旧戴上没有幻想没有慰藉的锁链，而是要人扔掉它，采摘新鲜的花朵。对宗教的批判使人不抱幻想，使人能够作为不抱幻想而具有理智的人来思考，来行动，来建立自己的现实"②。人自己建立的这一"现实"，实际上就是马克思后来在《共产党宣言》中提出的实现每个人的自由发展是一切人的自由发展条件的"自由人的联合体"，《1857—1858年经济学手稿》中扬弃人的"依附性"和以物的依赖性为基础的人的"独立性"而追求的人之"自由个性"，《资本论》中提出的超越受物质生产条件束缚的"必然王国"而走向真正实现每个人的自由而全面发展的"自由王国"。在此意义上，只有这一"现实"的建立，人才能摆脱宗教压迫的不成熟状态，才能站在稳固的大地上呼吸自由的空气。

在马克思看来，启蒙的政治经济学转向之后的这一任务和目标的最终实现，仅靠单纯的宗教批判是难以完成的，还必须把宗教批判和现实批判结合起来，亦即把单纯的批判上帝转换为批判上帝在世俗世界的化身——商品、货币和资本——进行"拜物教批判"，方能真正完成启蒙，唤醒广大无产阶级的自我意识和主体意识，使无产阶级自觉为人，而不只是"会说话的工具"。所以，只有广大被奴役、被压迫和被剥削的无产阶级阶级意识觉醒了，全世界无产者才能联合起来，才能带着愉快的心情自由地合作生产——共同劳动而最终取代和消灭私有制，使人作为人既摆脱对"神的依附性"——消解人在"神圣形象"中的自我异化，又摆脱对"物的依赖性"——消解人在"非神圣形象"中的自我异化，从而彻底实现人之为人的"自由个性"——通过人并且为了人而对人的本质的真正占有，最终完成"启蒙的另一半"。

---

① 《马克思恩格斯文集》第1卷，人民出版社2009年版，第4页。
② 《马克思恩格斯文集》第1卷，人民出版社2009年版，第4页。

三 《资本论》的"拜物教批判"：
启蒙的"政治经济学转向"

在实质而重要的意义上，启蒙的"政治经济学转向"既不是在康德的"纯粹理性批判"中实现的，也不是在马克思的"黑格尔法哲学批判"中实现的，而是在马克思《资本论》的"政治经济学批判"——"拜物教批判"这里集中实现和完成的。在马克思看来，虽然以雇佣劳动为基础的资本主义生产方式的确立和发展，在一定程度上继承和推进了以康德为代表的反宗教的理性化启蒙运动在现实领域的实现。但马克思认为，由于资本主义社会的"经济学革命"未能克服"社会契约和神权的对立"，因而也就无法彻底达到启蒙运动的理想理性，反而伴随着反宗教的理性化启蒙的完成，却是"拜物教"——商品拜物教、货币拜物教和资本拜物教的开始。在资本主义社会里，虽然反宗教的理性化启蒙已经完成，使人摆脱了对神的"依附性"而获得了一定的"独立性"，但作为资本主义社会的幽灵化身的"资本"却代替"上帝"成为现实社会的最高独裁者和撬动社会发展的"第一杠杆"：一切都必须在资本面前为自己的存在作辩护或者放弃存在的权利。在这里，人的"独立性"仍然以"物"——商品、货币和资本的"依赖性"为基础，并导致由对"神"的顶礼膜拜转变为对"物"的顶礼膜拜，人并没有获得真实的"自由个性"，依然在对"资本"的膜拜中迷失——再度丧失了自己。因此，马克思主张还必须对启蒙进行"再启蒙"，亦即进行"三大拜物教"——商品、货币和资本拜物教批判，最终变资本的独立性和个性为现实的人的独立性和个性，从而推动人之全面发展的"自由个性"的真正实现。所以说，对拜物教进行彻底的揭示和批判，也正是作为"政治经济学批判"的《资本论》所具有的伟大启蒙意义。在此意义上，《资本论》也与卢梭的《论人类不平等的起源和基础》和康德的《纯粹理性批判》一样，是一部伟大的"启蒙"作品。可以说，马克思正是通过《资本论》的"政治经济学批判"——"拜物教批判"，来深入推进和完成了康德所提出的摆脱宗教的不成熟状态的启蒙的伟大理想。

在《资本论》中，马克思以木头变成桌子——劳动产品变成商品——为喻,形象而深刻地揭示了"拜物教"的实质和秘密:普通的劳动产品一旦作为商品出现或以商品的形式存在,就充满了形而上学的微妙和神学的怪诞,成了一种可感觉而又超感觉的很古怪的东西,从而具有"谜一般的性质",又让人顶礼膜拜而逃避到宗教世界的幻想中去,这就形成了"拜物教"。① 但拜物教的根源却并不在于构成商品的"物质资料"本身,而在于使商品成为商品的"商品形式"本身:"商品形式的奥妙不过在于:商品形式在人们面前把人们本身劳动的社会性质反映成劳动产品本身的物的性质,反映成这些物的天然的社会属性,从而把生产者同劳动的社会关系反映成存在于生产者之外的物与物之间的社会关系。由于这种转换,劳动产品成了商品,成了可感觉而又超感觉的物或社会的物。"也就是说,"商品形式和它借以得到表现的劳动产品的价值关系,是同劳动产品的物理性质以及由此产生的物的关系完全无关的。这只是人们自己的一定的社会关系,但它在人们面前采取了物与物的关系的虚幻形式"②。而作为商品的完成形式的货币和资本,更是这一人与物颠倒的虚幻关系和虚幻形式的集中体现。在《资本论》的第三卷论述资本演变到"生息资本"时,马克思更是深刻揭示出了"资本拜物教"的秘密:"在生息资本上,资本关系取得了它的最表面和最富有拜物教性质的形式。"③ 在生息资本这里,G—G′代替了G—W—G′,作为中介的生产过程和流通过程都不见了,资本摇身一变成了自行增殖的价值和会生出货币的货币的"自动的物神"——资本的神秘化取得了最显眼和最完美的形式。由此可见,资本形式的奥妙,也就是商品和货币拜物教奥妙的最集中和最彻底体现。但资本拜物教的实质和奥妙,"既不能从它们本身来理解,也不能从所谓人类精神的一般发展来理解,相反,它们根源于物质的生活关系"④。所以,在马克思看来,要想实现对资本拜物教的批判——揭示出资本增殖(剩余价值)的秘密及其根源,必须到剖析资本主义生产方式及其规律的政治经济学中去寻找,在政治经济学批判中推翻那些使人成为被蔑视、被奴役、被侮辱和被遗弃的东西的一切关系,从而把人的世界和人的关系还给人自己,在自由协作和共同占有生产资

---

① 马克思:《资本论》第1卷,人民出版社2004年版,第90页。
② 马克思:《资本论》第1卷,人民出版社2004年版,第89—90页。
③ 马克思:《资本论》第3卷,人民出版社2004年版,第440页。
④ 《马克思恩格斯文集》第2卷,人民出版社2009年版,第591页。

料的基础上"重建个人所有制"——"只有当社会生活过程即物质生产过程的形态,作为自由联合的人的产物,处于人的有意识有计划的控制之下的时候,它才会把自己的神秘的纱幕揭掉"①,也方能使克服"非神圣形象"中自我异化的人之为人的启蒙得以最终完成。

在《资本论》的"政治经济学批判"这里,拜物教并不是一种地位低下的庸俗唯物主义——这曾是标准的启蒙思想的观点,而是一种特殊的、新型的、以物为基础的社会理想主义。在此意义上,拜物教实际上就是资本主义社会的生产方式以及与之自适应的生产关系和交换关系发展带来的必然结果,但这又掩盖和隐藏了它自己产生和存在于雇佣劳动中的真实社会基础。所以,"马克思将拜物教当作一个关键的术语,将启蒙运动的理想世界应用到商品形式上,这个世界因为科学知识变得透明"②。这其实正是作为"政治经济学批判"的马克思的《资本论》所做的工作,"资本和劳动的关系"第一次在这里得到了"科学的说明"。在这一意义上,我们也就不难理解青年马克思常用的批判资本主义社会的核心术语——"异化",为什么到了后期反而很少再用,而更多的是用"拜物教"这一核心概念。这一转变一方面体现了恩格斯所说的马克思实现了"术语的革命",另一方面却是在马克思看来,"拜物教"比"异化"更能深刻透视和把握资本主义社会颠倒的怪现状。实际上,对作为启蒙精神的继承和推进者的马克思来说,理解和表达世界的术语虽然变了,但"世界观"没变——通过拜物教批判消解人在"非神圣形象"中的自我异化是其始终如一的目标。因此说,马克思通过作为资本主义社会"解剖学"的《资本论》——"政治经济学批判"而实现的"拜物教批判",才真正揭露了资本主义社会的一切秘密及其根源,这既澄明了资本主义社会的本质存在状态,又唤醒了无产阶级作为主人的阶级意识:正是马克思"第一次使现代无产阶级意识到自身的地位和需要,意识到自身解放的条件"③。由此,《资本论》才使工人阶级透过"拜物教"的迷雾看到了自己自由解放的曙光,成为对工人阶级如此重要并指引其走向自由解放的"圣经",而这也正是《资本论》的"政治经济学批

---

① 马克思:《资本论》第1卷,人民出版社2004年版,第97页。
② [英]奥斯本:《问题在于改变世界——马克思导读》,王小娥、谢昉译,中信出版社2016年版,第17页。
③ 《马克思恩格斯文集》第3卷,人民出版社2009年版,第602页。

判"——"拜物教批判",深入到资本主义历史的"本质性的一度"中去了——作为启蒙之完成的伟大意义:"拜物教"消解之日,也就是启蒙完成之时。

在此意义上,作为融德国哲学启蒙、法国政治启蒙和英国政治经济启蒙为一体的巨著《资本论》,其副标题——政治经济学批判,不仅可以更换为"纯粹理性批判"或"黑格尔法哲学批判",更可以更换为"拜物教批判"。为此,我们确实可以说《资本论》的"拜物教批判",才是"启蒙"的真正完成形态,才使启蒙获得了其完全的意义。作为伟大的"启蒙"著作,《资本论》达到了它应有的历史和时代的原则高度——它仍然占据着当今时代的真理、道义和文明的制高点。也因此,我们才可以说正是马克思《资本论》的"拜物教批判",得以真正回答了福柯后来提出和追问的关于"什么是启蒙"这一康德以来以各种形式不断重复,而现代哲学却从未摆脱而又无法回答的世纪"难题"。

历史唯物主义的建构

——从《德意志意识形态》到《资本论》

什么是历史唯物主义？按恩格斯的理解，马克思既发现了人类历史发展的一般规律，又发现了现代资本主义生产方式和它所产生的资产阶级社会的特殊运动规律。[①] 据此，历史唯物主义有了作为人类历史发展一般规律的"广义"和作为资产阶级社会特殊运动规律的"狭义"之分。实际上，人类历史的一般规律正是建立在对资本主义特殊运动规律揭示的基础上的。在此意义上，卢卡奇强调历史唯物主义就是"对资本主义社会制度作出准确的判断，揭露资本主义社会制度的本质"[②]。而这实际上也正是马克思历史唯物主义的实质要义所在。马克思的历史唯物主义，绝不只是为历史的运动找到抽象的、逻辑的和思辨的表达，而是建立在对现实资本主义的批判和超越的基础上的。正是通过对资本主义现存的一切进行无情的批判，才"在批判旧世界中发现新世界"，从而建立了"关于现实的人及其历史发展的科学"。而马克思这一"历史科学"的具体建构，实际上是通过对"意识形态之谜"和"资本之谜"双重破解的基础上，进一步揭开"历史之谜"而实现的。

一 批判"意识形态"：确立历史唯物主义的"完整观念"

如果说，《关于费尔巴哈的提纲》是马克思历史唯物主义"新世界观"的天才"萌芽"，那么，《德意志意识形态》就是马克思恩格斯历史

[①] 《马克思恩格斯文集》第3卷，人民出版社2009年版，第601页。
[②] ［匈］卢卡奇：《历史与阶级意识》，杜章智等译，商务印书馆1996年版，第307页。

唯物主义在"观念上"的"完整说明"。对此，马克思在《政治经济学批判〈序言〉》中曾强调：当1845年在布鲁塞尔时，"我们（与恩格斯——引者）决定共同阐明我们的见解与德国哲学的意识形态的见解的对立，实际上是把我们从前的哲学信仰清算一下。这个心愿是以批判黑格尔以后的哲学的形式来实现的"①。正是通过对以青年黑格尔派为主要代表的德意志意识形态的彻底批判，马克思恩格斯才在观念上与唯心主义彻底划清了界限，真正确立起了自己的新唯物主义世界观。按马克思的理解，所谓"意识形态"就是一种虚假的观念体系，"被人打扮成在世界上对现实产生作用的东西"②。因此，对马克思来说，意识形态有时会向社会制度中的人们掩盖制度的真实运行状况，使他们不能深入地认识制度表象后面的实质。在这种情况下，意识形态实际上支撑的是一种幻象。以青年黑格尔派为主要代表的德国哲学，颠倒意识与存在、思想与现实的关系，以纯粹思想批判代替反对现存制度的实际斗争，马克思恩格斯把这种哲学称为"德意志意识形态"。在此意义上，马克思恩格斯批判和否定这种"意识形态"，力图把被它颠倒的世界再颠倒过来。马克思意识形态批判的"目标之一就是要揭露那些在试图表明资本主义是正义的，发挥着重要作用的虚假的经验信仰"③。在根本而重要的意义上，马克思对意识形态持一种否定和批判的态度。

以青年黑格尔派为代表的德意志意识形态，实际上是一种小资产阶级知识分子的"精神迷梦"。虽然他们对以黑格尔为代表的德国意识哲学进行了激烈的批判，但他们在无情地揭露他们老师的缺陷之后，自己随即也陷入更为糟糕的幻觉之中——只是在同现实的影子作哲学斗争，而不关注社会现实本身。资产阶级意识形态的直接概念、它们的"规律性"，虽然同样必然地从资本主义的土壤中产生出来，然而却掩盖了真正的现实。它们都被看作资本主义生产制度的代理人所必然具有的思想，但在它们当中并通过它们被认识的客体不是资本主义制度本身，而是它的统治阶级的意识形态，其作用在于使资本主义社会的现象表现为超历

---

① 《马克思恩格斯文集》第2卷，人民出版社2009年版，第593页。
② ［美］阿伦特：《马克思与西方政治思想传统》，孙传钊译，江苏人民出版社2007年版，第27页。
③ ［美］布坎南：《马克思与正义》，林进平译，人民出版社2013年版，第71页。

史的本质。因此,"只有揭去这层面纱,历史的认识才有可能"①。马克思批评黑格尔及其后继者,"只是在表面上让绝对精神作为绝对精神去创造历史。因为绝对精神只是事后才通过哲学家意识到自身是具有创造力的世界精神,所以,它制造历史的行动也只是发生在哲学家的意识中、见解中、观念中,只是发生在思辨的想象中"②。对此,马克思强调尽管青年黑格尔派满口喊的都是"震撼世界的词句",但却是最大的保守分子。

而实际上,我们要想批判青年黑格尔派,超越德意志意识形态,就必须抓住"一门唯一的科学,即历史科学。……我们需要深入研究的是人类史,因为几乎整个意识形态不是曲解人类史,就是完全撇开人类史。意识形态本身只不过是这一历史的一个方面"③。也就是说,要想认清意识形态,就必须研究人类历史;而只有真正把握了人类历史,也就认清了意识形态。因为"意识在任何时候都只能是被意识到了的存在,而人们的存在就是他们的现实生活过程。如果在全部意识形态中,人们和他们的关系就像在照相机中一样是倒立成像的,那么这种现象也是从人们生活的历史过程中产生的",不是意识决定生活,而是生活决定意识。意识是扎根而不是独立于历史的生活之中的。因此,只要我们从现实生活入手,"道德、宗教、形而上学和其他意识形态,以及与它们相适应的意识形式便不再保留独立性的外观了"④。这样,德意志意识形态的这种"概念神话"和"精神幻象",就被马克思的意识形态批判彻底消灭了。在此意义上,历史唯物主义就是"瓦解资产阶级意识形态"。

在马克思看来,意识形态不仅仅是虚假的,而且它的这种虚假性在维系作为某种社会制度的社会形态方面还发挥着某种特定的社会功能或心理功能。一切意识形态的最大阴谋,就是把这种被压迫和被剥削的历史生存状态通过各种文化的、政治的手段无意识地演化为自然生存状态,并在其中悄无声息地抹去批判反思的种种可能性。⑤ 在一定意义上,资产阶级运用意识形态欺骗无产阶级、抵制历史唯物主义,并不是什么纯粹的局限性,而是它在资产阶级历史科学中显示出来的资产阶级真实阶级

---

① [匈]卢卡奇:《历史与阶级意识》,杜章智等译,商务印书馆1996年版,第63页。
② 《马克思恩格斯文集》第1卷,人民出版社2009年版,第292页。
③ 《马克思恩格斯文集》第1卷,人民出版社2009年版,第516页注②。
④ 《马克思恩格斯文集》第1卷,人民出版社2009年版,第525页。
⑤ 张一兵、蒙木桂:《神会马克思》,中国人民大学出版社2004年版,第189页。

本能的表现，因为对资产阶级来说，承认历史唯物主义就意味着自杀。因此，在无产阶级的阶级斗争中，历史唯物主义总是为以下目的而被加以运用：在资产阶级用各种意识形态成分来修饰和掩盖了真实情况的一切场合，用科学的冷静之光来透视这些面纱，指出这些面纱多么虚伪、骗人，多么同真相不一致。① 只要资产阶级意识形态被消解了，资本主义也就失去了其存在的虚假的观念理由。但意识的一切形式和产物不是可以通过精神的批判来消灭的，不是可以通过把它们消融在"自我意识"中或化为"怪影""幽灵""怪想"等来消灭的，而只有通过实际地推翻这一切唯心主义谬论所产生的现实的社会关系，才能把它们消灭。② 所以，历史唯物主义的首要功能绝不是纯粹的科学认识，而是行动：历史唯物主义不是目的本身，它的存在是为了使无产阶级自己看清形势，为了使它在这种明确认识到的形势中能够根据自己的阶级地位去正确地行动。正是在此意义上，马克思才在《德意志意识形态》中强调：共产主义对我们来说不是应当确立的状况，不是现实应当与之相适应的理想，而是那种消灭现存状况的现实的运动。实际上，马克思对意识形态的批判，"是力图赋予这些抽象名词以一种当前历史时期中的物质内容，而不是否认对它们有赋予意义的可能性"③。为了彻底批判意识形态，有必要提出一个完整而科学的社会和历史概念，以便为其批判属性提供更坚实的基础。这就是马克思的意识形态批判最终会明显与历史唯物主义的构建联系在一起的原因所在了。④ 但在《德意志意识形态》中，马克思恩格斯还缺乏对意识形态根源的资本主义生产方式的具体历史分析，而这一具体分析恰恰是对于解释意识形态现象来说必不可少的。《德意志意识形态》所缺失的这关键一环，马克思后来正是通过《资本论》的"政治经济学批判"，揭示出资本之谜而完成的历史使命。

---

① ［匈］卢卡奇：《历史与阶级意识》，杜章智等译，商务印书馆1996年版，第307页。
② 《马克思恩格斯文集》第1卷，人民出版社2009年版，第544页。
③ ［美］悉尼·胡克：《理性、社会神话和民主》，金克、徐崇温译，上海世纪出版集团2006年版，第136页。
④ ［英］乔治·拉雷恩：《马克思主义与意识形态》，张秀琴译，北京师范大学出版社2013年版，第11页。

二 揭示"资本之谜":确立历史唯物主义的"现实基础"

《资本论》作为对"资本主义生产方式以及和它相适应的生产关系和交换关系"的研究,在本质上就是一部历史唯物主义的著作,因为"历史唯物主义首先是资产阶级社会及其经济结构的一种理论"[①],而马克思在《资本论》里所做的工作,既是针对资本主义社会的"有意识的体系化"(=古典政治经济学)之批判,也是对于"资本主义的内在结构"之照明。[②] 在马克思看来,不仅满口喊着震撼世界的词句的"思想勇士"——青年黑格尔派被"意识形态"所蒙蔽,就是重视经验和实证的古典政治经济学家也在劫难逃。古典经济学家从"非批判的实证主义"出发,倾向于证明这样一个"事实":资本主义制度是天然的。而古典经济学家之所以能做到这一切,就在于他们把分工、信用和资本等资产阶级生产关系说成是固定的、不变的、永恒的范畴。在此意义上,资本主义存在的思想领域里的"意识形态之谜",就转化成了现实领域里的"资本之谜"。对马克思来说,《资本论》的"政治经济学批判"就是《德意志意识形态》中"意识形态批判"的进一步延伸。而只有在现实中揭开了"资本之谜",才能在观念上真正破除"意识形态之谜",进而揭开"历史之谜"。

在《资本论》中,马克思开篇就指出:资本主义生产方式占统治地位的社会财富,表现为"庞大的商品堆积"[③]。但商品的本质却不仅仅是靠自己的属性来满足人的某种需要的"物",而是物与物背后所掩盖的人与人之间真实的"社会关系"。对此马克思强调:"最初一看,商品好像是一种简单而平凡的东西。对商品的分析表明,它却是一种很古怪的东西,充满了形而上学的微妙和神学的怪诞。"也就是说,劳动产品一旦作为商品出现,采取商品形式,就具有谜一般的性质,成了一个可感觉而

---

① [匈] 卢卡奇:《历史与阶级意识》,杜章智等译,商务印书馆1996年版,第312页。
② [日] 柄谷行人:《马克思,其可能性的中心》,中田友美译,中央编译出版社2006年版,第4页。
③ 马克思:《资本论》第1卷,人民出版社2004年版,第47页。

又超感觉的物,原因何在?马克思的高明之处就在于他不但看到了问题,而且揭示出了原因。"商品形式的奥秘不过在于:商品形式在人们面前把人们本身劳动的社会性质反映成劳动产品本身的物的性质,反映成这些物的天然的社会属性,从而把生产者同总劳动的社会关系反映成存在于生产者之外的物与物之间的社会关系。"① 这实际上只是人们自己的一定的社会关系,但它在人们面前采取了物与物的关系的虚幻的形式。在宗教的世界里,人受自己头脑的产物的支配,而在商品的世界里,人又继续受自己双手的产物的支配。而作为商品世界的完成形式——货币形式,同样是用物的形式掩盖了私人劳动的社会性质以及私人劳动者的社会关系,而不是把它们揭示出来。马克思把这称为"货币主义的幻觉"——"由于货币主义没有看出:金银作为货币代表一种社会生产关系,不过这种关系采取了一种具有奇特的社会属性的自然物的形式。"②

在马克思这里,仅仅理解了商品和货币的本质,还只是把握历史唯物主义的初步,还必须理解作为支撑资本主义社会之基点的"资本"。因为"有了商品流通和货币流通,决不是就具备了资本存在的历史条件。只有当生产资料和生活资料的占有者在市场上找到出卖自己劳动力的自由工人的时候,资本才产生;而单是这一历史条件就包含着一部世界史。因此,资本一出现,就标志着社会生产过程的一个新时代"③。在此意义上,要想把握历史唯物主义,就必须理解资本。马克思正是透过对商品和货币的社会关系本质的揭示,摆脱了资本"物化"的迷人表象,而深刻抓住了其作为人与人之间剥削与被剥削的关系本质。其实,早在最初接触政治经济学的《1844年经济学哲学手稿》中,马克思就看到了资本不是物,而"是对劳动及其产品的支配权力"④。特别是在《雇佣劳动与资本》中,马克思更是用形象的比喻对资本的社会关系本质进行了生动的说明:"黑人就是黑人。只有在一定的关系下,他才成为奴隶。纺纱机是纺棉花的机器。只有在一定的关系下,它才成为资本。脱离了这种关系,它也就不是资本了,就像黄金本身并不是货币,砂糖并不是砂糖的

---

① 马克思:《资本论》第1卷,人民出版社2004年版,第89页。
② 马克思:《资本论》第1卷,人民出版社2004年版,第101页。
③ 马克思:《资本论》第1卷,人民出版社2004年版,第198页。
④ 《马克思恩格斯文集》第1卷,人民出版社2009年版,第130页。

价格一样。"① 所以说，只有在一定的社会关系中，我们才能真正理解和把握资本增殖的自身秘密。因此，在《1857—1858年经济学手稿》中，马克思继续强调："资本显然是关系，而且只能是生产关系。"② 而在《资本论》中，马克思更是多次明确指出："资本不是一种物，而是一种以物为中介的人和人之间的社会关系"③；"资本不是物，而是一定的、社会的、属于一定历史社会形态的生产关系，后者体现在一个物上，并赋予这个物以独特的社会性质。资本不是物质的和生产出来的生产资料的总和。"④ 对此，恩格斯在谈到马克思的《政治经济学批判》时也强调："经济学研究的不是物，而是人和人之间的关系，归根到底是阶级和阶级之间的关系；可是这些关系总是同物结合着，并且作为物出现。"⑤ 在这一意义上，资本本质上就是一种"颠倒"的社会关系。而这也正是《资本论》最伟大的发现之一。

马克思《资本论》的目的，就是揭开蒙在资本身上的神秘面纱，将这种"颠倒"的关系再颠倒过来，最终"把人的世界和人的关系还给人自己"。在《资本论》第一卷第一版序言中，马克思批判资产阶级经济学家时就曾形象地指出："柏修斯需要一顶隐身帽来追捕妖怪。我们却用隐身帽紧紧遮住眼睛和耳朵，以便有可能否认妖怪的存在。"⑥ 而马克思要求我们不是模仿古典经济学家，用"隐身帽"来紧紧遮住"眼睛和耳朵"，而是超越古典经济学家，把真正的"妖怪"（资本）捉住。资产阶级政治经济学只关注事物的表面现象，在这个层面上它虽然包含资本与劳动关系的内容，但它从未深入探究资本与劳动关系的含义以及它产生的历史环境。马克思的"艰巨任务就是要超越拜物教，不只是将其作为一种幻觉，而是要分析它的客观现实性"⑦。对这一任务，经济学家们主要是采取"公平交易"的路径，而马克思形成的却是一种批判的理论：采取一种调查研究的模式，使其能够揭示资本主义社会的深层结构，并

---

① 《马克思恩格斯文集》第1卷，人民出版社2009年版，第723页。
② 《马克思恩格斯全集》第30卷，人民出版社1995年版，第510页。
③ 马克思：《资本论》第1卷，人民出版社2004年版，第877页。
④ 马克思：《资本论》第3卷，人民出版社2004年版，第922页。
⑤ 《马克思恩格斯文集》第2卷，人民出版社2009年版，第604页。
⑥ 马克思：《资本论》第1卷，人民出版社2004年版，第9页。
⑦ ［美］大卫·哈维：《跟大卫·哈维读〈资本论〉》第一卷，刘英译，上海译文出版社2014年版，第51页。

以完全不同的社会和物质关系为基础,提出不同的社会形态。在此意义上,马克思的历史唯物主义就是一种区别于古典经济学之"实证主义"的"批判的实证主义"。在马克思"批判的实证主义"视野中,"只有当社会生活过程即物质生产过程的形态,作为自由联合的人的产物,处于人的有意识有计划的控制之下的时候,它才会把自己的神秘的纱幕揭掉"①。到了这时,"资本的垄断成了与这种垄断一起并在这种垄断之下繁盛起来的生产方式的桎梏。生产资料的集中和劳动的社会化,达到了同它们的资本主义外壳不能相容的地步。这个外壳就要炸毁了。资本主义私有制的丧钟就要响了。剥夺者就要被剥夺了"②。只有这样,我们才能"去发展社会生产力,去创造生产的物质条件;而只有这样的条件,才能为一个更高级的、以每一个个人的全面而自由的发展为基本原则的社会形式建立现实基础"③。马克思正是通过"政治经济学批判",揭示了人们的行为被抽象的资本力量所控制的程度,以及人们长期处于拜物教所建构的统治风险中的机制,从而建构一个真正意义上的个人全面而自由发展的社会。因此,与古典政治经济学相反,在"凡是资产阶级经济学家看到物与物之间的关系(商品交换商品)的地方,马克思都揭示了人与人之间的关系"④。为此,恩格斯认为:"一切社会变迁和政治变革的终极原因,不应当到人们的头脑中,到人们对永恒的真理和正义的日益增进的认识中去寻找,而应当到生产方式和交换方式的变更中去寻找;不应当到有关时代的哲学中去寻找,而应当到有关时代的经济中去寻找。"⑤这就是马克思对"资本之谜"的历史解答,也是历史唯物主义在资本主义社会中最完整的"经济学表达"。

---

① 马克思:《资本论》第 1 卷,人民出版社 2004 年版,第 97 页。
② 马克思:《资本论》第 1 卷,人民出版社 2004 年版,第 874 页。
③ 马克思:《资本论》第 1 卷,人民出版社 2004 年版,第 683 页。
④ 《列宁专题文集:论马克思主义》,人民出版社 2009 年版,第 69 页。
⑤ 《马克思恩格斯文集》第 3 卷,人民出版社 2009 年版,第 547 页。

三　破解"历史之谜"：建构"关于现实的人及其历史发展的科学"

在《哲学的贫困》中，马克思曾很形象地批评李嘉图把人变成了"帽子"，批评黑格尔把帽子变成了"观念"。① 而马克思为自己确立的任务就是把"帽子"和"观念"重新恢复为"现实的人"。通过意识形态的批判和对资本之谜的揭示，马克思向我们阐明了：历史唯物主义的基础不是某种为人所愿望的"善的观念"，也不是原始朴素的"经济人"的重建，而是任何人在任何时候都可以观察到的实际的、现实的个人。为此马克思指出："我们不是从人们所说的、所设想的、所想象的东西出发，也不是从口头说的、思考出来的、设想出来的、想象出来的人出发，去理解有血有肉的人。我们的出发点是从事实际活动的人，而且从他们的现实生活过程中还可以描绘出这一生活过程在意识形态上的反射和反响的发展。"② 但如果像青年黑格尔派那样，仅把"人"从那些震撼世界的词句统治下解放出来，那么"人"的"解放"也并没有前进一步；只有在现实的世界中并使用现实的手段才能实现真正的解放。"解放"是一种历史活动，不是思想活动，"解放"是由历史的关系，是由工业状况、商业状况、农业状况、交往状况促成的。③ 因此，在思辨终止的地方，关于意识的空话将终止，它们一定会被真正的知识所代替。在现实生活面前，正是描述人们实践活动和实际发展过程的真正的"实证科学"——历史唯物主义开始的地方。

而这种新的历史观就在于：从直接生活的物质生产出发阐述现实的生产过程，把同这种生产方式相联系的、它所产生的交往形式即各个不同阶段上的市民社会理解为整个历史的基础，同时从市民社会出发阐明意识的所有各种不同的理论产物和形式，如宗教、哲学、道德等，而且追溯它们产生的过程。这种历史观和唯心主义历史观不同，它不是在每

---

① 《马克思恩格斯文集》第 1 卷，人民出版社 2009 年版，第 597 页。
② 《马克思恩格斯文集》第 1 卷，人民出版社 2009 年版，第 525 页。
③ 《马克思恩格斯文集》第 1 卷，人民出版社 2009 年版，第 527 页。

个时代中寻找某种范畴,而是始终站在现实历史的基础上;不是从观念出发来解释实践,而是从物质实践出发来解释各种观念形态。① 也就是说,唯物史观如果不具备实行全面变革的物质因素——生产力和革命群众,尽管这种观念已经表述过千百次,但这对于实际的发展没有任何意义。所以,马克思指出,"迄今为止的一切历史观不是完全忽视了历史的这一现实基础,就是把它仅仅看成与历史进程没有任何联系的附带因素。因此,历史总是遵照在它之外的某种尺度来编写的;现实的生活生产被看成是某种非历史的东西,而历史的东西则被看成是某种脱离日常生活的东西,某种处于世界之外和超乎世界之上的东西"②。实际上,在马克思这里,资本主义绝不是普遍、必然、永恒的存在:"自然界不是一方面造成货币占有者或商品占有者,而另一方面造成只是自己劳动力的占有者。这种关系既不是自然史上的关系,也不是一切历史时期所共有的社会关系。它本身显然是已往历史发展的结果,是许多次经济变革的产物,是一系列陈旧的社会生产形态灭亡的产物。"③ 在此意义上,历史唯物主义就是建立在打破资本主义永恒存在的神话,批判和超越资本主义的基础上的。对此韦尔默强调:马克思的"政治经济学批判"摧毁了关于自由、平等和私有财产之间联系的性质的这种"意识形态的幻觉",摧毁了掩盖着等价交换制度、从而也掩盖着自由平等的资产阶级制度的"非暴力的假象",而这些都是通过分析和批判资本主义生产方式做到的。④

在《资本论》中,马克思主张通过建立"合作工厂"与"股份企业"来超越资本主义:"资本主义的股份企业,也和合作工厂一样,应当被看作是由资本主义生产方式转化为联合的生产方式的过渡形式,只不过在前者那里,对立是消极地扬弃的,而在后者那里,对立是积极地扬弃的。"也因此,马克思又强调"工人自己的合作工厂,是在旧形式内对旧形式打开的第一个缺口",因为"资本和劳动之间的对立在这种工厂内已经被扬弃"⑤。而这种扬弃,实际上就是:"资本主义的私有制,是对个

---

① 《马克思恩格斯文集》第1卷,人民出版社2009年版,第544页。
② 《马克思恩格斯文集》第1卷,人民出版社2009年版,第545页。
③ 马克思:《资本论》第1卷,人民出版社2004年版,第197页。
④ [德] 韦尔默:《后形而上学现代性》,应奇、罗亚玲编译,上海译文出版社2007年版,第44页。
⑤ 马克思:《资本论》第3卷,人民出版社2004年版,第499页。

人的、以自己劳动为基础的私有制的第一个否定。但资本主义生产由于自然过程的必然性，造成了对自身的否定。这是否定的否定。这种否定不是重新建立私有制，而是在资本主义时代的成就的基础上，也就是说，在协作和对土地及靠劳动本身生产的生产资料的共同占有的基础上，重新建立个人所有制。"① 恩格斯认为，正是这种重建的个人所有制，才使"人们周围的、至今统治着人们的生活条件，现在受人们的支配和控制，人们第一次成为自然界的自觉的和真正的主人，因为他们已经成为自身的社会结合的主人了。……人们自身的社会结合一直是作为自然界和历史强加于他们的东西而同他们相对立的，现在则变成他们自己的自由行动了。至今一直统治着历史的客观的异己的力量，现在处于人们自己的控制之下了。只是从这时起，人们才完全自觉地自己创造自己的历史"②。对此，马克思在《资本论》中又强调："事实上，自由王国只是在必要性和外在目的规定要做的劳动终止的地方才开始；因而按照事物的本性来说，它存在于真正物质生产领域的彼岸。"因此，"这个领域内的自由只能是：社会化的人，联合起来的生产者，将合理地调节他们和自然之间的物质变换，把它置于他们的共同控制之下，而不让它作为盲目的力量来统治自己；靠消耗最小的力量，在最无愧于和最适合于他们的人类本性的条件下来进行这种物质变换"。只有在此基础上，"在这个必然王国的彼岸，作为目的本身的人类能力的发挥，真正的自由王国，就开始了"③。实际上，资本运动的逻辑不允许任何回到一种既是资本主义的又是公正——以自由平等的个人之间的协定为基础的合法性的自然权利原则意义上的公正——的社会秩序的企图。毋宁说，这种逻辑释放了一种原动力，它一方面引起了资本的集中、经济危机和大众贫困，另一方面促进了生产力的发展，这两者都只有通过超越资产阶级财产秩序的"联合起来的生产者"才能得到合理的控制。④ 只有在此基础上，每个人自由而全面发展的"自由王国"也才能开始。而"自由王国"的开始，也就是历史唯物主义的实现。

---

① 马克思：《资本论》第 1 卷，人民出版社 2004 年版，第 874 页。
② 《马克思恩格斯文集》第 3 卷，人民出版社 2009 年版，第 564 页。
③ 马克思：《资本论》第 3 卷，人民出版社 2004 年版，第 928—929 页。
④ [德] 韦尔默：《后形而上学现代性》，应奇、罗亚玲编译，上海译文出版社 2007 年版，第 54 页。

马克思的历史唯物主义并非一套类似于"万物出于原子"或者"上帝并不存在"这样的关于宇宙的声明，它在本质上是一项探讨"历史性的动物"如何发挥作用的理论。[①] 为此，马克思强调"只要描绘出这个能动的生活过程，历史就不再像那些本身还是抽象的经验主义者所认为的那样，是一些僵死的事实的汇集，也不再像唯心主义者所认为的那样，是想象主体的想象活动"[②]，而是追求着自己目的的人的实践活动过程。所谓"整个历史也无非是人类本性的不断改变而已"。对此，恩格斯指出：旧唯物主义者和唯心主义者没有走的一步，必定会有人走的，对抽象的人的崇拜，必定会由"关于现实的人及其历史发展的科学"来代替，而这正是由马克思从《神圣家族》开始，并在《资本论》中最终完成的。所以，《资本论》绝不仅仅是一部劳动价值论的著作，也不仅仅是一部预言经济崩溃的著作，更不仅仅是一部价格决定理论的著作，而是代表了对个体在社会中的自我实现的历史分析和辩证呈现。[③] 因此，恩格斯才强调《资本论》是"工人阶级的圣经"，各地的工人阶级都越来越把《资本论》的结论看成是对自己的状况和自己的期望所作的最真切的表述；自从世界上有资本家和工人以来，没有一本书像《资本论》那样，对于工人的解放具有如此重要的意义。[④] 在此意义上，《资本论》无疑是"向资产者脑袋发射的最厉害的炮弹"（马克思语），这一炮弹最后给资产阶级一个使它"永远翻不了身"的打击。也因此，列宁才强调："自从《资本论》问世以来，唯物主义历史观已经不是假设，而是科学地证明了的原理。"[⑤] 由此可见，《资本论》绝不仅仅是历史唯物主义一般原理的具体应用，而是历史唯物主义建构过程中"质的飞跃"，《资本论》就是历史唯物主义的完成。从《德意志意识形态》走向《资本论》，是历史唯物主义建构的必然之途。

---

① ［英］伊格尔顿：《马克思为什么是对的》，李杨等译，新星出版社 2011 年版，第 160 页。
② 《马克思恩格斯文集》第 1 卷，人民出版社 2009 年版，第 525 页。
③ ［美］麦卡锡：《马克思与古人》，王文扬译，华东师范大学出版社 2011 年版，第 7 页。
④ 《马克思恩格斯文集》第 3 卷，人民出版社 2009 年版，第 79 页。
⑤ 《列宁专题文集：论辩证唯物主义和历史唯物主义》，人民出版社 2009 年版，第 163 页。

资本现象学：作为辩证法的历史唯物主义

作为对资本主义社会"历史之谜"解答的马克思的历史唯物主义，最关乎本质的就是"资本"问题。而"资本"问题虽不是马克思最早提出的问题，却是马克思最为关注的问题。马克思一生最著名和最具影响的著作《资本论》，就是以"资本"命名的，由此可见"资本"在马克思的研究中的地位。但资本的本质到底是什么？其地位、作用和命运又将怎样？在马克思之前，这些问题在古典经济学家和哲学家那里虽有所论及，但并未得到深入、合理的说明。如果说黑格尔哲学围绕展开的一个中心词是"概念"，那么马克思哲学围绕展开的中心词就是"资本"。事实上，概念是形而上学的思维王国里的统治者，它以本质主义的概念思维方式控制着人的心灵；而资本就是市民社会的现实王国的统治者，它以资本逻辑的方式隐蔽地左右着人的身心。理解黑格尔的哲学，必须抓住"概念"；而理解马克思的哲学，则必须抓住"资本"。无论是对政治经济学的批判还是对现代社会的考察，马克思都会不约而同地聚焦在"资本"这个现代社会的内在灵魂和核心原则上，资本乃是解开现代社会秘密的一把"钥匙"。马克思的历史唯物主义正是通过研究和揭示资本的"秘密"，来断言资产阶级的命运和共产主义的前途的。在马克思看来，历史唯物主义的实质就是对资本主义社会"历史之谜"的解答；而对"历史之谜"解答的关键，又在于对"资本之谜"的揭示；而对"资本之谜"的揭示，就需要"面向资本本身"——回到资本的现实生活关系——对"资本"进行"现象学"的呈现，从而使"隐形者显形"（德里达语），借此"把现代社会关系的全部领域看得明白而清楚"[①]。马克思的这一做法，被德里达称为"现象学的'花招'"和对"商品的现象

---

① 《马克思恩格斯选集》第2卷，人民出版社2012年版，第70页。

学洞识",并强调"现象学在马克思那里同样起作用"①。在此意义上,我们确实可以说现象学与马克思历史唯物主义的直接论域和思路的出发点是一样的,即都是把作为还原剩余的世界现象当作直接起点,而后去探询构造这个世界现象的"根据"。② 只不过先验现象学认为世界的根据是以"意向关系"为基本存在方式的"先验自我",而马克思的历史唯物主义则认为世界的根据是作为资本主义一切社会关系的核心和基点的"资本"。胡塞尔在现象学的意义上曾强调"原社会学"是"一门使社会现象直接地被给予,并且根据这些现象的本质来进行研究的社会科学"③。若按这一理解,我们完全可以说马克思的"政治经济学批判"正是一门使"资本现象"直接地被给予,并且根据这些现象的本质来进行历史唯物主义研究的社会科学——"资本现象学"④。而在此意义上,胡克也强调马克思的经济学说是把历史唯物主义应用于价值、价格和利润这些"神秘东西"的产物。⑤ 这也就是说,马克思把历史唯物主义引进了现象学或马克思的历史唯物主义具有现象学的意蕴。因此,为了揭示马克思历史唯物主义的真实面目,就让我们进行一次马克思"资本现象学"的辩证法之旅吧。

---

① [法]德里达:《马克思的幽灵》,何一译,中国人民大学出版社1999年版,第178、208页。
② 丁耘:《胡塞尔现象学的转型意义及其与历史唯物主义的理论联系》,载《当代国外马克思主义评论》第三辑,复旦大学出版社2002年版,第273页。
③ [德]胡塞尔:《哲学作为严格的科学》,倪梁康译,商务印书馆1999年版,第20页。
④ 国内外有不少学者都对马克思的思想作"现象学"的解释。如邓晓芒教授理解为"人学现象学"(参阅邓晓芒《马克思的人学现象学思想》,《江海学刊》1996年第3期)、张一兵教授理解为"历史现象学"(参阅张一兵《回到马克思》,江苏人民出版社1999年版)、何中华教授理解为"人的存在的现象学"(参阅何中华《人的存在的现象学之历史叙事》,《文史哲》2008年第2期),而俞吾金教授所强调的"资本诠释学",实际上也是"面向资本本身"的现象学的具体言说(参阅俞吾金《资本诠释学》,《哲学研究》2007年第1期)。美国的鲍嫪称马克思分析批判资本主义的方法为"辩证现象学"(参阅[美]鲍嫪《辩证现象学:马克思的方法》,1979年英文版),法国德里达的《马克思的幽灵》一书,就是一种对马克思历史唯物主义的"现象学呈现",而意大利则出现了"现象学马克思主义学派"。在此,笔者所谓"资本现象学",不单纯是在胡塞尔先验现象学"方法"的意义上说的,还是在黑格尔精神现象学——"研究精神的自我显现过程"的"本质"意义上说的,它研究和关注的是"资本本质的自我显现过程",因而也可以说是"资本显学"。
⑤ [美]悉尼·胡克:《对卡尔·马克思的理解》,徐崇温译,重庆出版社1993年版,第154页。

一　资本本质的现象学显现：
　　从"物"到"关系"到"权力"

　　无论是在胡塞尔先验现象学"方法"的意义上，还是在黑格尔精神现象学"本质"的意义上，马克思对"资本本质"的揭示和批判，都具有"现象学"的基本含义：通过剥离（还原）现象（假象）而逐步呈现事物的真实本质。而资本的本质就隐藏在它的变化多端的表象的后面。正是通过现象学的视角，马克思的政治经济学批判才能直接进入资本现象的内在本质结构中，并对其做出某种规律性的，但又不脱离直接经验的把握，从而实现了"资本"从现象到本质的"现象学显现"。

1. 资本作为"物"

　　要揭开资本的神秘面纱，我们必须先简单了解一下"资本"一词的原初和潜在含义。最早在中世纪的拉丁文中，"资本"（Capital）这个词似乎指的是牛或其他家畜。圈养家畜的成本十分低廉，家畜可以活动，能够从有危险的地方转移开，并且容易计算数量。但最重要的是，家畜能够通过把价值较低的物质转化成一批价值较高的产品，来调动其他行业，进而创造出剩余价值。此外，家畜还可以繁殖。所以家畜一直是额外财富的重要来源。这样，"资本"这个词一开始就同时具有两层含义——表示资产（家畜）的物质存在和它们创造剩余价值的潜能。[①] 由此我们可以看出，"资本"一词的基本含义从牲口棚到经济学创立者的书桌其实只有一步之遥。

　　在马克思之前，提出和关注资本的主要是古典经济学家，其中具有代表性的就是亚当·斯密的资本理论。斯密对资本的理解是：资本是为了生产而积蓄起来的物质资产。斯密在分析资本时，把资本看作用于继续生产的"预蓄财富"：一个人"所有的资财，如足够维持他数月或数年的生活，他自然希望这笔资财中有一大部分可以提供收入；他将仅保留一适当部分，作为未曾取得收入以前的消费，以维持他的生活。他的全

[①] ［秘鲁］赫尔南多·索托：《资本的秘密》，王晓冬译，江苏人民出版社2005年版，第28—29页。

部资财于是分成两部分。他希望从以取得收入的部分，称为资本。另一部分，则供目前消费"①。由此可以看出，斯密将一个人的财富分为两部分：一部分是用于目前消费的生活资料，另一部分则是用于继续生产，以期从中取得收入或利润，而这后一部分，就是"资本"。这样，斯密实际上便把资本归结为用于继续生产的"生产资料"了。在这里，资本本质上体现的还只是一种"物"，好像与人的"劳动"无关，更缺乏应有的"社会关系"内涵。在古典经济学家们的视野中，这个作为资本的"物"，是能增殖的、能带来利润的、为资本家所拥有的、占统治地位的、超历史的东西。针对古典经济学家们对资本本质的这一指认，马克思强调，"资本被理解为物，而没有被理解为关系"，他们"只看到了资本的物质，而忽视了使资本成为资本的形式规定"。② 这实质上是资本的"物质化"："把表现在物中的一定的社会生产关系当作这些物本身的物质自然属性，这是我们在打开随便一本优秀的经济学指南时一眼就可以看到的一种颠倒。"③ 所以，将资本物质化，确立资本和雇佣劳动关系的自然性、永恒性和绝对性，完成对资本关系的意识形态遮蔽，这是所有自觉不自觉地充当资本关系和资本利益的代言人的古典经济学家们共同的理论取向，这实际上是一种狭隘的自然主义态度。对此马克思强调："单纯从资本的物质方面来理解资本，把资本看成生产工具，完全抛开使生产工具变为资本的经济形式，这就使经济学家们陷入种种困难之中。"④

不过斯密在分析利润时，也还是部分地揭示出了资本的真实本质：资本是雇主用于购买劳动，从而占有劳动成果并获得利润的财富。"资本一经在个别人手中积聚起来，当然就有一些人，为了从劳动生产物的售卖或劳动对原材料增加的价值上得到一种利润，便把资本投在劳动人民身上，以原材料与生活资料供给他们，叫他们劳作"⑤。斯密的这一见解，同他的劳动价值论、利润论相一致，实际上已经接触到资本与劳动力相结合而获取价值这样一个实质性问题，从而触及了资本是资本家和雇佣

---

① [英] 斯密：《国民财富的性质和原因的研究》上卷，郭大力、王亚南译，商务印书馆2012年版，第254页。
② 《马克思恩格斯全集》第30卷，人民出版社1995年版，第214、213页。
③ 《马克思恩格斯全集》第49卷，人民出版社1982年版，第56页。
④ 《马克思恩格斯全集》第30卷，人民出版社1995年版，第594页。
⑤ [英] 斯密：《国民财富的性质和原因的研究》上卷，郭大力、王亚南译，商务印书馆2012年版，第43页。

工人之间的一种社会生产关系问题。而这正是后来马克思在古典经济学家的基础上进一步分析和揭示出来的资本的秘密和本质。

2. 资本作为"社会关系"

马克思在古典经济学家对资本本质的物质化理解的基础上，进一步揭示出了资产阶级社会中资本的更为真实的本质：资本绝不仅仅是一种"物"，资本还是一种"社会关系"。在《1857—1858年经济学手稿》中，马克思强调："资本显然是关系，而且只能是生产关系"①，并是资产阶级社会占统治地位的生产关系。在《资本论》中，马克思更是多次明确指出："资本不是一种物，而是一种以物为中介的人和人之间的社会关系"②；"资本不是物，而是一定的、社会的、属于一定历史社会形态的生产关系，后者体现在一个物上，并赋予这个物以独特的社会性质。资本不是物质的和生产出来的生产资料的总和"。③ 可见，马克思对资本的社会关系本质的指认是前后一贯的。而资本作为一种社会关系，其实质就是资产阶级的生产关系，亦即资产阶级社会的生产关系。而且只有在资产阶级社会的生产关系下，积累起来的、过去的、物化的劳动才能支配直接的、活的劳动，积累起来的劳动才能变成资本。也就是说，只有在"死劳动"的"物"支配"活劳动"的"人"的颠倒的资产阶级社会关系里，资本才真正存在。因此马克思强调："资本的实质并不在于积累起来的劳动是替活劳动充当进行新生产的手段。它的实质在于活劳动是替积累起来的劳动充当保存并增加其交换价值的手段。"④ 在这一意义上，资本本质上就是一种"颠倒"的社会关系。马克思真正揭示出了资本本质的"社会关系化"。而这一社会关系，实质上就是颠倒的"主客体关系"。资本的这一社会关系本质，已经体现出了"资本"与近代"主体性哲学"的"合谋"。正是在这一点上，我们可以说在马克思这里，资本已经从"物"变成了大写的"人"（"主体性资本"），亦即资本的人格化或人格化的资本。"主体性资本"是资本主义社会生存本体论的主要根基。它的实质是人的主体地位异化的结果，它是虚假的和颠倒的主体性，根

---

① 《马克思恩格斯全集》第30卷，人民出版社1995年版，第510页。
② 马克思：《资本论》第1卷，人民出版社2004年版，第877—878页。
③ 马克思：《资本论》第3卷，人民出版社2004年版，第922页。
④ 《马克思恩格斯选集》第1卷，人民出版社2012年版，第342页。

本上是对人的真实主体性的消解,① 是对工人和资本家各自主体性的双重消解。黑格尔的"主奴辩证法"实际上已不自觉地揭示出了这一点。

在此意义上,马克思《资本论》的主要课题,就在于"通过对价值形态之显微镜性阐释(现象学透视——引者注),来打破与经济学或货币经济的历史一样有历史的、古老的'偏见'。而正是在所谓细微的东西里,才包含着货币形态的谜,细微的差异才是本质性的差异——或者说,恰恰在此处,才存在着马克思与古典经济学或黑格尔之间的'差异'"②。所以说,马克思对资本的这一社会关系本质的现象学揭示,正是马克思高于和超越之前和同时代思想家的伟大之处。

3. 资本作为"权力"

在马克思看来,资本作为一种颠倒的社会关系,同时又是一种支配一切的"权力"。资本之所以是资本,就在于它能"增殖自身"。而资本为了增殖自身,就必须与雇佣劳动之间处于支配与被支配的关系。资本通过支配和控制雇佣劳动,通过具体的生产和流通过程,获取一定量的剩余价值。所以资本"按其本质来说,它是对无酬劳动的支配权"③,即对剩余价值的掠夺权和控制权。这是资本与生俱来的权力,是资本生存的根本目的,也是资本存在的根本理由。在马克思看来,资本行使权力的真正的起始点是生产劳动。因为只有在生产劳动的过程中,资本才能通过对活劳动的吸吮、对工人的剩余劳动和他们所创造的剩余价值的攫取而使自己不断地增殖和膨胀。正是在这个意义上,马克思强调科学、发明、劳动的分工和结合,交通工具的改善,世界市场的开辟,机器等等,"都不会使工人致富,而只会使资本致富;也就是只会使支配劳动的权力更加增大;只会使资本的生产力增长。因为资本是工人的对立面,所以文明的进步只会增大支配劳动的客体的权力"④。在《1844年经济学哲学手稿》的"第三手稿"中,马克思还专门对"货币"这一资本的最典型形式进行了研究,通过论述货币的力量来揭示资本的力量。在马克思看来,货币作为"万能之物",具有"使一切人的和自然的性质颠倒和

---

① 张雄:《现代性后果:从主体性哲学到主体性资本》,《哲学研究》2006年第10期。
② [日]柄谷行人:《马克思,其可能性的中心》,中田友美译,中央编译出版社2006年版,第15页。
③ 马克思:《资本论》第1卷,人民出版社2004年版,第611页。
④ 《马克思恩格斯全集》第30卷,人民出版社1995年版,第267页。

混淆，使冰炭化为胶漆"的"神力"。人的力量的大小，完全是由货币来决定的。但"货币就已经是个性的普遍颠倒：它把个性变成它们的对立物，赋予个性以与它们的特性相矛盾的特性"，因此，货币是作为"颠倒黑白的力量"而出现的。① 在这里，马克思集中揭示了货币作为资本所具有的颠倒、同化一切的巨大魔力，即资本本质的"权力化"。

在资本主义社会里，资本的权力又具体表现为起支配和决定作用的以资本增殖为目的的等价交换原则。这一原则以一种强大的同一性逻辑，迫使资产阶级社会的一切行为，都被纳入以增殖资本为目的的交换关系当中。生产是为了交换，而交换是为了增殖资本，甚至工人也"仅仅为增殖资本而生活"。对此马克思强调："资本是对劳动及其产品的支配权"②，"是资产阶级社会的支配一切的经济权力"③，并且资本这种权力"不是一种个人的力量，而是一种社会力量"④。而这种社会力量，在颠倒的、以资本增殖为目的的资产阶级社会生产关系中，却反过来成了一种"普照的光"，一种"特殊的以太"，它决定着它里面显露出来的一切存在的"比重"。⑤ 在这一意义上，资本成了万物的尺度：资本是万物存在的尺度，也是万物不存在的尺度。资本摇身一变成了现实中的上帝。对资本这种同一性力量对个人的统治作用，马尔库塞曾深刻指出："在此过程中，目的与手段似乎易位了：异化劳动时间占用了个人需要的时间，从而也规定了需要本身。逻各斯表现为统治的逻辑。"⑥ 而马克思正是通过现象学的"还原"，揭示出等价交换原则的表象背后隐藏着剥削的本质，进而展示了"权力"是如何从生产者那里抢夺过来，又如何以货币或资本的形式作为凌驾于他们之上的异己力量对他们进行控制的，从而通过历史唯物主义——资本现象学批判的道路，将这一人的世界和人的关系真正还给了人自己。

---

① 《马克思恩格斯文集》第1卷，人民出版社2009年版，第245、247页。
② 《马克思恩格斯文集》第1卷，人民出版社2009年版，第130页。
③ 《马克思恩格斯全集》第30卷，人民出版社1995年版，第49页。
④ 《马克思恩格斯选集》第1卷，人民出版社2012年版，第415页。
⑤ 《马克思恩格斯全集》第30卷，人民出版社1995年版，第48页。
⑥ [美]马尔库塞：《爱欲与文明》，黄勇、薛民译，上海译文出版社2005年版，第84页。

二 作为历史唯物主义的"资本现象学"

在黑格尔精神现象学的意义上,以赛亚·伯林曾明确强调"像黑格尔一样,马克思也把历史看作为一种现象学"[①],梅洛-庞蒂则认为"《资本论》是具体的精神现象学"[②]。对此,马克思本人也认可俄国学者对自己《资本论——政治经济学批判》所使用的"现象学方法"的批判:作为这种批判的出发点的不能是观念,而只能是外部的现象(经济生活呈现出的现象);在马克思看来,只有一件事情是重要的,那就是发现他所研究的那些现象的规律(变化的规律和发展的规律)。[③] 只不过马克思在《资本论》中颠倒了黑格尔精神现象学的秩序,反其道而行,从本质(抽象)到现象(具体)。当然,这不是指从哲学到科学,而是从直接的本质哲学转到另一种哲学概念——历史唯物主义。在马克思的历史唯物主义中,人的生存状况是通过资本主义的体验达到的,这种体验揭示了无产阶级是怎样在历史中形成的、历史又是如何展现资本的理性和逻辑的。马克思的历史唯物主义实质上就是把附加在资本身上的各种真实的假象一点点剥离开来的过程:马克思首先建立了决定商品世界的抽象关系(例如商品、交换价格、金钱、工资等)并从这些抽象关系回到资本主义完全发展的内容(将导致资本主义灭亡的资本主义世界的结构倾向)。[④] 马克思的历史唯物主义实现了对资本"颠倒主体性"和"非历史性"实证主义态度的"现象学批判"。所以,马克思的历史唯物主义也就是马克思的"资本现象学"。

1. 反对"主体性资本":破除"抽象"对人的统治

本来在宗教改革和启蒙运动之后,人获得了一定的独立性,但马克思却看到了相反的情形:"在资产阶级社会里,资本具有独立性和个性,

---

① [英]以赛亚·伯林:《历史唯物主义》,载张一兵主编《社会批判理论纪事》(第3辑),江苏人民出版社2009年版,第249页。
② Maurice Merleau-Ponty, *Sence and Non-Sence*, Northwestern University Press, 1981, p. 133.
③ 马克思:《资本论》第1卷,人民出版社2004年版,第20—21页。
④ [美]马尔库塞:《理性和革命》,程志民译,上海世纪出版集团2007年版,第266页。

而活动着的个人却没有独立性和个性"①,反而"个人现在受抽象统治"。在马克思的视野里,他所面对的资本主义社会的最根本事实就是"抽象成为统治"。但这个"抽象"到底又是什么?按马克思紧接着的解释,"抽象或观念,无非是那些统治个人的物质关系的理论表现"②。由此可以看出,抽象就是现实社会中的作为物质关系而存在的商品、货币和资本,亦即作为资本主义社会中"看不见的手"的交换原则和交换体系。而这实际上构成了作为"非神圣形象"的"主体性资本"。正如科西克所言:"到了十九世纪,至上的实在不再以超验的上帝的身份在天国实行统治;而是下降到地上,以超验的'经济'(即拜物教化的人类物质产品)的身份实行统治。"③ 资本作为上帝出现了。在这里,我们可以清晰地看到黑格尔的精神现象学与古典经济学的丝丝缕缕的关联:正是那个抽象的"一"(本质)——绝对精神幻化成了"资本"在现实经济中作为"普照的光"的统治地位。④ 而马克思作为历史唯物主义的资本现象学的主要目的,就是恢复劳动者的主体性地位来取代现象学还原中先验主体——"资本"的主体性地位。

在马克思看来,"抽象"之所以能成为统治与资本的主体本性有关。资本的主体本性就是无限增殖自身,而为了增殖自身,就必须把一切都纳入资本的强大的同一性逻辑之中。在资本主义社会里,这种"主体性力量"是以资本增殖为核心的市场交换价值体系具体体现出来的。"交换价值"和"交换原则"成了压倒一切的主宰力量,在它的无坚不摧的强大同一性"暴政"下,人与物的一切关系都被颠倒了,不是人支配和使用物,而是物反过来控制和奴役人,人的一切棱角和个性都被夷平了,世界被彻底"同一化"了。这其实正是马克思"桌子跳舞"的隐喻的真实意蕴:主体性资本的同一化魔力颠倒、控制了一切。所以在资本主义社会里,"抽象"本来只是为了标示诸种感性活动与感性结果之间的同一性,以便确立商品的一般交换价值,但现在它却成了主体,其他事物反而成了它的客体,成了被它所构造的东西,这就是"资本原理"。⑤ 在这

---

① 《马克思恩格斯选集》第1卷,人民出版社2012年版,第415页。
② 《马克思恩格斯全集》第30卷,人民出版社1995年版,第114页。
③ [捷克]科西克:《具体的辩证法》,傅小平译,社会科学文献出版社1989年版,第85页。
④ 张一兵、蒙木桂:《神会马克思》,中国人民大学出版社2004年版,第143页。
⑤ 王德峰:《论马克思的资本批判的原则高度》,《江苏社会科学》2005年第6期。

一意义上,科西克认为"抽象成为统治"就是一个"伪主体":"死劳动统治活劳动、物统治人、产品统治生产者、神秘的主体统治真实的主体、客体统治主体"①,它是一种"颠倒的主体"。而抽象之所以能实现统治,马克思认为又在于资本主义社会里"资本"与"理性形而上学"——主体性哲学的"联姻"和"共谋":这两者之共同的抽象化和形式化的本质,使之能够成为夷平一切差别、剪灭各种内容和质的力量,并从而成为一种世界性的、普遍进取—扩张的力量。对此,国外学者沃克曾形象地把资本的抽象力量比喻为"抽象的病毒":"资本是抽象的病毒。它进入所有的社会关系,破坏这些社会关系。它是一种具有两面性的病毒形态。它将每一个定性的和特殊的关系转变成一个定量的和普遍的关系"②。而资本作为"抽象的病毒",也正是资本主义社会本身的痼疾。所以马尔库塞强调:"抽象是资本主义自己的杰作"③。而在此意义上,我们确实可以说"一部资本主义的历史,也就是一部抽象的历史"④。

在马克思资本现象学的视野中,作为"抽象"统治人的"资本",实质乃是一种启蒙的理性神话所造成的强大的"同一性逻辑"的"感性显现",它与主体性哲学具有内在无法割舍的"姻亲"关系。资本是主体性哲学的动力和世俗根基,而主体性哲学则是资本的灵魂和理论框架。在这里,资本的主体性本质与主体性哲学的资本本质是内在统一的。主体性资本本质上就是"颠倒"的"人的世界及其历史"在时空中的展开。在主体性资本的控制下,人的发展采取了物的发展的形式,人类历史不再是人本身的历史,而是资本发展的历史。正是这样,马克思指出:在资本主义社会里,"工人生产的财富越多,他的产品的力量和数量越大,他就越贫穷。工人创造的商品越多,他就越变成廉价的商品。物的世界的增值同人的世界的贬值成正比";在此情况下,"劳动的现实化竟如此表现为非现实化,以致工人非现实化到饿死的地步。对象化竟如此表现为对象的丧失,以致工人被剥夺了最必要的对象。……对对象的占有竟如此表现为异化,以致工人生产的对象越多,他能够占有的对象就越少,

---

① [捷克]科西克:《具体的辩证法》,傅小平译,社会科学文献出版社1989年版,第2页。
② 转引自[美]吉布森-格雷汉姆:《资本主义的终结》,陈冬生译,社会科学文献出版社2002年版,第179页。
③ [美]马尔库塞:《理性和革命》,程志民译,上海世纪出版集团2007年版,第265页。
④ 张一兵、蒙木桂:《神会马克思》,中国人民大学出版社2004年版,第2页。

而且越受自己的产品即资本的统治"。① 在这里，人及其劳动只是资本增殖的工具，而毫无自由和个性可言。因此，主体性资本导致了人的异化——"主体性的颠倒"——对人的本质的扭曲。对此，海德格尔高度评价了马克思的"资本现象学"——历史唯物主义对资本主义社会的种种异化的批判和揭示优于和高于胡塞尔的"先验现象学"和萨特的"存在主义"："因为马克思在体会到异化的时候深入到历史的本质性的一度中去了，所以马克思主义关于历史的观点比其余的历史学优越。但因为胡塞尔没有、据我看来萨特也没有在存在中认识到历史事物的本质性，所以现象学没有、存在主义也没有达到这样的一度中，在此一度中才可能有资格和马克思主义交谈。"② 海德格尔的这一评价，实际上揭示和论证了马克思的历史唯物主义与其资本现象学的内在相通性：资本现象学奠立在历史唯物主义基础之上，历史唯物主义通过资本现象学而具体呈现和展开。

在马克思的资本现象学看来，"抽象成为统治"也正是资本主义社会"拜物教"——商品拜物教、货币拜物教和资本拜物教的凝练概括。在这里，物与物的关系赢得了对人与人的关系的主宰地位，这种颠倒的表象作为历史规律把人约定在物的必然王国中，那个抽象的"看不见的手"作为一种无人性把人的逻辑完全淹没在主体性资本的总体发展之中了。对主体性资本造成的这种社会状况，西方马克思主义的创始人卢卡奇也有过明确的解释：人们在其中一方面日益打碎了、摆脱了、扔掉了纯"自然的"、非理性的和实际存在的桎梏；但另一方面，又同时在这种自己建立的、"自己创造的"现实中，建立了一个包围自己的"第二自然"，并且以同样无情的规律性和他们相对立，就像从前非理性的自然力量（正确些说：用这种形式表现出来的社会关系）所做的那样。③ 在这里，不是抽象本身的无情，而是抽象的立脚点——资本主义社会现实发展的无情。④ 也就是说，在资本主义社会里，由于资本无限增殖而对雇佣劳动的支配，致使资本成了一种无形的抽象力量，取代和控制着人的一切，

---

① 马克思：《1844年经济学哲学手稿》，人民出版社2014年版，第47—48页。
② ［德］海德格尔：《海德格尔选集》上卷，孙周兴选编，上海三联书店1996年版，第383页。
③ ［匈］卢卡奇：《历史与阶级意识》，杜章智等译，商务印书馆1996年版，第200页。
④ 张一兵、蒙木桂：《神会马克思》，中国人民大学出版社2004年版，第141页。

人毫无真实的自由可言。对此，黑格尔曾深刻指出："在这种抽象的世界里，个人不得不用抽象的方式在他的内心中寻求现实中找不到的满足；他不得不逃避到思想的抽象中去，并把这种抽象当作实存的主体，——这就是说，逃避到主体本身的内心自由中去。"① 马克思和恩格斯都否定这种抽象关系对人的统治，特别是这种统治又采取了物的形式，仿佛表现为不是人的关系，而是一种自然的关系和规律。但这实质上却是一种更为恐怖的统治："无人统治并不必然意味着无统治，在某些情形下，它甚至会演变为最残酷最专制的形式。"② 因此，马克思历史唯物主义的最终目标，就是运用现象学的揭示和批判，抽象（还原）出资本的全部现实生活关系，从而推翻奴役人的一切关系，颠覆主体性资本的"抽象统治"，最终通过"每个人的"自由发展实现"一切人的"自由发展。

2. 反对"实证主义"：破除普遍永恒资本的"幻象"

古典经济学家和哲学家普遍对资本持一种非批判的实证主义态度，认为资本的"物化本质"是自然的、非历史的普遍永恒存在。但马克思却敏锐地认识到，古典经济学家们对资本本质的这一指认，使"资本存在于一切社会形式中，成了某种完全非历史的东西"，因而"资产阶级关系就被乘机当作社会一般的颠扑不破的自然规律偷偷地塞了进来"③。而马克思的历史唯物主义，就是运用"历史性"和"现象学"的方法和视域，最终破除普遍永恒资本非历史性的实证主义"幻象"，揭示出资本的"自反性"，从而论证资本主义必然灭亡的历史趋势。这正如马克思自己所言：分析资本主义经济形式，既不能用"显微镜"，也不能用"化学试剂"，而必须用"抽象力"。④ 这实际上表明马克思反对一切对"资本"的实证主义理解。

在马克思看来，资本只有一种生活本能，这就是无限增殖自身、获取剩余价值。而资本增殖的秘密，就在于它"用自己的不变部分即生产资料吮吸尽可能多的剩余劳动。资本是死劳动，它像吸血鬼一样，只有

---

① ［德］黑格尔：《哲学史讲演录》第3卷，贺麟、王太庆译，商务印书馆1996年版，第8页。
② ［美］汉娜·阿伦特：《人的境况》，王寅丽译，上海世纪出版集团2009年版，第26页。
③ 《马克思恩格斯全集》第30卷，人民出版社1995年版，第213、28页。
④ 马克思：《资本论》第1卷，人民出版社2004年版，第8页。

吮吸活劳动才有生命，吮吸的活劳动越多，它的生命就越旺盛"①。因此，资本的形成和增殖绝不是表面上古典经济学家们所说的是由于商品的"交换"和"流通"，而是在于商品的"生产"，即广大工人的劳动："劳动转化为资本，……这种转化只有在生产过程本身中才得到实现。"所以马克思强调"资本是通过占有他人劳动而使自己的价值增殖"的。② 对此，马克思还进一步解释道：资本通过同工人交换，占有了劳动本身；劳动成了资本的一个要素，它现在作为有生产能力的生命力，对资本现存的、因而是死的对象性发生作用。也就是说，资本之所以能够无限增殖，是因为资本作为"死劳动"占有和控制了工人的"活劳动"所致。若没有工人的活劳动，资本就只能是死的、僵化的抽象物。针对这一点，马克思还专门用一个形象的比喻作了深刻的说明："劳动是酵母，它被投入资本，使资本发酵。"③ 针对资本这一"疯狂的自我增殖"本性，当代欧洲著名的思想家齐泽克称之为"资本唯我论的自我受精"④，是非常精辟的。

但是，当资本家"把活的劳动力同这些商品的死的对象性合并在一起时，他就把价值，把过去的、对象化的、死的劳动转化为资本，转化为自行增殖的价值，转化为一个有灵性的怪物"⑤。而资本作为一个有灵性的怪物，成了资本主义社会里控制一切的魔力，这种魔力致使资本主义社会变成了"一个着了魔的、颠倒的、倒立着的世界。在这个世界里，资本先生和土地太太，作为社会的人物，同时又直接作为单纯的物，在兴妖作怪"⑥。而人、人的劳动等反而都成了资本增殖自身的工具和手段。所以在资本主义社会里，资本成了支配一切的权力，资本的力量影响和决定着其他一切社会关系。在这里，资本逻辑代替了黑格尔"无人身的理性"成为最高裁判者：一切都必须在"资本"面前为自己的存在作辩护或者放弃存在的权利。而在资本逻辑的统治之下，整个社会必然处于永不停息的动荡不安之中，因为"资产阶级除非使生产工具，从而使生

---

① 马克思：《资本论》第1卷，人民出版社2004年版，第269页。
② 《马克思恩格斯全集》第30卷，人民出版社1995年版，第267、266页。
③ 《马克思恩格斯全集》第30卷，人民出版社1995年版，第256页。
④ ［斯洛文尼亚］齐泽克：《易碎的绝对》，蒋桂琴等译，江苏人民出版社2004年版，第12页。
⑤ 马克思：《资本论》第1卷，人民出版社2004年版，第227页。
⑥ 马克思：《资本论》第3卷，人民出版社2004年版，第940页。

产关系，从而使全部社会关系不断地革命化，否则就不能生存下去"。因此，"生产的不断革命，一切社会关系不停的动荡，永远的不安定和变动"，使"一切固定的僵化的关系以及与之相适应的素被尊崇的观念和见解都被消除了，一切新形成的关系等不到固定下来就陈旧了。一切等级的和固定的东西都烟消云散了，一切神圣的东西都被亵渎了"①。在此情势之下，一切稳定的价值信念必然变得不确定了，一切可靠的价值准则都被动摇了，任何想找到一个坚实的价值立足点的希望，在资本裹挟一切的骚动力量面前，都被无情地击碎了。对此，马克思强调："资产阶级的生产关系和交换关系，资产阶级的所有制关系，这个曾经仿佛用法术创造了如此庞大的生产资料和交换手段的现代资产阶级社会，现在像一个魔法师一样不能再支配自己用法术呼唤出来的魔鬼了"——"资本"了。这其实正是马克思的资本现象学所揭示的作为资本主义社会基点的资本逻辑的"自反性"——"资产阶级用来推翻封建制度的武器，现在却对准资产阶级自己了"②。也就是说，资本主义按其本质而言具有一种力量：它能把人所创造的一切有价值的东西都变成它自己的反面。

但对资本的这种同一性逻辑的自反性力量，与马克思同时代的，甚至是马克思之后的一些理论家或经济学家，却没有认清问题的实质，而仅仅将其看作资本的天性和普遍永恒的本质。马克思认为这种对资本的非历史的实证主义态度，必然使资本从而使资本主义制度永恒化。马克思资本现象学的首要任务，就是要揭开古典经济学家罩在"资本"身上的这一"神秘主义"面纱。马克思之所以是马克思，其伟大就伟大在他不但看清了这一点，而且还揭示出了导致这一问题的根本原因就是"资本本身"。马克思通过对资本的现象学透视和分析，逐渐认识到资本为了使自身无限增殖，就必须要求资本为劳动和价值的创造确立明确的界限，但这种界限又是和资本要无限度地扩大劳动和价值创造的趋势相矛盾："资本一方面确立它所特有的界限，另一方面又驱使生产超出任何界限，所以资本是一个活生生的矛盾。"③ 而正是这一矛盾，决定了"资本的本质"就是"自相排斥"，亦即"资本必然自己排斥自己"。正因如此，马

---

① 《马克思恩格斯选集》第 1 卷，人民出版社 2012 年版，第 403 页。
② 《马克思恩格斯选集》第 1 卷，人民出版社 2012 年版，第 406 页。
③ 《马克思恩格斯全集》第 30 卷，人民出版社 1995 年版，第 405 页

克思看到了"资本不可遏止地追求的普遍性,在资本本身的性质上遇到了限制,这些限制在资本发展到一定阶段时,会使人们认识到资本本身就是这种趋势的最大限制,因而驱使人们利用资本本身来消灭资本"①——资本在运动中创造了未来它自己被废弃的条件。不仅如此,它还积极作用于它自己的终结。正是在这一意义上,国外学者戈德利尔指出,马克思的政治经济学批判,就在于他通过对商品、货币、资本等的分析,"真实地再现了"在资本主义生产方式中以颠倒的形式表现在人们日常生活中或观念上的各种"事实",阐明了资本主义社会关系所带有的那种"虚幻性"。②

马克思在《资本论》中曾有过明确的断言:"资本的垄断成了与这种垄断一起并在这种垄断之下繁盛起来的生产方式的桎梏。生产资料的集中和劳动的社会化,达到了同它们的资本主义外壳不能相容的地步。这个外壳就要炸毁了。资本主义私有制的丧钟就要响了。剥夺者就要被剥夺了。"③ 在这一意义上,马克思的资本现象学就是"在批判性"和"具体人道主义"方面最为彻底的革命世界观的逻辑。而且只有这样的"现象学"才能使我们透过社会的"实物世界"看清真正人间的现实,才能使我们透过客体化了的所谓静止不动的结构,揭示出人类自主活动的"可能性"。也正是这样,马克思的历史唯物主义"才能这么深刻地深入资本主义生产方式的规律,把它理解为一个完整的有机整体,并阐明资本主义生产方式势必为社会主义生产方式所代替的那个历史倾向"④。在此基础上,马克思强调资本主义经济王国中的"资本"绝不是非历史的"永恒存在",而是现实的"历史性存在"。而马克思只有运用现象学方法,把物的实体或使用价值放在括号内,方能为我们呈现出资本"幽灵般的现实性"(马克思语)——揭示出"资本之谜"。因此我们完全可以说,马克思作为历史唯物主义的"资本现象学"在本质上就是对资本主义非历史的实证主义"幻象"的彻底历史反动。

---

① 《马克思恩格斯全集》第 30 卷,人民出版社 1995 年版,第 390—391 页。
② 张一兵:《回到马克思》,江苏人民出版社 1999 年版,第 578 页。
③ 马克思:《资本论》第 1 卷,人民出版社 2004 年版,第 874 页。
④ [苏]罗森塔尔主编:《马克思主义辩证法史》,汤侠声译,人民出版社 1982 年版,第 184 页。

三 简短结论

由以上论述我们可以看出，马克思是以与古典经济学家或哲学家完全不同的方式思考资本的本质及其可能性的，这种思想实际上就是政治经济学批判与现象学批判相结合的"资本现象学"。马克思的"资本现象学"充分体现了作为资产阶级政治经济学批判的历史唯物主义的基本内涵。对此，美国学者罗瑟琳·鲍嫪曾指出，马克思在分析和批判资本主义时运用的正是"现象学的方法"：从对现有的范畴和现实的怀疑入手，进而把它们还原到生活世界，探索它们的根据和历史前提，它的实质是反实证主义。[①] 也就是说，作为马克思批判资本主义生产方式和资产阶级政治经济学的历史唯物主义，它蕴含和体现了与现象学一致的"反实证主义"的理论旨趣和方法。也只有在这一"现象学"的意义上，我们才会理解马克思为什么批评黑格尔的"精神现象学"为"非批判的实证主义"。而在反对主体性资本"颠倒主体性"的意义上，意大利"现象学马克思主义学派"的代表人物伯奇也强调：马克思主义的现象学的实质就是揭露和批判资本主义"颠倒主体性"的现实和意识形态，通过对人的能动的活动改造人的生活和历史，使人过一种真正人的生活。[②] 在这两方面的意义上，我们完全可以说马克思的历史唯物主义早在资本的时代就实现了"现象学的革命"。

在资本逻辑全球扩张的今天，人不是摆脱了而是更深地陷入了资本的全面宰治之中，人在今天更加需要扬弃资本，获得自由。而要实现这一目标，就需要我们继续推进马克思作为历史唯物主义的资本现象学——资本主义社会的"解剖术"来瓦解资本的逻辑而最终超越资本主义。在这个意义上，马克思对资本主义的批判不但没有过时，反而随着资本逻辑逐渐趋向其历史极限，越发显示出其不朽的生命力。因此，事实是资本逻辑及其自我巩固的发展，一方面为20世纪的资本神话和野蛮状态提供了最广泛、最深刻的基础；另一方面资本逻辑本身也"已经以

[①] 李惠斌：《鲍嫪的辩证现象学》，《国外社会科学》1991年第7期。
[②] 李惠斌：《意大利"现象学马克思主义学派"》，《国外社会科学》1992年第1期。

一种潜在的方式、已经作为一种潜能或秘密,包含着在后来的发展中随处可见的倒退的萌芽了"①。所以说,今天强调从"资本现象学"的视野来理解和把握马克思历史唯物主义真实的批判和解放意蕴,则更具有理论和现实意义。

---

① 吴晓明:《现代性批判与"启蒙的辩证法"》,《求是学刊》2004 年第 4 期。

马克思的新唯物主义"新"在哪里?

恩格斯称马克思的《关于费尔巴哈的提纲》是"新世界观的天才萌芽",而这一"新世界观"也就是马克思自己在《提纲》中所指认的区别于"旧唯物主义"和"唯心主义"的"新唯物主义"。但这一"新唯物主义",究竟"新"在哪里呢?

一 新唯物主义在什么意义上是"唯物"的?

一般来说,唯物主义是在和唯心主义相区别和对立的意义上使用的。但其相区别和对立的根据和理由,却不是通常所谓革命与保守、进步与落后、伟大与腐朽等"价值判断"(虽然我们经常在这一意义上做判断),而是在"本原"的意义上。正如恩格斯所言,只有在追问和回答"什么是世界的本原,是精神还是自然界?"这一问题时,哲学家们依照他们如何回答这个问题,把凡是断定精神对自然界来说是本原的,组成唯心主义阵营;凡是认为自然界是本原的,则属于唯物主义的各种学派。同时,恩格斯还特别强调:除此之外,唯物主义和唯心主义这两个用语本来没有任何别的意思,如果给它们加上别的意思,就会造成巨大的思想混乱。[①] 也就是说,在马克思和恩格斯这里,唯物主义和唯心主义的根本区分,只有在追问和回答"什么是世界的本原"的问题上,才有其真实的意义。

因此,在这一区分的基础上,不管是"新"唯物主义还是"旧"唯物主义,之所以它们都还被称为"唯物"主义,是因为它们都在追问和回答"本原"的意义上,区别于"唯心"主义从"精神"出发、以"精

[①] 《马克思恩格斯文集》第4卷,人民出版社2009年版,第278页。

神"为本原和研究对象,而是还从"自然界"出发、以"自然界"为本原和研究对象。但实际上,从哲学史上看,唯物主义和唯心主义在"本原"意义上的区分,早在马克思和恩格斯之前的"一切唯物主义"都已经做到和完成了,这并不是马克思"新唯物主义"的目标和任务。马克思"新唯物主义"的目标和任务,也不是将旧唯物主义和唯心主义各打五十大板,而是要与那些貌似革命和先进的"从前的一切唯物主义"划清界限,并在不同于旧唯物主义和唯心主义抽象地认识和解释世界的基础上,更合理地认识和解释世界,进而批判和改变世界。所以,"新唯物主义"与"旧唯物主义"甚至"唯心主义"的根本区别,并不在于"本原"和研究"对象"本身,亦即不在于它们所唯之"对象"的不同:唯心主义所唯的是"精神",唯物主义所唯的是"自然界",而在于"如何"理解和把握"对象"。否则的话,马克思的唯物主义与"从前的一切唯物主义"就是同一个"唯物主义",而没必要强调自己的是"新唯物主义",从前的是"旧唯物主义"。

实际上,按马克思在《提纲》中的看法,不管是唯物主义还是唯心主义,它们的研究对象都是"事物、现实和感性",只不过旧唯物主义"只是从客体的或者直观的形式去理解,而不是把它们当做感性的人的活动,当做实践去理解,不是从主体方面去理解"。而和旧唯物主义相反,唯心主义虽然"从主体方面去理解",但也只是"抽象地"发展了"能动的方面",因为唯心主义也"不知道现实的、感性的活动本身"①。在此意义上,只有马克思的新唯物主义,才真正做到了把"事物、现实和感性"当作人的感性活动、当作实践从主体方面去理解。因此,新唯物主义之所以是"唯物"的,并不在于所唯之"物本身",而在于理解和把握"物本身"的"方式"。不管是旧唯物主义只从客体的或者直观的形式去理解,还是唯心主义只从能动的主体方面去理解,二者都是脱离现实的人的感性活动的,要么"纯客体性原则",要么"纯主体性原则",各执一端、两极对立、绝不相容地进行僵化和抽象化理解。而新唯物主义却是具体的、感性的、现实的和实践的理解:"全部社会生活在本质上是实践的。凡是把理论引向神秘主义的神秘东西,都能在人的实践中以及

---

① 《马克思恩格斯文集》第 1 卷,人民出版社 2009 年版,第 499 页。

对这种实践的理解中得到合理的解决。"① 在马克思这里，作为人与世界否定统一关系的"实践"，取代旧唯物主义的"物质"和唯心主义的"精神"，成为人理解、把握和解释、改变人与世界相互关系的最本质、最切实的基础。在此意义上，新唯物主义就是"实践唯物主义"，它所把握世界的方式就是主体性原则和客体性原则相统一的"实践的方式"。也就是说，新唯物主义所唯之"物"，是通过人的实践活动所理解和把握之物，而不是与人无关的"自在之物"。因此，新唯物主义所唯之"物"，既不是"脱离人的自然"，也不是"脱离自然的精神"（在一定意义上，二者都是脱离人的"自在之物"），而是人通过实践活动所把握的不同于"自在之物"的打上人的活动烙印的"为我之物"，即"人类社会或社会化的人类"。所以马克思才在《德意志意识形态》中强调："凡是有某种关系存在的地方，这种关系都是为我而存在的。"② 马克思的新唯物主义，正是在"为我而存在"的实践关系中理解和把握"对象"的。因此说，马克思的新唯物主义并非一套类似于"万物出于原子"或者"上帝并不存在"这样的关于宇宙的声明，它是一项探讨"历史性的动物"——人如何发挥作用的理论。③ 这才是马克思的"唯物主义"作为"新唯物主义"而区别于"从前的一切唯物主义"和"唯心主义"的真实意蕴。

二 新唯物主义在什么意义上是"历史"的？

马克思的新唯物主义，不但是"唯物"的，同时也是"历史"的。但由于受传统教科书的影响，人们往往把历史唯物主义理解为辩证唯物主义基本原理在社会历史领域的具体"应用"，亦即辩证唯物主义研究的是自然和思维领域的规律，而历史唯物主义研究的却是社会历史的规律，历史唯物主义在社会历史领域应用和体现了辩证唯物主义。在此基础上，马克思的唯物主义就是"辩证唯物主义和历史唯物主义"，而历史唯物主义"从属"于辩证唯物主义。这种对历史唯物主义"应用"和"从属"

---

① 《马克思恩格斯文集》第 1 卷，人民出版社 2009 年版，第 501 页。
② 《马克思恩格斯文集》第 1 卷，人民出版社 2009 年版，第 533 页。
③ ［英］伊格尔顿：《马克思为什么是对的》，李杨等译，新星出版社 2011 年版，第 160 页。

于辩证唯物主义的理解,表面上看与唯心主义区别开来了,但却难以和旧唯物主义真正区别开来,仍然是一种对"事物、现实和感性"的抽象化和直观化理解。也就是说,这种所谓"历史唯物主义",难以体现马克思新唯物主义的超越本性和理论特质。

在一定意义上,"历史"确实是马克思的研究对象,由此恩格斯才强调马克思一生的"两大发现":唯物史观——"人类历史的发展规律"和剩余价值——"资产阶级社会的特殊运动规律"都和"历史"有关。但仅仅从研究对象上来"称谓"马克思的新唯物主义,还不足以深刻把握和"定位"新唯物主义的理论特质。因为旧唯物主义者、空想社会主义者、古典经济学家和古典哲学家也都关注历史,甚至把"历史"作为研究对象,但他们却得出了与马克思相反的对"历史的非历史性"理解。特别是作为德国古典哲学之集大成的黑格尔哲学,虽然"它彻底否定了关于人的思维和行动的一切结果具有最终性质的看法"①,比以往的哲学更具"历史性"。但由于它把"无人身的理性"作为最高解释原则,最终走向了泛理性主义和泛逻辑主义,所以它"只是为历史的运动找到抽象的、逻辑的、思辨的表达,这种历史还不是作为既定的主体的人的现实历史,而只是人的产生的活动、人的形成的历史"②,即只是抽象的、绝对的思维的生产史。由此,黑格尔的思辨哲学只能得出历史服从于逻辑的"绝对精神"自我对置、自我运动、自我发展的"历史终结"论。如果说,古典哲学家在思维领域里解释和论证了"历史的终结",那么,古典经济哲学家则在现实经济事务中解释和论证了资产阶级历史的普遍、必然和永恒发展之"天然本性"和"超历史本质"。对此,马克思揭露和讽刺这些历史理论的"最大长处就在于它是超历史的"③。而实际上,历史同认识一样,永远不会在人类的一种完美的理想状态中走向终结。在此意义上,马克思指出即便是"使唯物主义重新登上王座"(恩格斯语)的旧唯物主义的最伟大代表费尔巴哈,也只是"半截子"的唯物主义:"当费尔巴哈是一个唯物主义者的时候,历史在他的视野之外;当他去探讨历史的时候,他不是一个唯物主义者。在他那里,唯物主义和历史是

---

① 《马克思恩格斯文集》第 4 卷,人民出版社 2009 年版,第 269 页。
② 《马克思恩格斯文集》第 1 卷,人民出版社 2009 年版,第 201 页。
③ 《马克思恩格斯文集》第 3 卷,人民出版社 2009 年版,第 467 页。

彼此完全脱离的。"① 因为费尔巴哈对"事物"的理解，完全"撇开了历史的进程"。而这样的结果，就是连费尔巴哈本人也被挤到历史的后台去了。

实际上，"历史"并不是"无人身的理性"的自我发展，也不是"无人身的物质"的自我运动，"历史不过是追求着自己目的的人的活动而已"②。对此，恩格斯后来在总结历史唯物主义这一新世界观的形成过程时也指出：马克思是"从经济关系及其发展中来解释政治及其历史，而不是相反。……1845年春天当我们在布鲁塞尔再次会见时，马克思已经从上述基本原理出发大致完成了阐发他的唯物主义历史理论的工作，于是我们就着手在各个极为不同的方面详细制定这种新形成的世界观了"③。因此，马克思的新唯物主义之所以是"历史"唯物主义，绝不是在把历史当作"研究对象"的意义上说的，而是把历史当作最高的"解释原则"："这种历史观和唯心主义历史观不同，它不是在每个时代中寻找某种范畴，而是始终站在现实历史的基础上，不是从观念出发来解释实践，而是从物质实践出发来解释各种观念形态。"④ 也就是说，在马克思的新唯物主义这里，事物实际上是属于一定的"社会形式的"，对事物的理解必须在其具体的"历史进程"中展开，才能实现对"历史的历史性"理解。对此，列宁强调：马克思和恩格斯在他们的著作中，"特别坚持的是历史唯物主义，而不是历史唯物主义"⑤。这才是马克思的新唯物主义作为"历史唯物主义"的核心所在。在此意义上，我们确实可以说：马克思的新唯物主义是把"历史"作为解释原则而变革了唯物主义，从而实现了一场"世界观"的革命；而不是把"唯物主义"作为解释原则变革了历史理论，从而实现了一场"历史观"的革命。⑥ 否则的话，恩格斯就会称《提纲》为包含着"新历史观的天才萌芽"而不是"新世界观的天才萌芽"了。也正因如此，麦克莱伦才称在《提纲》中，马克思"从费尔巴哈静止的和非历史的立场中脱离出来，已经不再是紧跟费尔巴

---

① 《马克思恩格斯文集》第1卷，人民出版社2009年版，第530页。
② 《马克思恩格斯全集》第2卷，人民出版社1957年版，第118页。
③ 《马克思恩格斯文集》第4卷，人民出版社2009年版，第232页。
④ 《马克思恩格斯文集》第1卷，人民出版社2009年版，第544页。
⑤ 《列宁专题文集：论辩证唯物主义和历史唯物主义》，人民出版社2009年版，第115—116页。
⑥ 孙正聿：《历史唯物主义与马克思主义新世界观》，《哲学研究》2007年第3期。

哈的学生了"①。因此，历史唯物主义非但不是辩证唯物主义在社会历史领域的具体应用，反而是由于有了"历史唯物主义"——历史性解释原则，才真正超越了历史唯心主义，才彻底打通了辩证唯物主义和历史唯物主义，马克思主义才真正成为"一整块钢铁"。在此意义上，马克思的新唯物主义，就是"历史唯物主义"。

三　新唯物主义在什么意义上是"哲学"的？

马克思的新唯物主义，不但是"唯物"的和"历史"的，同时还是"哲学"的。上大学时，马克思学的专业虽然是法律，却喜欢历史和哲学。但马克思并不喜欢在天空飞翔的康德和费希特，也不喜欢黑格尔哲学的古怪调子。大学毕业后，在《科隆日报》"第 179 号社论"中，马克思又公开强烈表示反对，"哲学，尤其是德国的哲学，喜欢幽静孤寂、闭关自守并醉心于淡漠的自我直观"。在此意义上，马克思反对一切与现实格格不入的所谓"哲学"，仿佛一切问题的答案都在哲学家的写字台上了。实际上在马克思这里，哲学并不是世界之外的遐想，它是自己的时代、自己的人民的产物，人民最精致、最珍贵和看不见的精髓都集中在哲学思想里。因此马克思强调，"任何真正的哲学都是自己时代精神的精华"和"文明的活的灵魂"，主张未来的真正哲学"不仅从内部即就其内容来说，而且从外部即就其表现来说，都要和自己时代的现实世界接触并相互作用"②。也就是说，马克思是"反哲学"的哲学家，他主张哲学应当趋向现实、反思现实，而不是脱离现实、掩盖现实。在第一次转向经济学研究的《1844 年经济学哲学手稿》中，马克思就批判了黑格尔哲学对"全部外化历史和外化的全部消除"所作的抽象的、绝对的、逻辑的和思辨的表达。在此基础上，马克思《提纲》中的新唯物主义是根本反对以黑格尔为代表的玄妙的、自我神话的"思辨哲学"的。

那么，反对"思辨哲学"的新唯物主义是不是就变成"实证科学"

---

① [英]麦克莱伦：《卡尔·马克思传》，王珍译，中国人民大学出版社 2005 年版，第 133 页。

② 《马克思恩格斯全集》第 1 卷，人民出版社 1956 年版，第 120、121 页。

了呢？答案当然是否定的。虽然马克思在《德意志意识形态》中说过："在思辨终止的地方，在现实生活面前，正是描述人们实践活动和实际发展过程的真正的实证科学开始的地方。"①但在这里，马克思并不是想把自己的唯物主义也变成时髦的"实证科学"，而主要是针对当时"抽象的经验主义者"（实证主义者）把历史看作"一些僵死的事实的汇集"和"唯心主义者"（思辨主义者）把历史看作"想象的主体的想象活动"来说的，他们的观点要么强调"经验实证"，要么强调"抽象思辨"，而实际上都是"非批判的实证主义"和同样"非批判的唯心主义"。二者的最终结果，也只是在思维领域达到或实现了对世界的抽象的、淡漠的"自我直观"。所以，马克思在《提纲》中明确指出："人的思维是否具有客观的真理性，这不是一个理论的问题，而是一个实践的问题。人应该在实践中证明自己思维的真理性，即自己思维的现实性和力量，自己思维的此岸性。关于思维——离开实践的思维——的现实性或非现实性的争论，是一个纯粹经院哲学的问题。"②马克思的哲学理想和哲学追求，就是避免或抛弃"纯粹经院哲学"的无谓争论，使哲学从不食人间烟火的天堂降落到活生生的人间。为此，马克思强调自己"为历史服务的哲学的迫切任务"是"对天国的批判变成对尘世的批判，对宗教的批判变成对法的批判，对神学的批判变成对政治的批判"③。由此可见，马克思的"新唯物主义"绝不是要变成"实证科学"，而是在否定"抽象思辨"的基础上"批判和改变"资产阶级社会的现实。所以，马克思的新唯物主义，既不同于"抽象的经验主义"，也不同于"思辨的唯心主义"，而是"批判的实证主义"——改变世界的"实践哲学"。

在此基础上，马克思强调自己的新唯物主义哲学的"优点"就恰恰在于绝不想教条式地预料未来，而只是希望对现存的一切进行无情的批判，进而"在批判旧世界中发现新世界"④。为此，马克思才在《提纲》的最后振聋发聩地呐喊：哲学家们只是用不同的方式"解释世界"，而问题在于要"改变世界"。为了真正改变世界，马克思强烈反对当时满嘴喊着震撼世界的革命词句，而实际上只是同"意识的幻想"进行斗争的青

---

① 《马克思恩格斯文集》第1卷，人民出版社2009年版，第526页。
② 《马克思恩格斯文集》第1卷，人民出版社2009年版，第500页。
③ 《马克思恩格斯文集》第1卷，人民出版社2009年版，第4页。
④ 《马克思恩格斯全集》第1卷，人民出版社1956年版，第416页。

年黑格尔派,并与恩格斯一起专门写作清算他们"从前的哲学信仰"的《德意志意识形态》,其目的"就是要揭穿同现实的影子所作的哲学斗争,揭穿这种投合耽于幻想、精神萎靡的德国民众口味的哲学斗争,使之信誉扫地"[①]。但这还只是马克思新唯物主义哲学的第一步,接下来他还要在批判"纯思想批判"的基础上进行反对现存制度的"实际斗争",使现存世界革命化,批判和改变事物的现状。所以,马克思才在其后的一系列"政治经济学批判",特别是巨著《资本论》中,具体、深入而细致地展开了对"资本主义生产方式以及和它相适应的生产关系和交换关系"的解剖、分析和批判。由此,我们才能理解和解释马克思为什么在《资本论》第二版的跋中说"在其合理形态上",自己的"不崇拜任何东西"、本质上是"批判的和革命的"辩证法,会"引起资产阶级及其空论主义的代言人的恼怒和恐怖"[②];而恩格斯也会盖棺定论地称马克思"首先是一个革命家"。马克思的新唯物主义哲学,就是要把理论批判与现实批判内在结合并统一起来,把解释世界和改变世界统一起来,最终在使哲学成为现实的基础上"消灭哲学"。所以,新唯物主义就是改变世界、成为现实的新哲学,它是批判性与革命性的统一,是现实性与超越性的统一,是"世界的哲学化"与"哲学的世界化"的统一。在此意义上,马克思区别于思辨哲学和实证科学的实践哲学,也就是他"批判的和革命的"辩证法。总之,马克思在《提纲》中所提出的作为新世界观的新唯物主义,既不同于旧唯物主义,也不同于唯心主义,同时又是把这二者结合起来的真理。

[①] 《马克思恩格斯文集》第 1 卷,人民出版社 2009 年版,第 510 页。
[②] 马克思:《资本论》第 1 卷,人民出版社 2004 年版,第 22 页。

历史唯物主义在什么意义上是政治哲学

在当前国内的马克思主义哲学研究中，历史唯物主义和政治哲学的关系问题，成为学界关注和争论的热点问题。但历史唯物主义和政治哲学的一致，并不是简单的理论出发点和研究对象的一致，也不是由于历史唯物主义是从政治哲学的思想运演中推导出来的，或者是从政治哲学的视域重新解读历史唯物主义；而历史唯物主义和政治哲学的对立，也不是由于要么仅从历史的观点来理解，要么仅从唯物主义的观点来理解。① 实际上，历史唯物主义与政治哲学的一致是由于二者的理论性质和理论旨趣的高度一致，二者根本上都是通过"政治经济学批判"来为人的自由和解放开辟道路的。

一 历史唯物主义：关于"现实的人及其历史发展的科学"

作为马克思一生最伟大的战友，恩格斯在马克思去世后曾盖棺定论地指出，马克思一生有"两大发现"：一是关于人类社会发展的一般规律的"唯物史观"，二是关于资本主义社会发展的特殊规律的"剩余价值"。而这"两大发现"实际上可以归结为"一个规律"——关于人类社会及其历史的发展规律，而这正是马克思历史唯物主义最本质的含义，所以恩格斯才强调历史唯物主义本质上是"关于现实的人及其历史发展的科学"。

---

① 李佃来：《论历史唯物主义与政治哲学的内在会通》，《中国人民大学学报》2015年第1期；李佃来教授和段忠桥教授关于历史唯物主义和政治哲学关系的争论（《中国人民大学学报》2017年第1期）；张文喜：《历史唯物主义的政治哲学向度》，江苏人民出版社2008年版。

但在马克思创立历史唯物主义之前，人们对社会、历史和现实，要么只是从客体的或直观的形式去理解，要么只是从主体的或抽象的形式去理解，而不是把它们当作人的感性活动、当作实践去理解，亦即无法真正从"现实的人"的立场和视野去理解。所以在实质性意义上，不管是从抽象物——"脱离了自然的精神"出发的唯心主义，还是从具体物——"脱离了人的自然"出发的旧唯物主义，它们对世界和历史的理解，都是"见物不见人"的。作为马克思哲学重要理论来源的黑格尔哲学，虽然与以往的哲学相比是更具"历史感"的，但由于它把"无人身的理性"作为最高解释原则，最终走向了泛理性主义和泛逻辑主义，所以它"只是为历史的运动找到抽象的、逻辑的、思辨的表达，这种历史还不是作为既定的主体的人的现实历史，而只是人的产生的活动、人的形成的历史"①，即只是抽象的和绝对的思维的生产史。而唯物主义在它的第一个创始人培根那里，物质还带着诗意的感性光辉对人的全身心发出微笑，但唯物主义在以后的发展中却变得片面了，感性失去了它的鲜明的色彩而变成了几何学家的抽象的感性，唯物主义变得"敌视人"了。② 即便是旧唯物主义的最杰出代表费尔巴哈，虽然把黑格尔的绝对精神归结为"以自然为基础的现实的人"，完成了对宗教的批判，但他并不理解真正的实践的和批判的人之感性活动的意义，所以他的唯物主义依然是抽象的和敌视人的。所以，存在"人学的空场"的是旧唯物主义，而绝不是马克思的新唯物主义——历史唯物主义。在此基础上，马克思强调真正的"历史"并不是把人当作达到自己目的的工具来利用的某种特殊的人格，历史不过是追求着自己目的的人的活动而已。③ 对此，当代英国知名学者伊格尔顿明确指出：马克思的历史唯物主义并非一套类似于"万物出于原子"或者"上帝并不存在"这样的关于宇宙的声明，它是一项探讨"历史性的动物"——人如何发挥作用的理论。④ 此论断可谓一针见血，真正抓住了马克思历史唯物主义的实质与核心。

旧唯物主义和唯心主义不仅是"敌视人的"，同时也是"非历史的"或"超历史的"。作为古典唯心主义的集大成者，黑格尔认为历史就是绝

---

① 《马克思恩格斯文集》第 1 卷，人民出版社 2009 年版，第 201 页。
② 《马克思恩格斯全集》第 2 卷，人民出版社 1957 年版，第 163—164 页。
③ 《马克思恩格斯全集》第 2 卷，人民出版社 1957 年版，第 118 页。
④ ［英］伊格尔顿：《马克思为什么是对的》，李杨等译，新星出版社 2011 年版，第 160 页。

对精神的自我运动过程，现实只是绝对精神自我运动的一个环节和体现，历史发展也就是按照绝对精神自我对置、自我否定和自我发展的逻辑展开过程，所以历史在其绝对精神的运动逻辑中"终结"了。古典经济学家虽然也不赞成黑格尔对历史作抽象的、逻辑的和思辨的表达，主张在现实的经济事务中理解和把握历史，却把经济范畴看作永恒存在，在市场交换和价值规律的基础上解释和论证了资产阶级生产方式及其历史的普遍性、必然性和永恒性发展之"天然本性"和"超历史本质"，认为资本主义社会之前是有历史的，而资本主义社会产生之后就没有历史了。所以，古典经济学家的历史根本上是"神圣的历史"和"观念的历史"，而不是"世俗的历史"和"人类的历史"，这种历史仍然是"黑格尔式的废物"（马克思语）。在此意义上，古典经济学实际上是在经济领域论证和支持了"历史终结论"，古典经济学与古典哲学殊途同归了。对此，马克思揭露和讽刺这些所谓"历史理论"的"最大长处就在于它是超历史的"。① 在此基础上，马克思的历史唯物主义既要批判和终结黑格尔"超历史的"神话，也要批判和终结资本主义"非历史的"经济现实，历史唯物主义才真正是"批判的"和"历史的"。马克思从"静止的和非历史的立场中脱离出来"，已经不再是紧跟黑格尔和费尔巴哈的学生了。② 而促使马克思完成这一转变的，正是作为市民社会（资本主义）"解剖学"的"政治经济学批判"。马克思把规范性和价值性维度放进了社会历史中。在此意义上，历史唯物主义就是"政治经济学批判"。正是通过政治经济学批判，马克思"在政治经济学领域中也发现了历史的联系，这是完全合乎情理的"③。如果说，黑格尔是把"历史"放进了精神领域，那么，马克思就是把"历史"放进了经济领域。所以，在《资本论》中马克思是用完全新的唯物主义的历史方法考察了资本主义的生产方式以及与其相适应的生产关系和交换关系。因此，贯穿《资本论》全书的"历史的见解"是："作者不把经济规律看做永恒的真理，而仅仅看做某种暂时的社会状态的存在条件的表述。"④ 马克思三大卷的《资本论》，

---

① 《马克思恩格斯文集》第 3 卷，人民出版社 2009 年版，第 467 页。
② ［英］麦克莱伦：《卡尔·马克思传》，王珍译，中国人民大学出版社 2005 年版，第 133 页。
③ 《马克思恩格斯全集》第 16 卷，人民出版社 1964 年版，第 245 页。
④ 《马克思恩格斯全集》第 16 卷，人民出版社 1964 年版，第 234 页。

通过对资本的生产过程、流通过程和资本主义生产的总过程的批判性和历史性分析,才突破和否定了资本主义普遍性和永恒性的论证:"自然界不是一方面造成货币占有者或商品占有者,而另一方面造成只是自己劳动力的占有者。这种关系既不是自然史上的关系,也不是一切历史时期所共有的社会关系。它本身显然是已往历史发展的结果,是许多次经济变革的产物,是一系列陈旧的社会生产形态灭亡的产物。"① 由此可见,马克思的《资本论》及其相关手稿正是运用充满了"批判性"和"历史性"的历史唯物主义,展开了对古典经济学和资本主义现实的批判性分析,才揭示出了物与物背后所掩盖的人与人之间真实的社会关系,揭示出了个人受"抽象"(资本)统治的现实,从而使政治经济学实现了"两个转变":政治经济学的主题从"物"到"人"的转变,理论性质从"实证科学"向"历史科学"的转变。这也正是马克思所创建和实现的历史唯物主义的最伟大的思想革命。在此意义上,我们说历史唯物主义真正把"唯物主义"和"历史"结合起来了。但历史唯物主义不是把"唯物主义"作为解释原则变革了历史理论,从而实现了一场"历史观"的革命;而是把"历史"作为解释原则而变革了唯物主义,从而实现了一场"世界观"的革命。②

在马克思这里,历史唯物主义的创立和政治经济学研究走的是同一条道路,都是源于对现实的物质利益问题发表意见的实际需要。马克思绝不是先验地构造出历史唯物主义的系列概念,如劳动二重性、劳动力、雇佣劳动、可变资本、不变资本、剩余价值等,再用这些概念去裁剪现实,而是"在批判旧世界中发现新世界",亦即在对资本主义生产的总过程及其理论支撑——古典政治经济学和古典哲学的双重解剖和批判中建构起历史唯物主义及其基本概念和原理的。这一道路和建构的集中体现,就是马克思倾其一生的作为"政治经济学批判"的伟大巨著《资本论》。对此,列宁明确强调:"自从《资本论》问世以来,唯物主义历史观已经不是假设,而是科学地证明了的原理。"③ 对马克思创立历史唯物主义的伟大理论和实践意义,恩格斯曾指出:正是剩余价值的发现,使历史唯

---

① 马克思:《资本论》第 1 卷,人民出版社 2004 年版,第 197 页。
② 孙正聿:《历史唯物主义与马克思主义新世界观》,《哲学研究》2007 年第 3 期。
③ 《列宁专题文集:论辩证唯物主义和历史唯物主义》,人民出版社 2009 年版,第 163 页。

物主义和政治经济学变得豁然开朗，使无产阶级第一次真正意识到自身的地位和需要，意识到自身解放的条件和无产阶级解放的事业，《资本论》才成了"工人阶级的圣经"。实际上，马克思创建历史唯物主义，绝不仅仅是为了自己弄清问题，而是为了"揭示现代社会的经济运动规律"（马克思语），亦即在资本主义经济成就的基础上为每个人的自由而全面发展开辟道路。所以说，马克思的历史唯物主义绝不存在"人学的空场"，反而是现实的人之自由解放的"政治经济学批判"的呈现。

二 政治哲学：市民社会的"政治经济学解剖"

近年来，政治哲学越来越受到人们的广泛关注，甚至成为当代哲学中的"显学"。但同时，我们也看到政治哲学却在并非统一的意义上被泛用：它既可以用来标榜任何一种政治意见，也可以用来描绘一种政治蓝图，还可以表达一种政治信念。通常，人们把"政治哲学"理解和定位为哲学的一个分支或某个领域，属于与经济哲学、文化哲学、法律哲学、社会哲学等相同的"部门哲学"。在美国著名政治哲学家列奥·施特劳斯看来，政治哲学以一种与政治生活相关的方式处理政治事宜，因此政治哲学的主题必须与政治行动的最终目的——自由以及政府或国家相同，这些目标能够提升所有人超越他们可怜的自我。所以，如果人们把获得有关好的生活、好的社会的知识作为他们明确的目标，政治哲学就出现了。[1] 一句话，政治哲学就是对人们如何建构好的社会制度和获得幸福生活的理论反思。所以说，作为对最佳政治制度和幸福生活的追求和建构的政治哲学，绝不是哲学的一个分支或某个领域，在其本质上就是"哲学"。

但政治哲学作为哲学，又是区别于以概念及其逻辑来解释世界的"思辨哲学"的。也就是说，这里的政治哲学是用不同于古典政治哲学的"理论理性"的方式，而是用现实的"政治—实践"的方式处理最根本的人类事务，它体现的是政治哲学的"实践理性"维度，或者说是现实性

---

[1] [美]列奥·施特劳斯：《什么是政治哲学》，李世祥等译，华夏出版社2011年版，第2页。

和规范性统一的维度，亦即马克思所说的"改变世界"的维度。在此意义上，作为"政治经济学批判"的《资本论》就是马克思的"政治哲学"。反过来，也只有从政治哲学的视野来阅读《资本论》，方能理解"这部书远离了一切超然的解释和抽象的说教，而是仅仅在具体的斗争总体性中把握概念"① 的批判性、现实性和非思辨性。政治哲学既是否定的和批判的——揭示现存社会政治制度的各种缺点和不正义，也是肯定的和建构的——提出一种令人憧憬的政治观念和政治理想。在此意义上，政治哲学从一开始就不是"思辨的哲学"而是"政治的哲学"。政治哲学不仅反映现实，而且批判现实；不仅表现现实，而且超越现实。在其现实性上，政治哲学"作为哲学而又高于哲学"。马克思的"政治经济学批判"对资本主义（市民社会）的否定和批判，对共产主义的追求和建构，正是政治哲学这一本义的最高和最集中体现。

政治哲学之作为哲学，不仅仅区别于"非批判的""思辨哲学"，也区别于"非批判的""实证科学"。作为对最佳政治制度和幸福生活的追求和建构的政治哲学，它所探讨的"政治"，既不是一般政治科学所说的政治—理论，也不是实际呈现的政治—现实，同样也不是隶属于社会特定集团的意识形态的政治—观念，而同时又是这些不同"政治"的综合。政治哲学是一种把政治——人类事务、正义而高贵的东西——视为其至关重要的内容的"哲学探究"。② 政治哲学所关心的政治事务，是兼有理想性与现实性、理论性与实践性、规范性与超越性的充满悖论的政治。政治哲学所寻求的政治，是经过哲学的"透视镜"和"折射镜"反射和抽象出来的政治。只有这样以哲学的方式来探讨政治，政治哲学才可能既关怀现实的政治，又与现实的政治保持一定的张力，达到"适当地"以哲学的方法"冷静地"从理论高度讨论复杂的政治事务的目的。③ 在此基础上，我们说政治哲学所关注的是批判性和超越性的"哲学的政治"，而不是实证性和现实性的"具体的政治"，所以它在本质上是"反思性的哲学"而不是"实证性的政治科学"。也只有在这一意义上，我们才能理

---

① ［英］罗纳尔多·蒙克：《马克思在 21 世纪》，张英魁等译，江苏人民出版社 2011 年版，第 4 页。

② ［美］列奥·施特劳斯：《柏拉图式政治哲学研究》（潘戈"导言"），张缨等译，华夏出版社 2012 年版，第 25 页。

③ ［法］高宣扬：《当代政治哲学》下卷，人民出版社 2010 年版，第 992 页。

解为什么"政治经济学不是供给我们牛奶的奶牛"(恩格斯语),马克思也不是"二流的后李嘉图派成员"。政治哲学在马克思这里是以"批判"为生命力的。

作为既区别于"非批判的"思辨哲学,又区别于"非批判的"实证科学的政治哲学,在实质上就是"批判的实证科学"。作为"批判的实证科学",政治哲学是现实性与规范性的统一。在此意义上,马克思的作为对资本主义(市民社会)进行解剖和分析的"政治经济学批判",就是马克思的政治哲学。为此,在为1859年出版的《政治经济学批判》所作的"序言"中,马克思就提出:"对市民社会的解剖应该到政治经济学中去寻求。"[①] 马克思到政治经济学中去解剖市民社会的目的,却不是为了为资本主义生产方式及其自由、平等和所有权做合法性、普遍性和永恒性的论证,而是为了为工人阶级追求和实现自由个性的解放和全面发展创造条件和开辟道路。1871年的巴黎公社革命失败之后,在为国际工人协会修订的"共同章程"中,马克思明确指出:"工人阶级的解放斗争不是要争取阶级特权和垄断权,而是要争取平等的权利和义务,并消灭一切阶级统治;劳动者在经济上受劳动资料即生活源泉的垄断者的支配,是一切形式的奴役的基础,是一切社会贫困、精神沉沦和政治依附的基础;因而工人阶级的经济解放是伟大的目标,一切政治运动都应该作为手段服从于这一目标"。[②] 在此意义上,马克思的对市民社会进行政治经济学解剖的政治哲学,就是对近代自由主义政治哲学的批判和超越——马克思"尤为拒斥的是其关于人的哲学及其对私人财富与工人异化的经济强制"[③]。对此,德国学者韦尔默强调:马克思的"政治经济学批判"摧毁了关于自由、平等和私有财产之间联系的性质的这种"意识形态的幻觉",摧毁了掩盖着等价交换制度、从而也掩盖着自由平等的资产阶级制度的"非暴力的假象",而这些都是通过分析和批判资本主义生产方式做到的。[④] 也因此,在实质而重要的意义上,马克思的探索和分析现实的人走向自由解放之政治经济学根源及其规律的政治哲学,是沿着经济和政

---

① 《马克思恩格斯文集》第2卷,人民出版社2009年版,第591页。
② 《马克思恩格斯文集》第3卷,人民出版社2009年版,第226页。
③ [美]麦卡锡:《马克思与古人》,王文扬译,华东师范大学出版社2011年版,第14页。
④ [德]韦尔默:《后形而上学现代性》,应奇、罗亚玲编译,上海译文出版社2007年版,第44页。

治走进"历史"的。所以,政治哲学就是"国民经济学语言的救赎史"(洛维特语)——历史唯物主义必然走向政治哲学。

三 从历史唯物主义到政治哲学:马克思哲学的"内在转向"

在马克思这里,表面上看,历史唯物主义是现实性和描述性的,政治哲学是规范性和批判性的,二者是对立的。实际上,作为"现实的人及其历史发展"的历史唯物主义和作为"国民经济学语言救赎史"的政治哲学,是在内在统一的。二者都是现实性与规范性,科学性与批判性的统一。马克思的历史唯物主义和政治哲学都"以其严格的科学性和无情的批判而出类拔萃"(恩格斯语)。在实质而重要的意义上,马克思的历史唯物主义和政治哲学都是从对资本主义的经济和政治现实及其政治经济学的解剖和批判中建构起来的,二者走的是同一条道路。

历史唯物主义作为"关于现实的人及其历史发展",其面临的问题是个人现在受"抽象"(资本)统治,其解决的问题是变资本的独立性和个性为现实的人的独立性和个性。政治哲学作为"国民经济学语言的救赎史",其面临的自由、平等和所有权等问题,其解决的最佳政治秩序和幸福生活问题,实际上都是与历史唯物主义同样的问题,都是要在分析和批判资本主义社会的基本政治—经济结构中,开辟一条现实的人之自由解放的可能性道路。"这种从生产关系本身中生长出来的经济共同体的全部结构,从而这种共同体的独特的政治结构,都是建立在上述的经济形式上的。任何时候,我们总是要在生产条件的所有者同直接生产者的直接关系——这种关系的任何当时的形式必然总是同劳动方式和劳动社会生产力的一定的发展阶段相适应——当中,为整个社会结构,从而也为主权关系和依附关系的政治形式,总之,为任何当时的独特的国家形式,发现最隐蔽的秘密,发现隐藏着的基础。"[1] 而二者为开辟这一道路所共同诉诸的,就是"政治经济学批判"——"政治经济学批判代表着对在生产这个环节上的资本主义社会关系的结构分析——此分析截然不同于

---

[1] 马克思:《资本论》第3卷,人民出版社2004年版,第894页。

斯密和李嘉图等人的古典政治经济学分析。"① 马克思的"政治经济学批判"之所以截然不同于古典政治经济学的分析，主要是因为在《资本论》中，"实际的经济关系，是以一种完全新的方式，即用唯物主义方法进行考察的"②。也就是说，在马克思的"政治经济学批判"中，既有历史唯物主义的分析方法，又有政治哲学的规范目标。在此意义上，历史唯物主义和政治哲学"既不是一种唯理论，也不是一种实证论，而是关乎马克思对观念论中的抽象主义和经验论中直观（事实）的意识形态的人本主义批判"③。所以，在通过政治经济学批判来实现人的自由而全面发展的意义上，马克思的历史唯物主义和政治哲学走的是同一条道路。

  作为历史唯物主义最充分的运用和体现的马克思三大卷的《资本论》，实际上也就是揭示了资产阶级如何通过财产权和雇佣劳动制进行盗窃（资本的生产）、洗钱（资本的流通）和分赃（资本的分割）的总过程，亦即资产阶级如何掠夺和分配剩余价值的总过程。在马克思历史唯物主义的视野中，资本主义私有制条件下的作为雇佣劳动者的无产阶级永远无法得到他们所创造的全部剩余劳动产品，所以，无产阶级和资产阶级争夺所有权的斗争，实际上就是争夺剩余价值的斗争。也就是说，在资本主义作为平等交换的价值规律的背后，实际上是不平等的剩余价值的剥削。因此，资本主义的价值规律必然走向剩余价值规律，而剩余价值规律又必然导致资产阶级和无产阶级之间的阶级斗争。这才是马克思作为"政治经济学批判"的《资本论》最伟大的发现和最伟大的革命。在此意义上，作为历史唯物主义和政治哲学统一的《资本论》，绝不仅仅是一部劳动价值论的著作，也不仅仅是一部预言经济崩溃的著作，更不仅仅是一部价格决定理论的著作，这一著作更是代表了对个人在社会中的自我实现的历史分析和辩证呈现。④ 唯其如此，我们才能理解马克思三大卷的《资本论》为什么会以"阶级"问题结尾，也才能理解恩格斯为什么会强调《资本论》是"工人阶级的圣经"。

  在马克思这里，从资本主义的价值规律到剩余价值规律的转变，亦即从商品交换到阶级斗争的转变，实际上体现的是马克思哲学自身从历

---

① ［美］麦卡锡:《马克思与古人》，王文扬译，华东师范大学出版社2011年版，第332页。
② 《马克思恩格斯〈资本论〉书信集》，人民出版社1976年版，第244页。
③ ［美］麦卡锡:《马克思与古人》，王文扬译，华东师范大学出版社2011年版，第334页。
④ ［美］麦卡锡:《马克思与古人》，王文扬译，华东师范大学出版社2011年版，第7页。

史唯物主义到政治哲学的"内在转向"。在一定意义上,青年马克思是借着法国启蒙运动和大革命的东风走上社会历史舞台,并开展其哲学和政治经济学研究的。马克思研究政治经济学,绝不是为了做政治经济学的"游方传教士",而是为了解剖和变革市民社会(资本主义)。但在马克思进入政治经济学研究时却发现,"由法国大革命带来的资产阶级平等和自由观,被还原成了交换关系的意识形态表达"①。也就是说,通过政治经济学,政治权利的自由和平等被转换成了商品交换的自由和平等,并在现实社会中备受推崇。而马克思通过政治经济学批判,又深刻发现"平等和自由不仅仅是在基于交换价值的交换过程中受到推崇,而且交换价值的交换是一切平等和自由的生产的、现实基础"②。由此可见,从政治权利的自由平等到商品交换的自由平等的转换,并没有使自由和平等落到实处,反而依然只为拥有财产权的资产阶级所享有,广大无产阶级仍然处于被奴役、被压迫和被剥削的地位。马克思的政治经济学批判所要做的,就是对资本主义(市民社会)进行釜底抽薪式的解剖和批判——既批判资本主义生产方式,又批判资产阶级意识形态,从而彻底实现所有制和生产方式的变革。因此,如果缺少了对资本主义进行"动态的经济分析",那么马克思的历史唯物主义依然会像古典哲学和空想社会主义一样是"先验图式的"③。马克思通过"政治经济学批判"实现的从古典经济学的"劳动价值论"向《资本论》的"剩余价值论"的转变,就是从历史唯物主义到政治哲学转向的集中体现。为此,罗尔斯明确强调:马克思"劳动价值论的主旨,是挖掘资本主义秩序之外在表象下的深层结构,使我们能够了解劳动时间的花费轨迹,并发现那些使得工人阶级的未付酬劳动或剩余价值能够被剥夺以及剥夺多少的各种制度安排。"④正是在此"转向"的基础和意义上,马克思在《国际工人协会成立宣言》中强调,历史唯物主义必然要从"财产的政治经济学"走向"劳动的政治经济学",从"资产阶级的政治经济学"走向"工人阶级的政治经济

---

① [美]麦卡锡:《马克思与古人》,王文扬译,华东师范大学出版社 2011 年版,第 339 页。

② 《马克思恩格斯全集》第 30 卷,人民出版社 1995 年版,第 199 页。

③ [英]柯亨:《如果你是平等主义者,为何如此富有?》,霍政欣译,北京大学出版社 2009 年版,第 62 页。

④ [美]罗尔斯:《政治哲学史讲义》,杨通进等译,中国社会科学出版社 2011 年版,第 342 页。

学",亦即实现"劳动的政治经济学"对"资本的政治经济学"的胜利,"工人阶级的政治经济学"对"资产阶级的政治经济学"的胜利。

所以说,在马克思这里,作为与历史唯物主义相统一的政治哲学,绝不能被理解为哲学大观园中一个领域或特殊分支,而是历史唯物主义自身的"一种特殊的转向,是一种观看方向和提问方向的转变,这种转变为哲学在整全中奠定了一种分别"①。由此可见,马克思的历史唯物主义就是他的政治哲学的开启,而政治哲学又是他历史唯物主义的深入;只有在政治哲学中,历史唯物主义才能达至其彻底的反思性、整全性并获得其完全的意义,政治哲学就是完成了的历史唯物主义。历史唯物主义走向政治哲学,一方面要求对历史唯物主义的必然性进行反思,另一方面也要求对组织良好的政治共同体的必然性进行反思。这种反思可以防止政治哲学的辩护蜕变为一种单纯的"哲学护教学",或者防止反过来把历史唯物主义勾连于一种政治状态,让历史唯物主义服务于某个历史时刻、宗教使命或民族复兴。一言以蔽之,防止将历史唯物主义变成任何一位"他者的女仆"②。在此实质而重要的意义上,马克思的作为历史唯物主义和政治哲学统一的"政治经济学批判",也就是"黑格尔法哲学批判"、"神圣家族批判"、"德意志意识形态批判"和"法兰西意识形态批判"。正是在对资本主义现存的一切进行无情批判的基础上,历史唯物主义必然走向政治哲学。唯其如此,我们才能理解阿伦特为什么强调:"马克思所产生的影响及其科学工作的根底里的东西……真要说的话,恐怕是他的政治哲学。"③

---

① [德]迈尔:《政治哲学与启示宗教的挑战》,余明锋译,华夏出版社 2014 年版,第 1 页。
② [德]迈尔:《政治哲学与启示宗教的挑战》,余明锋译,华夏出版社 2014 年版,第 10 页。
③ [美]汉娜·阿伦特:《马克思与西方政治思想传统》,孙传钊译,江苏人民出版社 2007 年版,第 81 页。

参考文献

一 中文文献

（一）马克思主义经典文献

《马克思恩格斯选集》第1—4卷，人民出版社2012年版。

《马克思恩格斯文集》第1—10卷，人民出版社2009年版。

马克思：《资本论》第1—3卷，人民出版社2004年版。

马克思：《剩余价值学说史》第1—3卷，郭大力译，上海三联书店2009年版。

《马克思恩格斯〈资本论〉书信集》，人民出版社1976年版。

《马克思恩格斯全集》第1，2，3，30，31卷，人民出版社1995，1957，2002，1995，1998年版。

《列宁全集》第55卷，人民出版社2017年版。

《列宁专题文集：论辩证唯物主义和历史唯物主义》，人民出版社2009年版。

《列宁专题文集：论马克思主义》，人民出版社2009年版。

（二）中文专著

陈岱孙：《从古典经济学派到马克思》，商务印书馆2014年版。

陈晏清等：《政治哲学的当代复兴》，中国社会科学出版社2011年版。

高云涌：《社会关系的逻辑：马克思辩证法理论的合理形态》，中国社会科学出版社2009年版。

何中华：《历史地思——马克思哲学新诠》，山东人民出版社2013年版。

贺来：《辩证法与实践理性》，中国社会科学出版社2011年版。

贺来：《有尊严的幸福生活何以可能》，中国社会科学出版社2013年版。

黄志军：《马克思辩证法研究：以政治经济学批判为中心》，社会科学文献出版社2020年版。

李佃来：《政治哲学视域中的马克思》，中央编译出版社2018年版。

李淑梅：《政治哲学的批判与重建》，人民出版社 2014 年版。

刘森林：《辩证法的社会空间》，吉林人民出版社 2005 年版。

孟宪忠：《实践辩证法导论》，吉林大学出版社 1989 年版。

聂锦芳：《滥觞与勃兴：马克思思想起源探究》，中国人民大学出版社 2017 年版。

孙利天：《论辩证法的思维方式》，吉林人民出版社 2006 年版。

孙善豪：《批判与辩证：马克思主义政治哲学论文集》，台北唐山出版社 2009 年版。

孙正聿：《马克思主义辩证法研究》，北京师范大学出版社 2017 年版。

唐正东：《从斯密到马克思》，江苏人民出版社 2009 年版。

王南湜：《辩证法：从理论逻辑到实践智慧》，武汉大学出版社 2011 年版。

王庆丰：《辩证法的观念》，吉林大学出版社 2021 年版。

吴晓明：《黑格尔的哲学遗产》，商务印书馆 2020 年版。

杨耕：《重建中的反思：重新理解历史唯物主义》，北京师范大学出版社 2017 年版。

仰海峰：《〈资本论〉的哲学》，北京师范大学出版社 2017 年版。

姚大志：《什么是政治哲学》，中国社会科学出版社 2018 年版。

俞吾金：《重新理解马克思》，北京师范大学出版社 2005 年版。

张盾、田冠浩：《黑格尔与马克思政治哲学六论》，学习出版社 2014 年版。

张文喜：《所有权与正义：走向马克思政治哲学》，江苏人民出版社 2019 年版。

张一兵：《回到马克思》，江苏人民出版社 1999 年版。

张一兵：《马克思历史辩证法的主体向度》，北京师范大学出版社 2017 年版。

邹诗鹏：《激进政治的兴起》，复旦大学出版社 2012 年版。

（三）中文译著

［德］阿多诺：《黑格尔三论》，谢永康译，上海人民出版社 2020 年版。

［法］阿尔都塞：《读〈资本论〉》，李其庆、冯文光译，中央编译出版社 2001 年版。

［美］奥尔曼：《辩证法的舞蹈——马克思方法的步骤》，田世锭、何霜梅

译，高等教育出版社2006年版。

［美］汉娜·阿伦特：《马克思与西方政治思想传统》，孙传钊译，江苏人民出版社2007年版。

［苏］奥伊则尔曼主编：《辩证法史——德国古典哲学》，徐若木、冯文光译，人民出版社1982年版。

［以］阿维纳瑞：《马克思的社会与政治思想》，张东辉译，知识产权出版社2016年版。

［英］阿瑟：《新辩证法与马克思的〈资本论〉》，高飞等译，北京师范大学出版社2018年版。

［法］鲍德里亚：《生产之镜》，仰海峰译，中央编译出版社2005年版。

［法］丹尼尔·本赛德：《马克思主义使用说明书》，李纬文译，红旗出版社2013年版。

［日］柄谷行人：《跨越性批判——康德与马克思》，赵京华译，中央编译出版社2011年版。

［英］伯尔基：《马克思主义的起源》，伍庆、王文扬译，华东师范大学出版社2007年版。

［德］策勒尔：《古希腊哲学史纲》，翁绍军译，山东人民出版社1996年版。

［美］杜娜叶夫斯卡娅：《马克思主义与自由》，傅小平译，辽宁教育出版社1998年版。

［南斯拉夫］弗兰尼茨基：《马克思主义史》第一卷，胡文建等译，黑龙江大学出版社2015年版。

［德］海德格尔：《海德格尔选集》上、下卷，孙周兴选编，上海三联书店1996年版。

［德］海涅：《论德国宗教和哲学的历史》，海安译，商务印书馆2000年版。

［德］黑格尔：《小逻辑》，贺麟译，商务印书馆1996年版。

［德］黑格尔：《哲学史讲演录》第2，3卷，贺麟、王太庆译，商务印书馆1996年版。

［美］大卫·哈维：《跟大卫·哈维读〈资本论〉》第一卷，刘英译，上海译文出版社2014年版。

［美］海尔布隆纳：《马克思主义：支持与反对》，马林梅译，东方出版社

2014 年版。

［美］海尔布隆纳：《资本主义的本质与逻辑》，马林梅译，东方出版社 2013 年版。

［美］悉尼·胡克：《对卡尔·马克思的理解》，徐崇温译，重庆出版社 1993 年版。

［英］弗朗西斯·惠恩：《〈资本论〉传》，陈越译，中央编译出版社 2009 年版。

［英］霍布斯鲍姆：《如何改变世界：马克思和马克思主义的传奇》，吕增奎译，中央编译出版社 2014 年版。

［英］吉尔比：《经院辩证法》，王路译，上海三联书店 2000 年版。

［波］科拉科夫斯基：《马克思主义的主要流派》第一卷，唐少杰等译，黑龙江大学出版社 2015 年版。

［德］康德：《纯粹理性批判》，邓晓芒译，人民出版社 2017 年版。

［捷克］科西克：《具体的辩证法》，傅小平译，社会科学文献出版社 1989 年版。

［美］卡弗：《政治性写作：后现代视野中的马克思形象》，张秀琴译，北京师范大学出版社 2009 年版。

［苏］凯德洛夫：《论辩证法的叙述方法》，贾泽林等译，中国社会科学出版社 1986 年版。

［德］卡尔·洛维特：《从黑格尔到尼采》，李秋零译，生活·读书·新知三联书店 2006 年版。

［美］罗尔斯：《正义论》（修订版），何怀宏等译，中国社会科学出版社 2009 年版。

［美］罗尔斯：《政治哲学史讲义》，杨通进等译，中国社会科学出版社 2011 年版。

［苏］罗森塔尔主编：《马克思主义辩证法史》，汤侠声译，人民出版社 1982 年版。

［匈］卢卡奇：《历史与阶级意识》，杜章智等译，商务印书馆 1996 年版。

［英］李嘉图：《政治经济学及赋税原理》，郭大力、王亚南译，商务印书馆 1976 年版。

［英］莱斯诺夫：《二十世纪的政治哲学家》，冯克利译，商务印书馆 2001 年版。

［比利时］欧内斯特·孟德尔：《〈资本论〉新英译本导言》，仇启华、杜章智译，中共中央党校出版社1991年版。

［德］迈尔：《政治哲学与启示宗教的挑战》，余明锋译，华夏出版社2014年版。

［美］马尔库塞：《理性和革命》，程志民等译，上海世纪出版集团2007年版。

［美］麦卡锡：《马克思与古人——古典伦理学、社会正义和19世纪政治经济学》，王文扬译，华东师范大学出版社2011年版。

［英］麦克莱伦：《马克思传》，王珍译，中国人民大学出版社2005年版。

［法］梅洛-庞蒂：《辩证法的历险》，杨大春、张尧均译，上海译文出版社2009年版。

［加］莫伊舍·普殊同：《时间、劳动与社会统治：马克思的批判理论再阐释》，康凌译，北京大学出版社2019年版。

［美］列奥·施特劳斯、约瑟夫·克罗波西主编：《政治哲学史》（第三版），李洪润等译，法律出版社2009年版。

［美］列奥·施特劳斯：《柏拉图式政治哲学研究》，张缨等译，华夏出版社2012年版。

［美］列奥·施特劳斯：《什么是政治哲学》，李世祥等译，华夏出版社2011年版。

［美］萨拜因：《政治学说史》（第四版）上、下卷，邓正来译，上海人民出版社2008年、2010年版。

［美］斯威齐：《资本主义发展论》，陈观烈、秦亚男译，商务印书馆2006年版。

［英］斯密：《国民财富的性质和原因的研究》上、下卷，郭大力、王亚南译，商务印书馆2012年版。

［德］彼得·特拉夫尼：《苏格拉底或政治哲学的诞生》，张振华译，华东师范大学出版社2014年版。

［美］罗伯特·查尔斯·塔克：《马克思主义革命观》，高岸起译，人民出版社2012年版。

［德］韦尔默：《后形而上学现代性》，应奇、罗亚玲编译，上海译文出版社2007年版。

［德］维尔默：《论现代和后代的辩证法》，钦文译，商务印书馆2013

年版。

[法] 韦尔南:《希腊思想的起源》,秦海鹰译,生活·读书·新知三联书店 1996 年版。

[古希腊] 亚里士多德:《政治学》,吴寿彭译,商务印书馆 2007 年版。

[英] 伊格尔顿:《马克思为什么是对的》,李杨等译,新星出版社 2011 年版。

[美] 詹姆逊:《辩证法的效价》,余莉译,中国社会科学出版社 2014 年版。

[美] 詹姆逊:《重读〈资本论〉》,胡志国、陈清贵译,中国人民大学出版社 2013 年版。

二 英文文献

Althusser, Louis, *Reading Capital*, London: Verso, 1998.

Arthur, Christopher, *The new Dialectic and Marx's Capital*, Leiden: Brill, 2003.

Arthue, C. J. , *Dialectics of Labour: Marx and his Relation to Hegel*, Basil Blackwell Ltd, 1986.

Hannah Arendt, *Karl Marx and the Tradition of West Political Thought*, The Library of Congress, 2001.

Jacque Bidet, *Exploring Marx's Capital: Philosophical, Economic and Political Dimensions*, translated by Fernbach, Bill, 2007.

Roy Bhaskar, *Dialectic: The Pulse of Freedom*, London: Verso, 1993.

Havery David, *A Companion to Marx's Capital*, Verso, 2010.

David McLellan, *Karl Marx – A Biography*, Third edition, London: Macmillan Ltd, 1995.

Read, Jason, *The Micro – Politics of Capital: Marx and Prehistory of the Present*, State University of New York Press, 2003.

后 记

本书是我博士毕业后十余年继续学习和研究马克思辩证法的一点心得。

本书按照所发表论文的相关内容,分为"辩证法与政治哲学"、"辩证法与《资本论》"和"辩证法与历史唯物主义"三篇。这三篇大致反映了我从辩证法的基本问题、辩证法与马克思的经典文本、辩证法的理论意义三个方面的结合中,对马克思"批判的和革命的"辩证法与古希腊的对话辩证法、黑格尔的思辨辩证法、古典政治经济学的实证方法之间内在关系的"政治哲学"解读,从而以"资本现象学"的"形象"呈显马克思辩证法鲜明的理论特色、丰富的时代内涵和深厚的文明内涵。但总体上还是宏观论述有余,细致分析不足。书中的诸多问题,希望自己在以后的学习中继续努力深入和改进。

书中所选文章,多数以独立论文的形式在《哲学研究》《马克思主义与现实》《学术月刊》《学术研究》《南京大学学报》《武汉大学学报》《教学与研究》《天津社会科学》《江苏社会科学》《南京社会科学》《东岳论丛》《山东社会科学》《学习与实践》《长白学刊》《当代国外马克思主义评论》等期刊公开发表,现在以"辩证法的政治空间"为题结集出版。借此,向多年来热情关心、帮助和支持自己的可爱的编辑们和可信的期刊深表感谢!

本书的编辑出版之际,适逢伟大的中国共产党成立 100 周年,借之就算自己对亲爱的党表达一份小小的敬意吧!

白 刚

2021 年 11 月 20 日于长春